权威·前沿·原创

皮书系列为

“十二五”“十三五”国家重点图书出版规划项目

智库成果出版与传播平台

河南省社会科学院哲学社会科学创新工程试点项目

河南经济发展报告（2021）

ANNUAL REPORT ON ECONOMY OF HENAN (2021)

新起点　新动力

主　编 / 谷建全　完世伟

社会科学文献出版社
SOCIAL SCIENCES ACADEMIC PRESS (CHINA)

图书在版编目(CIP)数据

河南经济发展报告. 2021 : 新起点 新动力 / 谷建全，完世伟主编. -- 北京：社会科学文献出版社，2020.12

(河南蓝皮书)

ISBN 978-7-5201-7652-1

Ⅰ.①河… Ⅱ.①谷… ②完… Ⅲ.①区域经济发展-研究报告-河南-2021 Ⅳ.①F127.61

中国版本图书馆 CIP 数据核字（2020）第 235136 号

河南蓝皮书

河南经济发展报告（2021）

——新起点 新动力

主　　编 / 谷建全　完世伟

出 版 人 / 王利民
组稿编辑 / 任文武
责任编辑 / 张丽丽

出　　版 / 社会科学文献出版社·城市和绿色发展分社（010）59367143
地址：北京市北三环中路甲 29 号院华龙大厦　邮编：100029
网址：www.ssap.com.cn
发　　行 / 市场营销中心（010）59367081　59367083
印　　装 / 天津千鹤文化传播有限公司

规　　格 / 开 本：787mm×1092mm　1/16
印 张：19.75　字 数：294 千字
版　　次 / 2020 年 12 月第 1 版　2020 年 12 月第 1 次印刷
书　　号 / ISBN 978-7-5201-7652-1
定　　价 / 128.00 元

本书如有印装质量问题，请与读者服务中心（010-59367028）联系

河南蓝皮书系列编委会

主要编撰者简介

谷建全　男，河南唐河人，河南省社会科学院院长，研究员，经济学博士，博士生导师。郑州大学、河南科技大学、河南工业大学、河南理工大学兼职教授。国家“万人计划”首批人选、国家哲学社会科学领军人才、享受国务院政府特殊津贴专家、文化名家暨全国宣传文化系统“四个一批”优秀人才、河南省优秀专家、河南省宣传文化系统“四个一批”优秀人才、河南省跨世纪学术技术带头人。中国劳动经济学会副会长、河南省信息化专家委员会副主任委员。主要从事产业经济、科技经济、区域经济研究。近年来，公开发表学术论文200余篇，出版学术专著15部，主持国家级、省级重大研究课题30余项，获得省部级奖励20余项，主持编制各类区域发展规划100余项，30余项应用对策研究得到省委省政府领导批示。

完世伟　男，河南鹿邑人，河南省社会科学院经济研究所所长，研究员，博士。郑州大学、河南工业大学、华北水利水电大学兼职教授。享受国务院政府特殊津贴专家、河南省优秀专家、河南省学术技术带头人、河南省宣传文化系统“四个一批”优秀人才，中国区域经济学会常务理事。长期从事宏观经济、区域经济、产业经济、技术经济及管理等方面的研究工作。主持或参与完成国家级、省级研究课题30余项，荣获省部级优秀成果奖10余项，公开发表理论文章60多篇，主持或参与编制区域发展、产业发展等各类规划30余项。

摘　要

2020 年是全面建成小康社会和“十三五”规划收官之年。一年来，全省上下以习近平新时代中国特色社会主义思想为指导，认真贯彻落实中央和省委省政府的各项决策部署，坚持稳中求进工作总基调，以新发展理念为引领，以高质量发展为重点，科学统筹推进疫情防控和经济社会发展，做好“六稳”工作、落实“六保”任务，取得了抗疫斗争的重大战略成果，全省经济呈现加速向常态化回归的发展态势。

本书由河南省社会科学院主持编撰，系统深入地分析了 2020 年河南经济运行的主要态势以及 2021 年河南经济发展的走势，全方位、多角度地研究和探讨了河南统筹推进疫情防控和经济社会发展，扎实抓好“六稳”工作、落实“六保”任务的举措及成效，并对新形势下河南开创经济发展新局面提出了对策建议。全书深度融入了习近平总书记重要讲话和指示批示精神，以期为省委省政府和社会公众提供高质量的决策参考依据。全书共分为总报告、评价报告、分报告、专题报告四部分。

本书的总报告是关于河南经济运行的年度分析报告，由河南省社会科学院课题组撰写。报告认为，2020 年，面对突如其来的新冠肺炎疫情和复杂多变的国内外环境，河南以习近平总书记重要讲话和批示指示精神为根本遵循，认真落实中央精神，深入推进“六稳”“六保”工作，推动了疫情防控的战略成果不断巩固，使得经济回稳向好的发展态势不断拓展，社会大局保持总体稳定。2021 年，河南经济增长面临的积极因素和不利因素并存，宏观经济环境总体有利，预计全省 GDP 增速将略高于全国。

本书的评价报告，主要通过建立相关指标体系和量化模型，运用定量分析和定性分析相结合的研究方法，分别对2020年河南省省辖市经济综合竞争力以及河南省县域经济高质量发展情况进行了综合评价。

本书的分报告，主要立足于对当前河南经济不同领域、不同行业、不同产业发展的态势分析以及对2021年的预测展望，分别提出新形势下化危为机、开创河南经济发展新局面的思路及相应举措。

本书的专题报告，在全面总结"十三五"河南经济发展成就以及展望"十四五"河南经济发展的阶段性特征、重点任务、重大举措的基础上，围绕新形势下开创河南经济发展新局面，对河南融入"双循环"发展格局、发展数字经济、培育消费新动能等问题进行了深入分析，提出了相关思路及建议。

针对新时代、新形势对各部门、各行业提出的不同要求，本书邀请相关科研院所、高等学校和政府部门的知名专家学者，研究分析了各领域在"六稳""六保"中面临的重点难点问题，并从不同角度提出了加快河南经济发展的对策建议。

关键词： "六稳"　"六保"　发展新动能　河南省

目　录

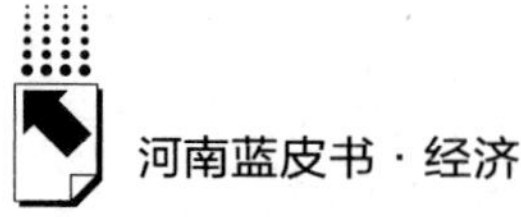

Ⅳ 专题报告

皮书数据库阅读使用指南

总 报 告

General Report

B.1

2020～2021年河南省经济发展分析与预测

河南省社会科学院课题组*

摘　要：2020年，面对突如其来的新冠肺炎疫情和复杂多变的国内外环境，河南以习近平新时代中国特色社会主义思想为指导，深入贯彻习近平总书记重要讲话精神，统筹推进疫情防控和经济社会发展，扎实做好"六稳""六保"工作，经济增长自第二季度起进入稳步复苏通道，整体呈现"逐步恢复、稳定回升"态势。2021年，河南经济增长面临的环境仍旧复杂严

* 课题组组长：谷建全，河南省社会科学院院长，研究员；完世伟，河南省社会科学院经济研究所所长，研究员。课题组成员：唐晓旺，河南省社会科学院经济研究所研究员，主要研究方向为区域经济；袁金星，河南省社会科学院经济研究所副研究员，主要研究方向为国民经济、科技经济；王芳，河南省社会科学院经济研究所副研究员，主要研究方向为区域金融。执笔：唐晓旺、袁金星、王芳。

峻，积极因素和不利因素并存，但宏观环境总体有利，预计全省 GDP 增速将略高于全国。面对新形势、新任务、新要求，本报告提出要聚焦“六稳”“六保”、聚焦提升产业链现代化水平、聚焦扩大有效投资、聚焦扩大内需、聚焦深化改革开放、聚焦优化营商环境、聚焦保障和改善民生，以为全省“十四五”规划实施起好步、开好头。

关键词： 经济运行 “六稳” “六保” 河南省

2020 年是全面建成小康社会和“十三五”规划收官之年，突如其来的新冠肺炎疫情，给我国经济社会发展带来前所未有的冲击。面对严峻形势，河南以习近平总书记重要讲话和指示批示精神为根本遵循，迅速果断采取超常规疫情防控举措，科学统筹推进疫情防控常态化和经济社会发展，做好“六稳”工作、落实“六保”任务，经济增长自第二季度起进入稳步复苏通道，呈现回稳向好发展态势。展望 2021 年，世界经济仍存在较大不确定性，国内经济也面临较大挑战，宏观环境依旧复杂严峻，这要求河南必须善于积势蓄势谋势、识变求变应变，在“稳”和“保”的基础上更加积极进取，为“十四五”规划实施起好步、开好头。

一 2020年前三季度河南经济运行态势分析

2020 年，新冠肺炎疫情对河南经济社会发展造成较大冲击，第一季度全省各行业逆位运行开局，经济发展压力之大多年罕见。为积极应对经济下行带来的压力，力争短时间内稳发展促提升，全省上下进一步统筹疫情防控和经济社会发展，采取有力有效措施，使得各项工作取得积极进展。进入第二季度以来，随着疫情防控常态化，全省各行业生产经营活动逐步恢复，经济下行压力逐步减缓，主要经济指标持续向好，生产需求持续改善，经济增长积极因素逐步增多。

（一）从发展走势看：经济运行回暖明显，呈现“逐步恢复、稳定回升”态势

疫情之初，全省经济社会不少领域几乎停摆。第一季度，全省地区生产总值增速下降6.7%，为1992年有季度统计以来首次负增长。全省上下牢记习总书记“统筹推进疫情防控和经济社会发展工作”的重大要求，把疫情防控与复工复产复市统筹起来，坚决稳住经济基本盘。疫情防控初始阶段，重点推动长垣、鲁山等防护物资相关企业复工复产、达产满产；疫情防控初见成效后，及时按下经济发展“重启键”，实施援企稳岗“护航行动”，出台加强复工复产工作6项举措，探索以“四有一可”模式保障农民工有序返岗；疫情防控常态化情况下，出台促进消费市场扩容提质若干意见，采取发放消费券等多项举措，有力促进了消费以及市场信心的恢复。第二季度，全省地区生产总值增速为-0.3%，较第一季度回升6.4个百分点，经济运行整体开始回暖。进入第三季度，经济运行继续向好的发展态势不断拓展，全省地区生产总值增速由负转正，为0.5%，主要经济指标增速稳步回升。前三季度，全省固定资产投资增速达到3.6%，高于全国平均水平2.8个百分点，分别较第一季度及上半年提高11.1个和1.0个百分点；社会消费品零售总额增速为-7.0%，降幅分别较第一季度及上半年收窄14.9个和4.3个百分点；全省外贸进出口总值同比增长2.4%，高于全国总体增速1.7个百分点，进出口增速居全国第13位；一般公共预算收入增速达1.9%。整体来看，前三季度，全省经济运行在经历第一季度的短暂“刹车”后，第二季度、三季度稳步迈入复苏的快车道，呈现“逐步恢复、稳定回升”发展势头，发展动力活力在进一步增强。

（二）从生产供给看：农业生产保持稳定，工业生产承压回升，服务业发展逐步回暖

农业生产形势总体稳定。河南省牢记习近平总书记嘱托，坚持一手抓疫情防控，一手抓粮食生产，严格落实保粮食安全重任，千方百计减轻疫情和

灾害影响，全省小麦种植面积继续保持8550万亩，夏粮总产量再创历史最高水平，达750.75亿斤，增长0.2%，实现了夏粮“十六连丰”。秋粮收获工作已经结束，生产形势总体较好，丰收已是定局。前三季度，全省禽蛋产量340.12万吨，增长3.7%；牛奶产量91.28万吨，增长3.1%。猪牛羊禽肉产量363.13万吨，同比下降12.7%。生猪生产持续恢复，全省规模猪场生猪存栏量和能繁母猪存栏量持续“双回升”，9月末，全省生猪存栏量3577.81万头，增长6.4%，其中能繁母猪存栏量355.48万头，增长18.5%；与此同时，生猪养殖效益依然处于历史高位，企业扩群增养积极性较高。家禽生产基本稳定，蛋鸡存栏量与上年基本持平，养殖效益正在逐步好转。

工业产能逐步修复。随着一系列“稳增长、促复产”政策的落地，企业生产活力渐趋恢复，整体工业经济有效抵御了疫情的冲击，产能释放势头加快。前三季度，全省规模以上工业增加值同比下降0.2%，其中9月全省规模以上工业增加值增长4.6%，比8月和7月分别提高1.5个、5.6个百分点（见图1）。前三季度，分经济类型看，国有控股企业增加值增长3.9%，股份制企业增加值增长0.5%，外商及港澳台商投资企业增加值下

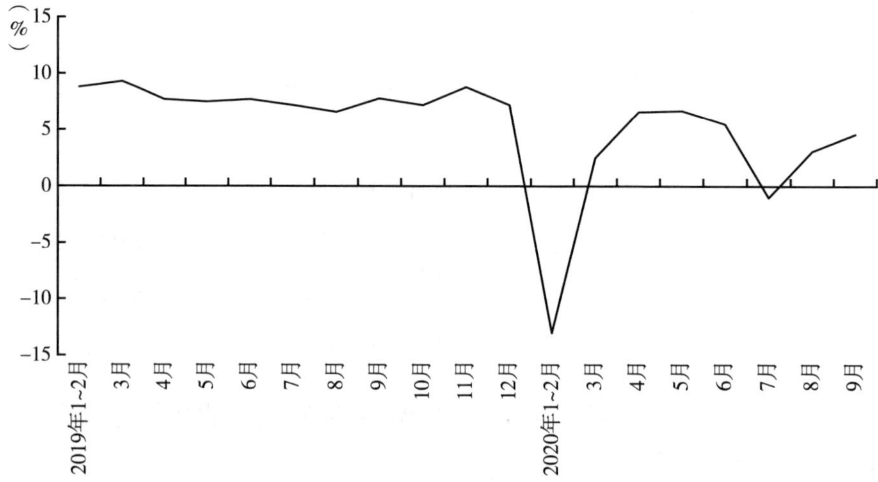

图1　2019年至2020年9月河南省规模以上工业增加值逐月同比增速

资料来源：河南省统计局、国家统计局河南调查总队：《河南统计月报》。

降1.4%，私营企业增加值下降2.3%。分三大门类看，采矿业增加值增长6.7%，制造业增加值下降0.7%，电力、热力、燃气及水生产和供应业增加值下降1.1%。战略新兴产业和高技术制造业增加值分别增长1.6%和4.6%，分别高于规模以上工业增加值1.8个、4.8个百分点。从产品产量看，规模以上工业企业的医用口罩产量增长8.0倍，发酵酒精产量增长2.6倍；光电子器件产量增长8.0倍，传感器产量增长70.9%，锂离子电池产量增长20.3%。

服务业市场稳步复苏。河南服务业开年受疫情冲击较重，省委省政府坚持精准帮扶，出台了支持中小微企业发展20条、严格执行小微企业普惠性税收减免和增值税改革政策，免征中小微企业3项社保费用，落实降低工商业电价5%政策，提前实行天然气淡季价格，鼓励各类业务减免、缓收房租等措施，使大量服务业企业生产压力明显减轻，市场活力不断恢复，呈现逐步复苏状态。1~7月，全省规模以上服务业营业收入增速为-5.1%，分别较一季度及上半年收窄9.3个和0.8个百分点（见图2）。与此同时，疫情改变了人们的生产生活方式，电子商务、在线教育、网上会议、远程诊疗等信息需求大幅增加，以大数据、云计算等互联网技术为依托的信息服务增长较快。旅游业加快复苏。2020年国庆假期（8天）期间全省共接待游客

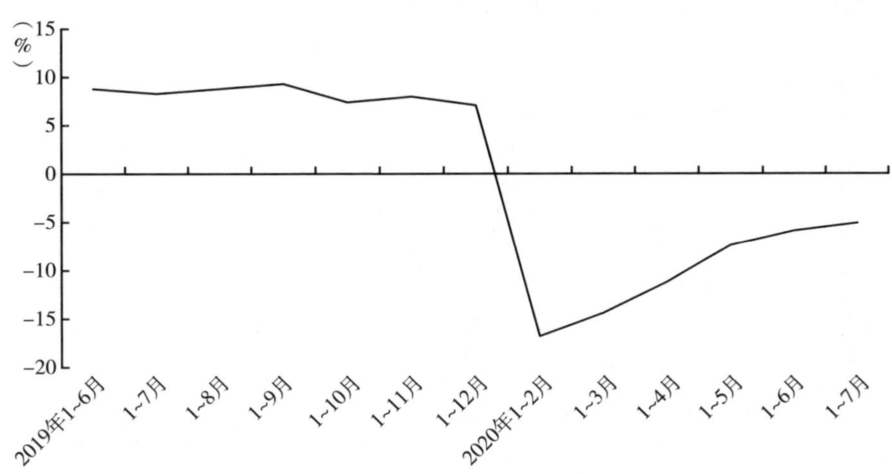

图2　2019年至2020年7月河南省规模以上服务业营业收入增速

资料来源：河南省统计局、国家统计局河南调查总队：《河南统计月报》。

7234.98 万人次，与2019 年国庆假期（7 天）期间相比增长了9.09%，旅游收入360.71 亿元，与2019 年国庆假期（7 天）期间相比恢复了71.86%。

（三）从市场需求看：投资增速逐月回升，消费市场逐步回暖，对外贸易稳定增长

投资发展持续上行。疫情暴发以来，全省上下在做好疫情防控工作的同时，全面推进复工复产达产，狠抓项目建设，太焦铁路河南段、引江济淮、大运河文化传承保护项目、中原大数据中心项目等重点、重大项目加快推进，取得明显成效，有效支撑了投资持续回升。前三季度，全省固定资产投资增速为3.6%，高于全国平均增速2.8 个百分点，比上半年提高1.0 个百分点，保持了逐月回升势头（见图3）。基础设施投资增速由负转正，增速为2.9%，分别较第一季度及上半年提高14.4 个和2.0 个百分点；民间投资增速稳步回升，增速为3.3%，分别较第一季度及上半年提高9.8 个和1.5 个百分点；工业投资缓慢回升，增速为1.2%，较第一季度提高8.0 个百分点，但较上半年下降1.3 个百分点；房地产开发投资小幅回升，前三季度，全省房地产开发投资增速为3.8%，分别较第一季度及上半年增长6.1 个和1.2 个百分点。

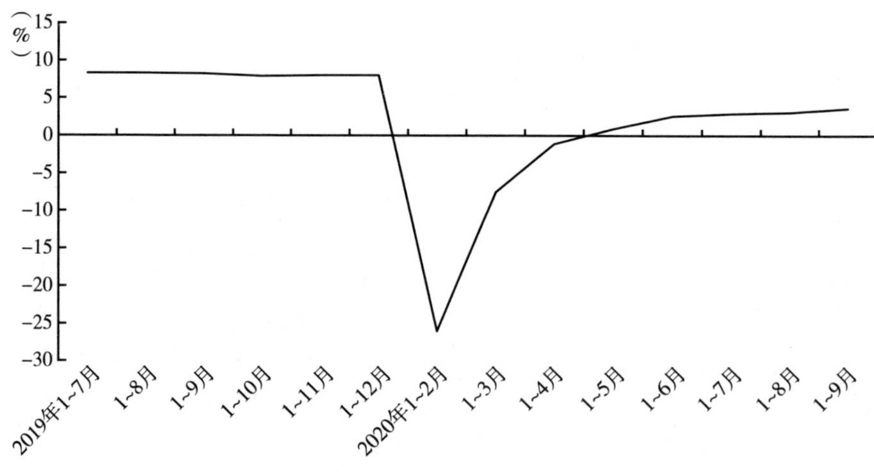

图3　2019 年至2020 年9 月河南省固定资产投资增速

资料来源：河南省统计局、国家统计局河南调查总队：《河南统计月报》。

市场需求逐步提振。疫情的暴发给消费市场带来了严重冲击，河南出台了促进消费市场扩容提质政策，支持餐饮、家政等生活服务业恢复，稳定汽车、家电等大宗消费，培育消费新业态新模式。随着疫情防控取得阶段性成效，全省消费市场回弹势头较好。前三季度，全省社会消费品零售总额15770.18亿元，同比下降7.0%，降幅比上半年收窄4.3个百分点（见图4），其中限额以上单位消费品零售额4154.60亿元，下降2.7%，降幅比上半年收窄4.9个百分点。限额以上单位按经营单位所在地分，城镇消费品零售额3814.00亿元，下降3.1%，乡村消费品零售额340.60亿元，增长1.3%；按消费类型分，商品零售3931.87亿元，下降2.6%，餐饮收入222.74亿元，下降5.9%。

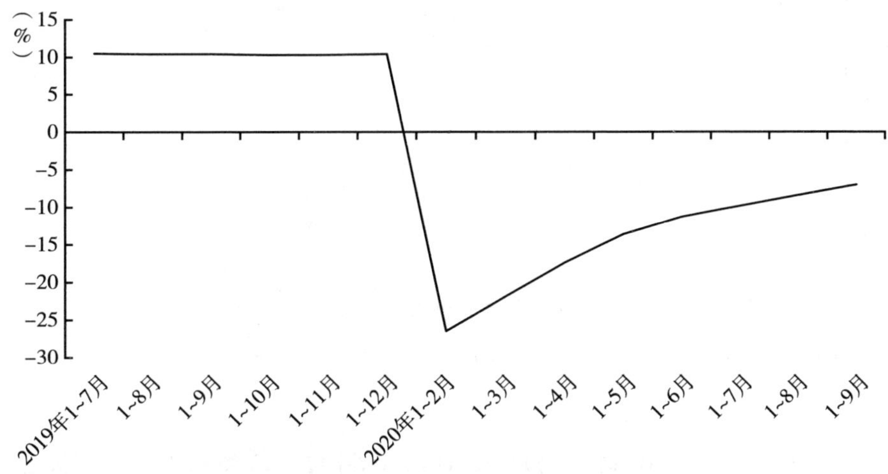

图4　2019年至2020年9月河南省社会消费品零售总额增速

资料来源：河南省统计局、国家统计局河南调查总队：《河南统计月报》。

对外贸易稳定增长。外贸是驱动经济增长的“三驾马车”之一。新冠肺炎疫情的暴发对全省外贸发展产生了较大冲击，为了做好稳外贸工作，河南兼顾疫情防控和对外经贸合作，坚持在扩大对外开放中推动复工复产，帮助外贸企业渡难关、保市场、保订单，保障产业链供应链稳定，在网上办好第127届广交会，支持加工贸易出口转内销，加快跨境电商等贸易新业态发展，积极扩大进口，推动了全省对外贸易逆势上扬。前三季度，全省外贸进出口总值3771.3亿元，同比增长2.4%（见图5），高于全国总体增速1.7个百分点，进出口增速居全国第13位。其中，全省民营企业、国有企业进出口均保持增长，民营企业进出口1315.9亿元，增长8.2%，占全省外贸进出口总值的34.9%；外商投资企业进出口2094亿元，下降1.3%，占全省外贸进出口总值的55.5%；国有企业进出口335.8亿元，增长1.5%。

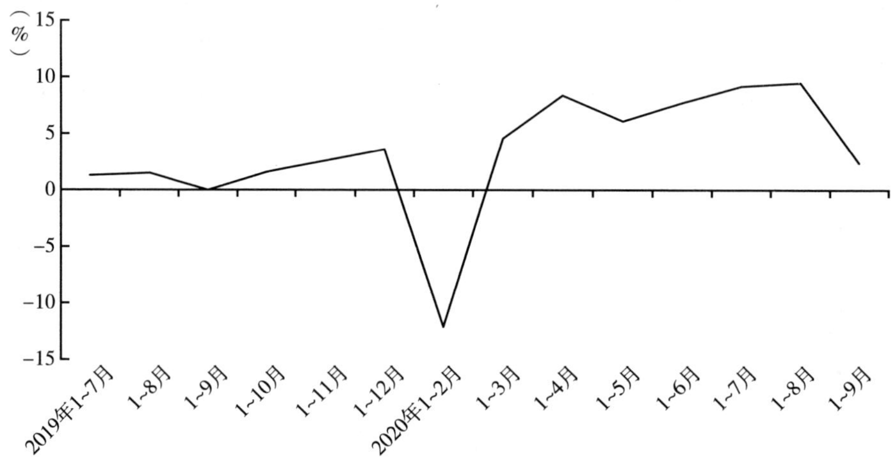

图5 2019年至2020年9月河南省外贸进出口总值增速

资料来源：河南省统计局、国家统计局河南调查总队：《河南统计月报》。

（四）从运行环境看：财政支出力度加大，贷款投放逐步稳定，物价水平降位运行

民生保障较为充分。前三季度，全省一般公共预算收入3192.4亿元，同比增长1.9%，分别较一季度及上半年提高17.9个和2.6个百分点（见图6）。面对疫情，保基本民生稳固、基本生活稳定，保基层运转正常、基层治理顺畅是稳住全省经济“基本盘”、维护社会大局稳定的前提保障。前三季度，全省民生支出持续保持较高增长态势，支出合计6288.2亿元，占一般公共预算支出比重达76.4%，同比增加0.1个百分点。扶贫、文化、

就业补助、最低生活保障、公共卫生等基本民生支出分别增长 28.7%、24.1%、7.7%、36.3%、54.7%；农林水、交通运输、住房保障等支出分别增长 35.3%、18.6%、41.4%。

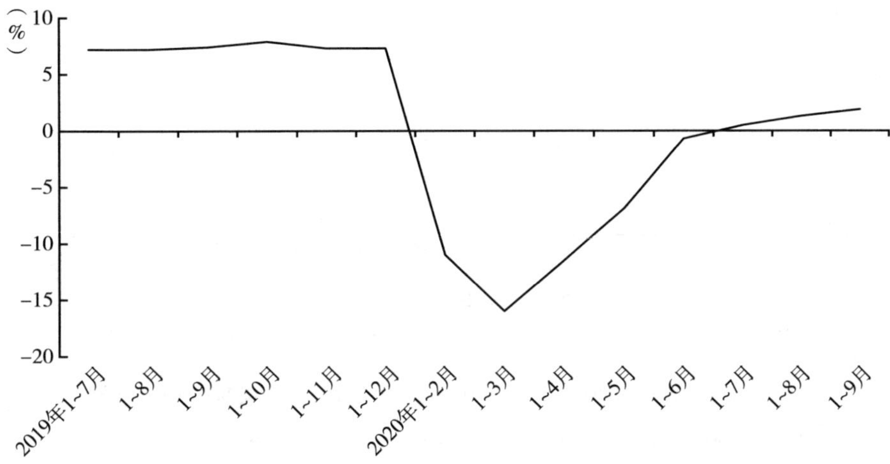

图 6　2019 年至 2020 年 9 月河南省一般公共预算收入增速

资料来源：河南省统计局、国家统计局河南调查总队：《河南统计月报》。

金融市场缓中有增。截至 2020 年 8 月底，全省金融机构人民币各项存款余额为 75808.9 亿元，较年初增加 6300.2 亿元，同比增长 9.3%。与此同时，面对疫情给企业带来的冲击，积极鼓励银行主动对接企业需求，通过续贷、展期、增加信用贷款和中长期贷款等方式，稳定中小企业贷款投放，增加融资供给。截至 2020 年 8 月底，全省金融机构各项贷款余额总量达到 61325.3 亿元，较年初增加 5666.3 亿元，同比增长 13.8%，很大程度上缓解了企业资金流动性困难（见图 7）。

物价上行压力趋缓。第一季度，受节日、翘尾因素以及疫情影响，食品类价格涨幅较大，带动物价累计上涨幅度较大，随着政府积极调控，深入推进复工复产、复市复业，市场逐步回归稳健。前三季度，全省居民消费价格同比上涨 3.6%，较第一季度及上半年分别收窄 1.9 个和 0.5 个百分点，涨幅呈持续收窄的运行态势，价格水平整体正在加速回归正常运行期间值（见图 8）。

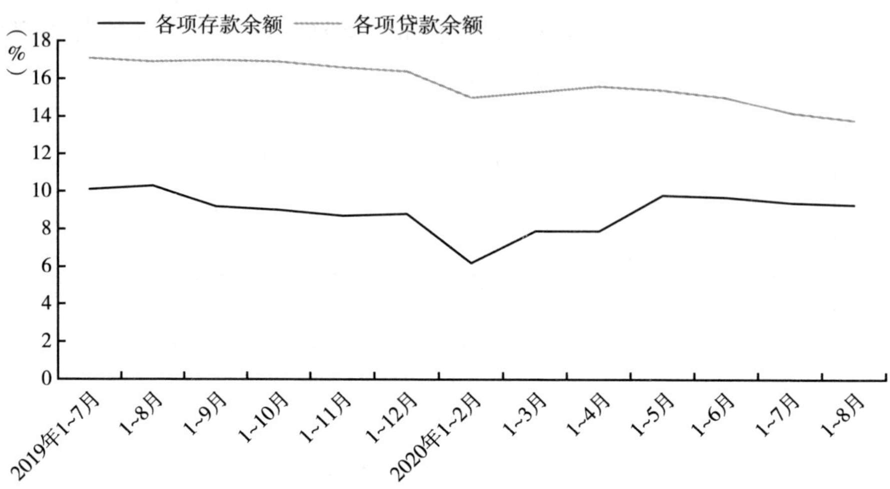

图7　2019 年至 2020 年 8 月河南省金融机构人民币各项存贷款余额

资料来源：河南省统计局、国家统计局河南调查总队：《河南统计月报》。

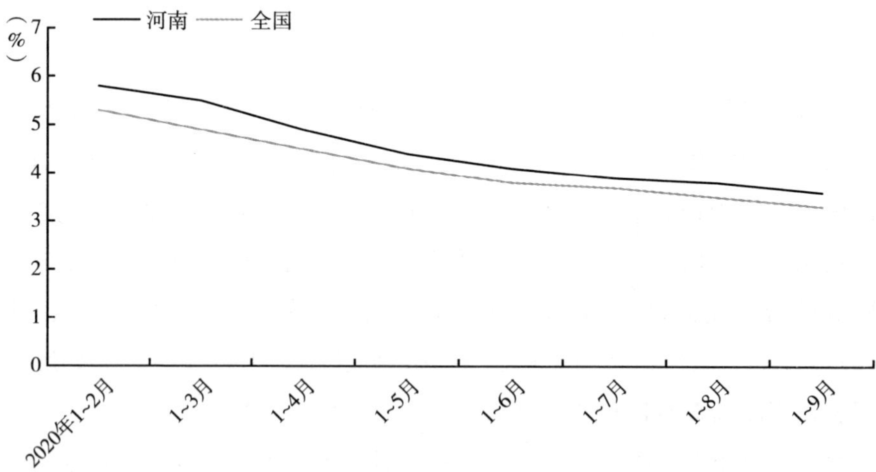

图8　2020 年 1 ~9 月河南与全国居民消费价格指数运行趋势

资料来源：河南省统计局、国家统计局河南调查总队：《河南统计月报》。

（五）从质量效益看：居民收入提升回稳，企业效益逐步改善，就业形势总体稳定

居民收入增速继续跑赢GDP。受疫情冲击作用逐渐减弱影响，河南劳动参与率逐步回升，就业人口比重明显提升，企业复工复产步伐加快，居民工资性收入得以回升。其他三大收入领域中，受养老金、低保等增长以及水电费补贴政策等影响，转移性收入增长加快。前三季度，全省居民人均可支配收入17537.60元，同比增长2.9%，比上半年提高0.3个百分点，比全省地区生产总值增速高2.4个百分点。按常住地分，城镇居民人均可支配收入25304.98元，增长0.7%；农村居民人均可支配收入10933.04元，增长5.1%，高于城镇居民人均可支配收入增速4.4个百分点。城乡居民人均可支配收入比值为2.31，比上年同期缩小0.11。

企业效益逐步改善。2020年5月、6月、7月，全省规模以上工业企业利润总额累计分别同比增长4.8%、8.0%、2.4%，持续高于全国平均水平。与此同时，1~7月，全省规模以上工业企业主营业务收入同比下降3.0%，在收入下降情况下利润实现正增长，主营业务收入利润率逐步提高，表明河南工业企业赢利能力正在修复。

就业形势总体稳定。坚持把就业摆在“六稳”和“六保”任务之首，打好社会保险费“免、减、缓、返、补”政策组合拳，援企稳岗，全省就业形势保持了总体稳定。1~8月，全省城镇新增就业76.17万人，完成全年目标任务的69.2%；新增返乡下乡创业12.93万人，完成全年目标任务的86.2%。

总体来看，新冠肺炎疫情是一次危机，也是一次大考，对河南这样一个拥有1亿多人口的大省来讲，能在较短时间内有效控制疫情，恢复生产生活秩序，并推动经济运行加速向正常状态回归，十分不易，成之维艰。与此同时，受外部环境趋紧以及新冠肺炎疫情等因素影响，一些深层次矛盾和问题需要更加予以关注。一是实体经济经营困难增加。不少企业特别是中小微企业前期生产经营受到严重影响，复工复产后又受消费延迟、供应链不畅等影响，面临需求不足、库存增加、生产趋缓等新的困难，一些企业存在再次减产停产，甚至破产倒闭的风险。二是消费需求复苏相对乏力。受新冠肺炎疫情、居民收入增速放缓等因素影响，消费市场仍较为低迷。前三季度，全省社会消费品零售额同比下降7.0%，说明全省经济增长企稳的基础还不够牢固。三是工业恢复情况不够理想。前三季度，全省规模以上工业增加值同比下降0.2%，低于全国平均水平1.4个百分点；累计增速自6月由负转正之后，再次由正转负，说明河南工业受疫情影响较大，恢复常态可能还需一定时间。四是财政收支矛盾加剧。受疫情影响经济下行，叠加减税降费因素，使得全省地方财政变得十分艰难，部分市县“三保”支出压力较大，但财政支出有增无减，再加上到期债务偿还压力，财政收支矛盾愈加凸显。

二　2021年河南经济发展环境及总体走势展望

（一）2021年河南经济运行环境分析

1. 有利条件

（1）世界经济有望逐渐复苏。从最近的抗疫形势看，各国将防疫策略从“围堵”转向“缓疫”，推进解禁封城，恢复正常的经济社会活动，世界经济开始恢复。作为抗疫的重要手段，疫苗研制也取得重大进展，预计2021年春季将会有新冠疫苗上市，新冠肺炎疫情有望得到缓解，全球经济有可能会在2021年第二季度出现反弹。国际货币基金组织预测，2021年全球经济有望较快恢复，世界经济平均增长率将达到5.4%。世界银行估算，2021年世界经济平均增长率为4.2%。经济合作与发展组织认为，如果疫情得到有效控制，2021年世界经济平均增长率将达到5.2%。如果世界经济较快恢复，外需便会增长，我国发展的外部环境将得到改善。基于此，河南省2021年的经济增长环境将会得到较大改善，预计2021年河南省经济将迎来新一轮的恢复性增长。

（2）“双循环”发展格局释放新动能。2020年以来，受新冠肺炎疫情

影响，世界经济低迷，国际贸易萎缩，我国经济社会发展面临较大困难。与此同时，世界范围内信息技术、生物技术、新能源技术、新材料技术等交叉融合，新一轮科技革命和产业变革动能逐渐释放，为我国生产力进步和经济社会发展开辟了新天地。在此背景下，中央提出要逐步形成以国内大循环为主体、国内国际双循环相互促进的新发展格局，培育新形势下我国参与国际合作和竞争新优势。“双循环”的新发展格局，为我国经济发展指明了方向、明确了任务，为未来我国经济增长提供了新动能。在此背景下，2021年河南省要积极扩内需，畅通产业循环、市场循环、经济社会循环，为“六保”“六稳”创造条件。

（3）黄河经济带国家战略增添新引擎。国务院总理李克强在2020年的《政府工作报告》中提出，要加快落实区域发展战略，编制黄河流域生态保护和高质量发展规划纲要。近期，《黄河流域生态保护和高质量发展规划纲要》有望得到中央批复。这一规划纲要被批复后，黄河经济带在国家层面将被正式确认，一系列配套支持政策也将会落地。河南地处黄河流域的腹地，是黄河流域高质量发展的主战场，是黄河经济带加快崛起的主力军。《黄河流域生态保护和高质量发展规划纲要》的批复，将为河南新一轮改革发展提供新的机遇，形成2021年河南经济发展新的支撑。

（4）“一带一路”畅通开放发展新通道。在“一带一路”倡议下，目前，我国已与138个国家和30个国际组织签署了200份共建“一带一路”合作文件，“六廊六路多国多港”互联互通架构基本形成。在当前新冠肺炎疫情大流行的背景下，“一带一路”已成为疏通外循环的重要通道。作为“一带一路”的重要节点，河南持续推进对外开放，提出了统筹推进“空中、陆上、海上、网上”等四条丝绸之路建设的举措，开放发展的外部环境显著改善。目前，河南在加紧编制“一带一路”建设“十四五”规划，为未来一个时期全省“四条丝路”建设规划新的蓝图，这将巩固提升全省开放通道优势，为2021年全省经济增长提供新的动力。

（5）县域经济高质量发展激发新活力。2020年国务院总理李克强在《政府工作报告》中提出，加强新型城镇化建设，大力提升县城公共设施和服务能力。2020年5月，国家发展改革委印发《关于加快开展县城城镇化补短板强弱项工作的通知》，明确县城城镇化补短板强弱项工作路线图。县城及县级市城区在我国经济社会发展中的地位十分重要。新冠肺炎疫情过后，我国经济发展面临的国际国内环境将发生深刻变化，为维护经济发展和社会稳定大局，确保如期完成决战决胜脱贫攻坚目标任务、全面建成小康社会，要尽快激发县域这一基本地域单元的经济活力和发展潜能，使县域成为2021年河南省高质量发展的坚强后盾。

2. 不利因素

（1）全球新冠肺炎疫情持续蔓延风险仍在。当前，世界进入抗疫和复工共存的阶段，但是疫情风险并没有消退，欧美国家大部分没有采取类似中国这样的严格的跟踪和分级隔离等强力措施，还不能全面控制疫情。Worldometers的统计数据显示，截至北京时间10月19日，全球新冠肺炎累计确诊病例数超4026万例，累计死亡超111万例。新增确诊数量居高不下，累计确诊数量高位递增，疫情在全球持续蔓延。在新冠疫苗问世之前，整个社会都要与病毒共存，经济发展的放开将伴随着疫情的长期防控。要使疫情得到根本控制就需要迅速研发出治疗新冠肺炎的疫苗，但针对新冠肺炎的特效药和疫苗研制仍具不确定性。在各国的“解禁”政策下，疫情“长尾”和“肥尾”化，将至少在今后12个月内在全球广泛存在。新冠肺炎疫情的长期化，形成2021年世界经济复苏的制约因素，对2021年河南省经济增长形成挑战。

（2）逆全球化持续冲击国内供应链。当今世界，孤立主义和保护主义肆虐，逆全球化潮流涌动，世界经济面临的不确定风险越来越大。在此背景下，美国以维护国家安全为由，拉拢其盟国，将华为、大疆、海康威视等我国一批高科技标杆企业加入黑名单，在全球范围内进行断供，对中国高科技产业链形成重大冲击。2020年以来的新冠肺炎疫情全球大流行，更是成为国内外经济往来的重大障碍，加剧了逆全球化运动，对我国对外经济也产生了冲击。可以预见，未来美国对华强硬的立场不会改变，中美经济进一步“脱钩”的风险将增加。受此影响，2021年河南经济受到的外部冲击将进一步增大，形成经济增长的利空。

（3）国内经济运行风险进一步释放。当前，国内经济运行中存在着诸多结构性、系统性的矛盾和风险。实体经济不景气的风险加剧。由于新冠肺炎疫情的影响，国内企业面临订单减少、开工不足的问题，效益普遍下滑。与此相对应，企业经营不景气，导致了失业增加，就业质量下降，进而影响了扩大消费。同时，由于经济下行和实体经济困难增加，部分企业面临倒闭的风险，催生了金融领域的系统性风险。此外，房地产不景气，也影响着投资的扩大，对2021年投资增长形成制约。河南是全国的一个缩影，全国宏观经济中的风险在河南都有体现，而且，河南产业结构较重，劳动密集型产业比重较高，这些风险相较全国更为突出。基于此，2021年国内经济运行风险进一步释放，将对河南经济增长形成制约。

（4）要素趋紧与环保压力加大并存。随着我国新冠肺炎疫情的缓解，国内生产逐渐得到恢复，土地、资本、劳动力和技术日益成为制约生产扩大的重要因素。在国家保护耕地的红线下，建设用地日益紧缺，一些招商引资项目无法落地。在金融风险加大的背景下，银行惜贷现象加剧，企业面临着融资难、融资贵的困境。由于青壮年劳动力短缺，工资持续上涨，企业的用工成本急剧增加。2020年是《打赢蓝天保卫战三年行动计划》的收官之年，京津冀及周边地区大气污染防治攻坚持续推进，很多城市冬季出台封土令，对2021年的经济增长形成制约。河南正处于结构调整过程中，招商引资的任务较重，土地、劳动力、资金等生产要素较紧张，制约着项目的落地和生产的扩大，对经济增长形成制约。同时，河南产业结构偏重，资源性产业较多，受环保政策的影响也较大，这些也成为2021年河南经济增长的制约因素。

（5）财政收支矛盾压力进一步加大。在新冠肺炎疫情的冲击下，2021年实体经济困难仍在，企业经营困难增加，经济效益下滑，税收贡献下降，财政收入增速下降。为应对新冠肺炎疫情的冲击，国家实行积极的财政政策，一方面出台了一系列减税降费的政策，导致财政收入减少；另一方面增加政府投资，政府支出大幅度增加。这样，政府财政收入减少叠加投资支出增加，导致财政收支的矛盾持续加大。河南产业层次不高，单位GDP税收含量较低，同时河南本就不是税收富余的省份，具有较大的民生支出压力，2021年河南省政府财政收支矛盾将更加突出，这客观上影响着政府宏观调控的能力，对2021年的河南经济增长形成制约。

（二）2021年河南经济走势及主要指标预测

随着应对疫情刺激政策的持续发酵，同时考虑到全球新冠肺炎疫情2021年有可能逐步缓解，外需增长有可能加速外循环，推动2021年经济逐步增长。2021年，预计河南经济将持续恢复增长，增速将总体呈现略高于全国的态势。

1.结构转型持续发力，工业增长有望持续回升

为应对新冠肺炎疫情，全省着力构建“5+5+6”产业体系，实施“六个提升专项”，强化“五强一优”要素生态保障，为工业发展提供支撑。从下半年开始，河南加快推进开发区的“二次创业”，以公司化改革为导向，探索开发区体制机制创新，这有利于激发体制机制活力，有利于促进2021年工业的增长。与此同时，河南出台5G产业发展行动计划，加快工业数字化转型升级，加快推进装备制造、新材料、电子信息等重点产业发展，为2021年全省工业发展提供支撑。在这些政策的刺激下，全省工业增长有望持续回稳。同时，也应该看到，河南工业结构转型相对较慢，传统产业占比仍然较大，战略新兴产业和高技术产业比重较小，对经济增长的支撑力仍不足。综合分析，预计2021年工业增长仍将面临较大压力，规模以上工业增加值增速与全国持平或略高于全国。

2.新基建稳步推进，投资增长稳中趋升

为应对疫情的冲击，中央银行实施了积极稳健的货币政策，多次降准、降息，预计2021年仍将有2~3次降准、降息。受此影响，2021年全省资金面将会较宽松，为全省工业投资和民间投资增长提供了有利条件，形成2021年河南投资恢复增长的重要支撑。在此背景下，河南围绕“两新一重”重大项目建设，加快重点项目投资，涉及总金额近3.7万亿元，其中2020年将完成投资9265亿元，2021年预计将完成投资近1万亿元，对2021年

“稳投资”将产生重要支撑作用。与此同时，河南依托“两新一重”重大项目，制定了引导民间投资参与的政策措施，促进了民间投资增长，使民间投资成为2021年投资的新增长点。但也应该看到，2021年河南也存在着制约投资增长的因素，如疫情冲击持续存在、居民消费信心下降等。综合判断，2021年全省固定资产投资增长将持续回升，且增长幅度有望高于全国。

3. 新兴消费不断拓展，消费增长稳步回升

2021年，随着疫情防控形势的不断好转，全国性的复商复市步伐将进一步加快，交通运输、住宿餐饮、旅游文娱等消费将持续回暖，这些将成为消费增长的重要动力。从全球来看，2021年春天，新冠肺炎疫苗有可能研制成功，为世界摆脱疫情冲击带来有利条件，从而为外需增长打开空间。在此背景下，河南为“稳消费”，预计会出台一系列新的鼓励和刺激居民消费的举措，这些举措将成为“稳消费”的政策支撑。但同时也应该看到，受制于疫情所导致的外需下降，全省就业和收入增长仍将面临较大困难，居民的消费信心仍显不足，这些对消费增长将产生抑制作用。综合判断，2021年全省消费将延续筑底回升的态势，增速将略高于全国。

4. 外贸环境持续宽松，进出口增长持续改善

从目前世界疫情形势及新冠肺炎疫苗的研究进展看，2021年上半年全球新冠肺炎疫情将会得到较大缓解。与此相伴，世界经济有望逐渐走向复苏。对于2021年世界经济增长速度，国际货币基金组织预测为5.4%，世界银行估算为4.2%，经济合作与发展组织预计为5.2%，都较为乐观。综合预计，2021年世界经济实现4%~5%的增长将是大概率事件。随着世界经济的复苏，外贸往来必然会逐步恢复，外贸环境持续宽松将为河南省对外贸易增长提供有利条件。与此同时，2021年河南省“四条丝路”建设将持续推进，自贸区建设将稳步进行，这些也将成为河南外贸增长的重要支撑。综合判断，2021年，随着全球疫情逐步缓解和世界经济的复苏，外需重振可能带来进出口恢复性增长，河南进出口全年增速将高于全国。

5. 消费价格涨幅回落，物价形势总体平稳

随着国内外疫情的逐步缓解，以及全省经济形势的逐渐复苏，2021年

物价总体将保持基本稳定。尽管经济恢复、市场活跃会对物价产生一定上拉作用，但2021年全省保持物价总体稳定或稳中有降的条件较多。一是河南农业生产总体稳定，粮食、蔬菜、水果、猪肉等生活用品供应充足，为稳定价格打下坚实基础。二是随着复工复产复市的稳步推进，2021年全省工业产能将进一步恢复，工业品尤其是抗疫物资供给将大幅增加，价格将逐步回落。三是随着全球疫情的逐步缓解以及世界经济的复苏，世界大宗商品价格也将趋于稳定。综合来看，2021年河南省居民消费价格稳中有降、“前高后低”的可能性较大，全年增长预计与全国持平。

三　推动河南经济持续平稳健康发展的对策建议

面对复杂严峻的外部环境和艰巨繁重的发展任务，我们要统筹推进疫情防控和经济社会发展，坚持稳中求进总基调，扎实做好“六稳”“六保”工作，保持战略定力，抢抓发展机遇，创新工作方法，破解发展难题，努力在危机中拓展新空间、实现新发展，确保全省经济持续平稳健康运行。

（一）聚焦“六稳”“六保”，统筹推进疫情防控与经济发展

当前，国内新冠肺炎疫情防控已取得重大战略成果和阶段性胜利，但在全球范围内疫情仍在蔓延，国内出现零星散发病例和局部暴发疫情的风险仍然存在。河南必须在坚持常态化疫情防控不松懈的基础上，多措并举做好“六稳”“六保”工作，统筹推进疫情防控与经济发展，探索有效应对措施，实现经济发展的良性循环。一要坚持常态化疫情防控不放松。绷紧疫情防控这根弦，密切关注新冠肺炎疫情形势变化和潜在风险，做好外防输入、内防反弹工作，不断巩固目前疫情防控取得的阶段性成果。切实加强重点场所防控措施，完善防控链条，持续堵漏洞、补短板，加快建立全流程闭环管控机制。加大医疗卫生投入力度，加强医疗卫生基础设施建设，建立健全疾病预防控制、重大疫情防控救治、应急物资储备体系。二要聚焦“六稳”“六保”抓好经济运行。要把稳就业、保民生摆在突出位置，严格落实已出台的

稳岗就业各项政策措施，确保各项优惠政策落到实处。抓好重点群体就业工作，加强谋划，满足人民群众最基本的需求，兜住民生底线。要围绕“六稳”“六保”主要任务精准施策，持续优化营商环境，不断激发市场主体活力，加快现代农业体系建设，稳定粮食生产，稳住经济基本盘。三要坚持高质量发展不动摇。坚持新发展理念，在抓好疫情防控与“六稳”“六保”工作的同时，不断补齐经济发展短板，促进产业结构优化升级，挖掘培育新的经济增长点，加快新旧动能转换，为推动实现高质量发展夯实基础。

（二）聚焦提升产业链现代化水平，积极融入“双循环”新发展格局

产业链的能级、水平和竞争力，决定了一个国家或地区经济的可持续发展以及结构的优化升级情况，体现了经济发展的整体水平。提升产业基础高级化和产业链现代化水平，是河南融入“双循环”新发展格局、推动经济高质量发展的关键。一要壮大具有产业链控制力的龙头企业。从全产业链控制和产业链关键环节控制两方面着手，突出产业链龙头企业的示范带动作用，依托龙头企业的优质品牌资源、自主研发能力、先进生产系统等，促进大中小企业整体配套、上下游产业汇聚和集群打造。加强对具备条件的龙头企业未来技术储备的支持，形成核心技术持续领先优势。二要加快培育战略性新兴产业。围绕5G、新型显示、新能源及智能网联汽车、智能制造等领域完善产业发展布局，抢抓长三角、粤港澳大湾区等地区产业疏解机遇，发挥河南在交通区位、人力、资源等方面的优势，积极承接新兴产业布局和转移。运用数字化、智能化促进河南传统优势制造业转型，推动传统产业链升级，力争形成新的增长点。三要搭建产业链协同创新平台。加大应用基础研究资金投入和政策扶持，加快建设以企业为主导，高校、科研机构、社会资本共同参与的产学研一体化创新平台，突出以产业链为纽带，加强创新体系建设的整体布局和创新链协同，推动重大关键技术协同攻关，集中优势力量加快突破一批短板技术和“卡脖子”技术，促进产业链向更高层次跨越发展。

（三）聚焦扩大有效投资，大力推进新老基建

扩大有效投资既可以拉动经济增长，也能够弥补历史欠账，更有利于抢占未来竞争的制高点。抢抓政策新机遇，围绕经济社会发展的薄弱环节以及高质量发展要求，积极扩大有效投资，加快推进新老基建，充分发挥投资的乘数效应，是应对疫情冲击和当前压力、夯实未来发展基础的重要手段。一要加快推进新基建。抢抓国家新基建大机遇，围绕5G基站、大数据中心、智能交通基础设施、人工智能、工业互联网等领域加快部署一批重大项目，在新基建统筹规划、规范引导、监管监督、风险防范等方面尽快出台含金量高、可操作性强的支持配套政策，为新基建加快营造更加公平、高效的环境。二要强化传统基建的支撑作用。基础设施建设既要发展"高精尖"，也要加快"补短板"。要更加注重投资的有效性，围绕当前影响经济社会发展的城乡基础设施、公共卫生、生态环保、民生保障等领域增大"补短板"力度，为扩大有效投资奠定扎实基础。三要突出重大项目带动作用。强化项目储备，围绕"两新一重"、能源、产业等领域谋划储备一批引领性高、带动性强的重大项目，同时加快在建项目建设进度、加大新投资项目开工力度，不断增强发展后劲。四要进一步激活民间投资的积极性。发挥财政资金及专项债券的撬动和引领作用，建立健全政府、企业和其他社会力量共同参与的多元化投融资体系，拓展社会资金渠道；继续破除和减少民间资本投入重大战略及补短板领域的市场壁垒，规范有序推进PPP模式，让民间资本能够公平、广泛参与各类投资。

（四）聚焦扩大内需，全面激发消费潜能

新冠肺炎疫情在全球的持续蔓延给河南外贸出口造成了较大影响，在外需萎靡的不利情况下，深入实施扩大内需战略、全面激发消费潜能是促进经济复苏、推动全省经济持续健康发展的现实选择。一要着力恢复居民消费能力和消费信心。要全面落实提振消费、促进经济稳定增长的各项政策，不断加大公共财政服务供给力度，提升消费金融支持力度，通过发放惠民消费红

包、增加企业优惠促销活动等多种办法促进市场消费，疏通经济循环的经络。二要激发新型消费潜力。新冠肺炎疫情使得“云逛街”“云旅游”“云教育”“直播带货”等新型消费模式逆势快速发展。要完善新型消费引导政策，以美好生活为导向不断拓展新型消费范围，加强无接触消费模式创新，引导实体商业加快线上业务发展，推动健身、旅游、医疗等领域的线上线下融合，同时推进互联网平台企业向线下拓展业务，不断扩大影响。三要提高消费产品和服务的供给质量。增强供给结构对需求变化的适应性和灵活性，减少无效和低端供给，抓住数字化、智能化机遇加快发展供给体系的新业态新模式，促进教育、文化、医疗、养老、健康和安全等领域消费升级，全面激发消费潜力。四要营造良好消费环境。加强5G网络、物联网等新型消费基础设施建设，不断破除城乡要素流动壁垒，同时运用新一代信息技术构建线上线下一体化的消费市场监管体系，严厉打击侵权假冒行为，促进市场公平、有序竞争，使消费者敢于消费、放心消费。

（五）聚焦深化改革开放，增强经济发展动力

深化改革开放不是一时之需，而是长远之计。面对当前复杂严峻的外部发展环境和新发展阶段的新任务新要求，我们更要坚持改革开放，向改革要动力、以开放促发展，不断破除制约经济社会发展的瓶颈障碍，为加快推动河南高质量发展增强动力。一要突出重点领域和关键环节改革。及时分析研判疫情及外部环境对经济发展的影响，以稳定经济增长为中心，更大力度推进国资国企、财税金融、市场准入、社会管理、民生保障等领域改革。进一步深化要素市场化改革，加快发展要素市场，充分发挥市场配置资源的功能，不断扩大要素市场化配置范围，促进劳动力、资金、技术、土地、数据等要素的自由流动，使生产活动更快地适应数字化、信息化、智能化等新技术的要求。二要注重各领域改革的联动推进。全面深化改革涉及经济社会发展各个领域，随着改革进入深水区，各项改革的关联性与互动性将进一步增强。要在深入推进经济体制改革的基础上，充分发挥其牵引作用，协同推进政治、文化、社会、生态文明等领域改革，促进全面深化改革各领域的高效

联动，提高改革的综合效能，确保取得预期成效。三要持续提高对外开放水平。围绕“空、陆、网、海”四条丝绸之路及中欧班列（郑州）建设，不断促进提升对外开放功能，以对外开放通道优势全面提高河南枢纽经济能级。依托中国（河南）自由贸易试验区、郑州航空港经济综合实验区以及中国（郑州）跨境电子商务综合试验区等开放平台，积极开展科技、制度、业态及模式创新等，立足自身定位及优势，大力进行“产业链、创新链、价值链、项目链”招商，不断提高开放型经济发展质量。

（六）聚焦优化营商环境，推动民营经济发展

民营经济是国民经济的重要组成部分，是推动高质量发展、建设现代化经济体系的重要主体。推动民营经济在疫情防控常态化条件下快速发展，不断激发市场主体活力，是促进河南经济持续平稳健康发展的关键举措。一要全面落实各项稳企政策。积极走访调研，了解企业生产过程中的困难与问题，加强政策宣传，指导民营企业用足用好各项帮扶政策，将政策利好切实惠及企业。二要提高政务服务效能。持续深化“放管服”改革，进一步简化审批手续，减少审批环节，不断扩大“一网通办”和“最多跑一次”改革覆盖面，全面提升企业便利化水平。解决好民营企业发展面临的融资、权益保护、市场准入等方面的问题，大力缩减市场准入负面清单，营造法治化、国际化、便利化的营商环境。三要引导民营经济创新发展。要推动民营企业转型升级，鼓励民营企业抢抓数字化变革机遇，积极开展产品创新、技术创新、商业模式创新、组织运行模式创新等，在延伸产业链、提升价值链中寻求发展新机会，增强企业内生发展动力。四要大力弘扬企业家精神。疫情冲击下世界经济低迷、全球市场萎缩的严峻形势，使我们更加需要敢为人先、求真务实的企业家精神。要支持企业家不断开拓创新，勇担使命、主动作为，以更大的决心和智慧投身市场竞争，为全省经济持续健康发展注入新活力、贡献新力量。

（七）聚焦保障和改善民生，加快补齐民生短板

民生是人民幸福之基、社会和谐之本。做好保障和改善民生工作，加快

补齐民生短板，事关群众福祉和社会和谐稳定，也是推动实现高质量发展的根本目标和内在要求。一要把稳就业摆在优先位置。就业是最大的民生，做好保障和改善民生工作，首要任务就是稳就业。要加大对高校毕业生、农民工及困难人员等重点人群的就业支持力度，为就业困难群体提供兜底保障。依托“互联网+”、数字经济、平台经济等新模式，着力发展养老、健康、托幼等现代服务业，不断培育和增加就业岗位。加大对自主创业人群的支持力度，加快搭建创新创业平台，不断优化创新创业环境，打造全社会创新创业氛围，以促创业实现稳就业。二要巩固脱贫成果防止返贫。在提高脱贫地区整体经济发展水平的同时，建立健全监测预警机制，对不稳定脱贫户、边缘易致贫户加强动态监测，增强对返贫的事前预防。完善防止返贫帮扶机制，健全脱贫户持续增收保障机制，为巩固脱贫成果提供制度保障。三要加大社会保障力度。严格落实基本养老保险各项政策，扩大失业保险保障范围至所有参保失业人员，对符合条件的城乡困难家庭做到应保尽保，对因病因灾遭遇暂时困难的人员要及时提供救助。四要防范化解风险隐患。重点围绕安全生产、灾害预防、公共安全、社会治安、食品安全、劳动关系等领域加强风险隐患排查，做好综合监测预警，强化落实源头预防和治理，加快补齐短板，为全省经济持续健康发展创造和谐稳定环境。

参考文献

[1] 尹弘：《政府工作报告》，《河南日报》2020年1月10日，第1版。

[2] 河南省社会科学院课题组：《2020年河南经济运行及走势研究》，《区域经济评论》2020年第5期。

[3] 河南省社会科学院课题组：《稳中有进稳中向好　保持定力行稳致远》，《河南日报》2019年7月16日，第8版。

[4] 河南省社会科学院课题组：《坚定信心看大势　破疫前行稳增长——2020年河南上半年经济形势分析暨全年展望》，《河南日报》2020年7月16日，第8版。

评价报告

Evaluation Reports

B.2

2020年河南省省辖市经济综合竞争力评价

河南省社会科学院课题组*

摘　要：　进入高质量发展阶段，城市经济综合竞争力承载了更丰富的内涵。本报告对2020年河南省省辖市经济综合竞争力进行评价研究。课题组根据高质量发展的新要求，构建了由9个一级指标、25个二级指标组成的河南省省辖市经济综合竞争力评价指标体系，并利用最新的统计数据进行了评价。郑州市、洛阳市和新乡市在评价结果中排在了前三位。与此同时，结合当前复杂严峻的国际国内发展形势，本报告提出河南各省辖市应通过做好"六稳""六保"工作、转化危机推动经济高质量发展、主动站位服务中部崛起以及黄河流域生态保护

---

* 课题组组长：谷建全；课题组成员：完世伟、杜明军、赵然、武文超、崔理想、林园春、汪萌萌。执笔：武文超，河南省社会科学院经济研究所副研究员，主要研究方向为区域金融。

和高质量发展两大国家战略、推动形成区域协调发展新格局等途径，进一步提高城市经济综合竞争力。

关键词： 经济综合竞争力 高质量发展 竞争力评价 河南省

一 2020年河南省省辖市经济综合竞争力评价体系

城市经济综合竞争力是一个综合的概念，能够反映城市在经济发展、城市建设、开放程度、公共服务、生态宜居、人文环境等多个领域的基本情况。进入高质量发展阶段，城市经济综合竞争力承载了更多新的内容。课题组在贯彻新发展理念的基础上，充分借鉴国内外相关研究，构建了2020年河南省省辖市经济综合竞争力评价指标体系，形成评价分析的框架。

（一）构建评价指标体系的思路和原则

课题组在构建2020年河南省省辖市经济综合竞争力评价指标体系的过程中，主要从两个方面考虑：第一，评价体系和评价过程要体现全面性、公正性、科学性。课题组在借鉴大量国内外相关研究的基础上，通过召开研讨会等方式对指标体系进行设定和完善。第二，评价体系要体现新发展理念。进入高质量发展阶段以后，城市经济综合竞争力承载了更多新的内容，例如经济结构调整、创新驱动、生态环境、民生保障等都被赋予了更加重要的地位，因此这些方面要尽可能体现在评价体系当中。

根据上述思路，课题组构建了2020年河南省省辖市经济综合竞争力评价体系，并着重遵循了三方面的原则：一是全面性。评价指标体系要尽可能地体现城市经济综合竞争力的丰富内涵，需要包含经济发展、经济结构、金融资源、对外开放、科技创新、生态环境等多方面的统计指标。二是客观性。评价指标主要选取定量指标，统计数据来源于统计局的统计年鉴、年度国民经济和社会发展统计公报以及其他政府部门的公开信息，通过评价数据的公开性、权威性来确保评价过程和结果的客观性、公开性。三是数据可得性和有效性。全面可靠的数据是开展评价分析的基础，课题组在确保数据来源公开、权威的基础上，通过基础数据计算得到部分评价指标数据，如果一些数据无法取得，那么便将相应指标从评价指标体系中剔除。

（二）评价指标的设计和选取

根据全面性、科学性、数据可靠性等原则，结合高质量发展的要求，课题组构建了一个包含 9 个一级指标、25 个二级指标的 2020 年河南省省辖市经济综合竞争力评价指标体系。其中，一级指标涵盖了经济规模、发展速度、对外经济、财政金融、经济结构、科技创新、民生保障、环境质量和交通通信 9 个方面，基本上体现了评价体系的全面性、综合性。在二级指标的设计上，经济规模包括了地区生产总值、人均地区生产总值和常住人口；发展速度包括了地区生产总值增速、人均地区生产总值增速、固定资产投资增速和规模以上工业增加值增速；对外经济包括了进出口总额和实际利用外资；财政金融包括了一般公共预算收入和支出和年末金融机构人民币存贷款余额；经济结构包括了第二、三产业增加值占比、城乡居民收入比、社会消费品零售总额与地区生产总值之比以及城镇化率；科技创新包括了专利授权数量和技术市场成交金额；民生保障包括了每万人卫生机构床位数、每万人卫生技术人员数和居民人均可支配收入；环境质量指标选用了空气质量优良天数作为二级指标；交通通信指标选用了邮电业务总量作为二级指标。

与上一年的指标体系相比，2020 年河南省省辖市经济综合竞争力评价指标体系在基本框架方面保持不变，但对一些统计指标进行了修改。第一，一级指标删去了企业效益指标，增加了交通通信指标。第二，在经济规模指标中删去了固定资产投资总额；在发展速度指标中增加了固定资产投资增速、规模以上工业增加值增速；经济结构指标中增加了城乡居民收入比；科技创新指标中删去了公共预算支出用于科学技术的规模和比例，删去每万人有效发明专利数，增加了技术市场成交金额；民生保障指标删去了城镇居民家庭人均可支配收入和农村居民家庭人均可支配收入，加入居民人均可支配收入；环境质量指标删去了万元生产总值能耗及其下降比例。

指标体系的修改主要出于两个原因：一是由于数据不可得，不得不删除一些指标；二是对现有指标体系进行更加合理的优化，例如将城镇居民家庭人均可支配收入、农村居民家庭人均可支配收入两个指标替换为居民人均可支配收入，增加城乡居民收入比。

（三）评价方法

2020 年河南省省辖市经济综合竞争力评价延续前一年的评价方法，即采用加权综合评价法，具体计算过程不再赘述。其中，为了实现不同类型指标间的比较，利用最大最小法对统计数据进行无量纲化。2020 年河南省省辖市经济综合竞争力评价指标体系中，城乡居民收入比是逆向指标，其他指标都是正向指标（见表 1）。

表 1　2020 年河南省辖市经济综合竞争力评价指标体系

一级指标	二级指标
经济规模	地区生产总值(亿元)
	人均地区生产总值(元)
	常住人口(万人)
发展速度	地区生产总值增速(%)
	人均地区生产总值增速(%)
	固定资产投资增速(%)
	规模以上工业增加值增速(%)
对外经济	进出口总额(亿元)
	实际利用外资(万美元)
财政金融	一般公共预算收入(亿元)
	一般公共预算支出(亿元)
	年末金融机构人民币存款余额(亿元)
	年末金融机构人民币贷款余额(亿元)
经济结构	第二产业增加值占比(%)
	第三产业增加值占比(%)
	城乡居民收入比(%)
	社会消费品零售总额与地区生产总值之比(%)
	城镇化率(%)

续表

一级指标	二级指标
科技创新	专利授权数量(件)
	技术市场成交金额(亿元)
民生保障	每万人卫生机构床位数(张)
	每万人卫生技术人员数(人)
	居民人均可支配收入(元)
环境质量	空气质量优良天数(天)
交通通信	邮电业务总量(亿元)

（四）数据来源

为了保证评价结果的客观性、公正性，以及考虑到数据可得性，评价过程采用的基础数据大部分来源于18个省辖市发布的《2019年国民经济和社会发展统计公报》，部分基础数据来源于政府相关部门的公开数据，数据统计时间截至2019年底。此外，部分比例类指标和人均指标利用基础数据进行计算得到，例如城乡居民收入比、每万人卫生机构床位数等。

二　河南省省辖市经济综合竞争力评价结果与分析

课题组利用2020年河南省省辖市经济综合竞争力评价指标体系，结合公开、可靠的统计数据，通过定量方法计算得到评价结果。

（一）总评价排名

从总评价排名来看，郑州市、洛阳市和新乡市排在了2020年河南省省辖市经济综合竞争力前三位，之后的第4到第18位分别是南阳市、三门峡市、许昌市、焦作市、信阳市、济源市、驻马店市、平顶山市、周口市、漯河市、开封市、商丘市、鹤壁市、濮阳市和安阳市（见图1）。

与上年的河南省省辖市经济综合竞争力总排名相比，空间布局上“中间强、南北弱”的形态已经有所改变。处于河南省最北部的鹤壁市、濮阳

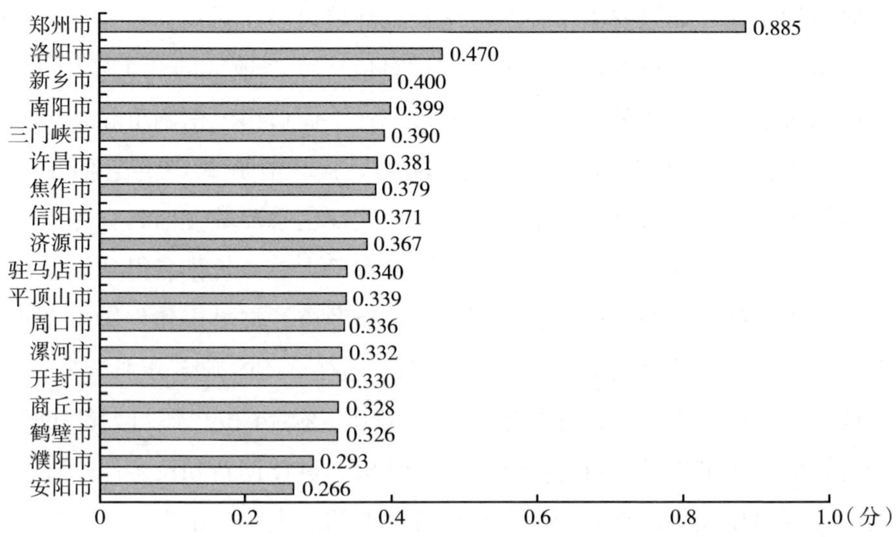

图 1　2020 年河南省省辖市经济综合竞争力总评价排名

市和安阳市仍然处在总评价排名垫底的位置。最南部的驻马店市和信阳市均实现了排名的提升，分别提升了 3 位和 4 位，相对靠中部的漯河市、开封市和商丘市排名有所下滑，因此，南部的周口市、信阳市、驻马店市排名总体位于中间位置。与此同时，郑州市、洛阳市、新乡市、三门峡市、许昌市、焦作市等排名前列的省辖市仍然是处于河南版图上中间位置的地区。

鹤壁市、濮阳市和安阳市三市与上年一样排在末尾，但是，三市的情况有所不同。鹤壁市城市规模较小，经济规模、财政金融和交通通信等指标均排在第 17 位，科技创新指标排在第 18 位，因此总排名相对靠后；濮阳市与鹤壁市类似，经济规模、财政金融、交通通信指标均排名比较靠后，同时，经济结构、发展速度指标排名也比较靠后；安阳市则有所不同，安阳市的城市规模、经济结构、民生保障等指标都处于河南省中游水平，但是，发展速度和环境质量指标均排在全省末位，科技创新指标排在第 17 位，可以看出，安阳市近年来在经济发展和转型升级上面临一定的困难。同时，由于各省辖市在发展速度指标的对比上存在年度间的差异，环境质量和科技创新指标的对比也受年度间的变化影响，所以，安阳市在经济综合竞争力方面排名垫底

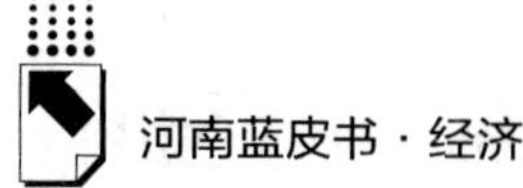

存在阶段性特征，如果安阳市在经济增长、环境攻坚、科技创新等方面出现起色，排名将会明显提升。与北部三市相对应，南部地区的几个省辖市中，除了南阳市是河南传统的经济、人口大市之外，周口市、信阳市和驻马店市尽管存在农业占比较高、人均发展底子薄的短板，但是2019年它们在科技创新指标方面的表现较好，加上传统农业地区在生态环境方面具有优势，因此在高质量发展的要求下，它们的经济综合竞争力总评价排名得到了提升。

从郑州大都市区的五市来看，郑州市、新乡市、许昌市和焦作市仍处在河南省省辖市经济综合竞争力总评价排名的前列，具体排名分别为第1位、第3位、第6位和第7位，开封市排名下滑到了第14位。郑州大都市区的五个省辖市在经济规模、对外经济、经济结构、科技创新和民生保障等指标方面都有着明显优势，具有带动全省经济发展的潜力和竞争力。

由于多数省辖市之间经济综合竞争力的差异较小，受数据可得性和指标体系调整影响，与上年相比，仅有郑州市、洛阳市和鹤壁市的排名没有发生变化，其他省辖市的排名都或多或少发生了一定变化。郑州市和洛阳市以较大优势仍排在河南省省辖市经济综合竞争力总评价排名的前两位，鹤壁市则仍然排在第16位。

（二）分项指标的评价情况

1. 经济规模指标

经济规模指标包括地区生产总值、人均地区生产总值增速、常住人口3个二级指标。经济规模排在前五位的省辖市是郑州市、洛阳市、许昌市、南阳市、焦作市（见图2）。其中，郑州市地区生产总值、人均地区生产总值、常住人口3个二级指标均排在河南省第1位；洛阳市地区生产总值、人均地区生产总值、常住人口3个二级指标分别排在第2、第5和第6位；许昌市地区生产总值、人均地区生产总值、常住人口3个二级指标分别排在第4、第4和第12位；南阳市是河南省两个常住人口过千万的省辖市之一，常住人口排在第2位，地区生产总值排在第3位，人均地区生产总值排在第17位；焦作市地区生产总值、人均地区生产总值、常住人口3个二级指标分别

排在第8、第3和第14位。值得关注的是济源市，该市常住人口和地区生产总值规模在河南省排名末位，而人均地区生产总值排在第2位。

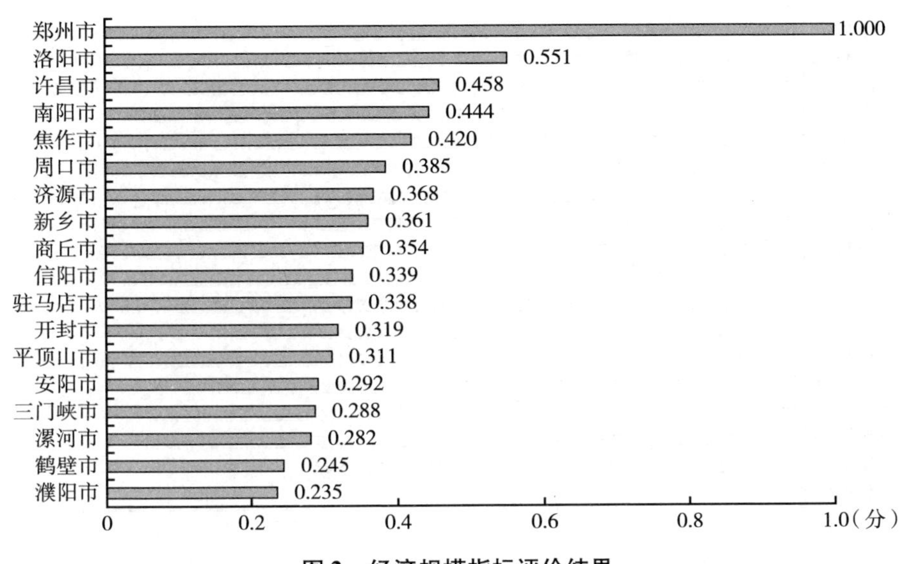

图2　经济规模指标评价结果

2. 发展速度指标

发展速度指标包括地区生产总值增速、人均地区生产总值增速、固定资产投资增速、规模以上工业增加值增速。发展速度指标有一定的年度性。发展速度指标排在前五位的省辖市分别是焦作市、济源市、周口市、商丘市和洛阳市（见图3）。从一级指标得分的情况来看，各省辖市在发展速度方面差异并不大，第1位的焦作市得分（0.982分）比第16位的许昌市得分（0.828分）仅仅高出0.154分，但是第17位的郑州市和第18位的安阳市与前面的省辖市之间差距比较大。其中，郑州市的地区生产总值增速排在第16位，人均地区生产总值增速、固定资产投资增速、规模以上工业增加值增速都排在第17位；安阳市的4个增速类二级指标均排在第18位。具体来看，安阳市2019年地区生产总值增长2.8%，固定资产投资下降11.5%，规模以上工业增加值增长0.8%，可以看出安阳市在固定资产投资、实体经济发展方面都存在一定的困难。究其原因，一方面是由于环境污染治理攻坚带来较大压力，另一方面也反映出安阳市在经济转型过程中存在困难和瓶颈。

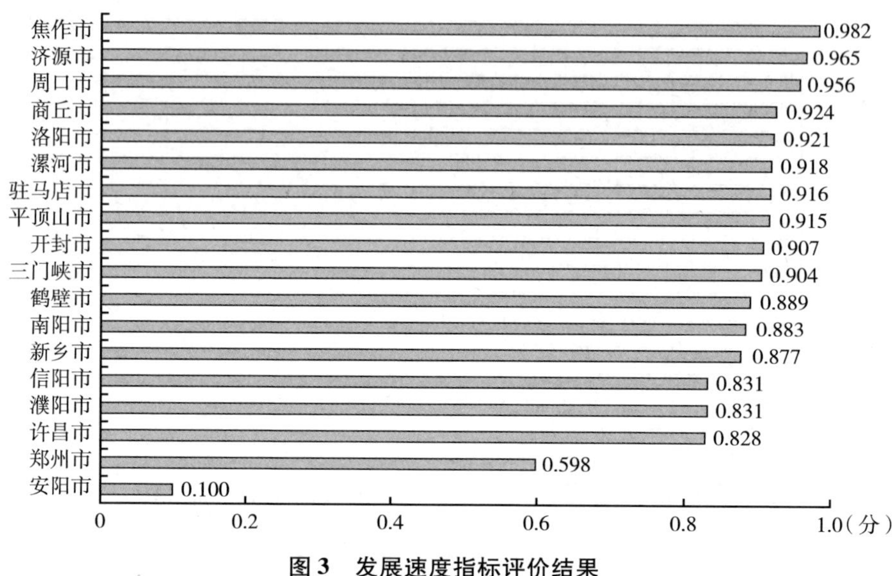

图3　发展速度指标评价结果

3. 对外经济指标

对外经济指标包括进出口总额、实际利用外资两个二级指标。对外经济指标排在前五位的省辖市与上年相同，分别是郑州市、洛阳市、三门峡市、新乡市和焦作市（见图4）。从进出口总额、实际利用外资两项统计数据来看，郑州市在河南省对外经济中有着极大的优势，2019年，郑州市进出口总额比其他17个城市的进出口总额之和的2.5倍还要高，实际利用外资方面，郑州市比洛阳市高出50%左右。近年来，国际政治和贸易环境日益趋紧，中美经贸摩擦持续不断，我国对外经济方面面临的压力日益增大。然而，2019年，郑州市外贸进出口总额保持增长，2020年上半年，在新冠肺炎疫情的影响下，郑州市外贸进出口总额逆势增长，充分体现了郑州市近年来综合交通枢纽建设所带来的优势，以及郑州建设内陆对外开放新高地所取得的成果。未来，郑州市将继续提升自身的国际性综合交通枢纽地位，打造内陆对外开放新高地，并进一步带动河南其他省辖市的高质量发展和对外开放。

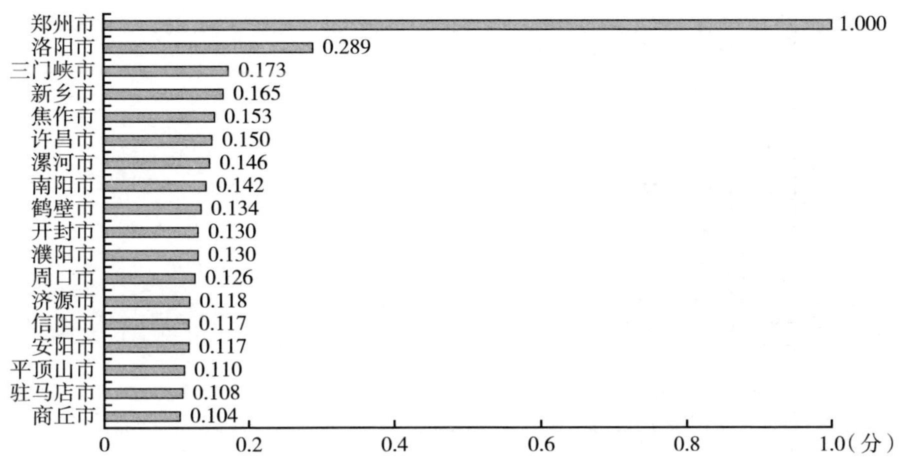

图4　对外经济指标评价结果

4. 财政金融指标

财政金融指标包括一般公共预算收入、一般公共预算收入支出、年末金融机构人民币存款余额、年末金融机构人民币贷款余额4个二级指标。财政金融指标排在前五位的省辖市是郑州市、洛阳市、南阳市、驻马店市和周口市（见图5）。财政金融指标与地区生产总值、常住人口等指标的相关度比较高，一般来讲，一个地区的常住人口多、地区生产总值高，那么地区的财政收支规模、金融机构存贷款规模就相对较高，进一步地，城市调动经济资源的规模和能力就相对比较强。从指标得分来看，郑州市在河南省有着绝对的优势，4个指标均排在全省第1位，尤其是年末金融机构人民币贷款余额，郑州市大致相当于其他17个省辖市之和的80%。除郑州以外，洛阳市、南阳市在财政金融指标方面相对其他15个省辖市也有着明显优势，而常住人口和地区生产总值规模偏小的鹤壁市、济源市则排在全省的末尾。

5. 经济结构指标

经济结构指标包括第二产业增加值占比、第三产业增加值占比、城乡居民收入比、社会消费品零售总额与地区生产总值之比、城镇化率5个二级指标。这些统计指标反映了产业结构、城乡收入差距、消费占比和城乡人口结

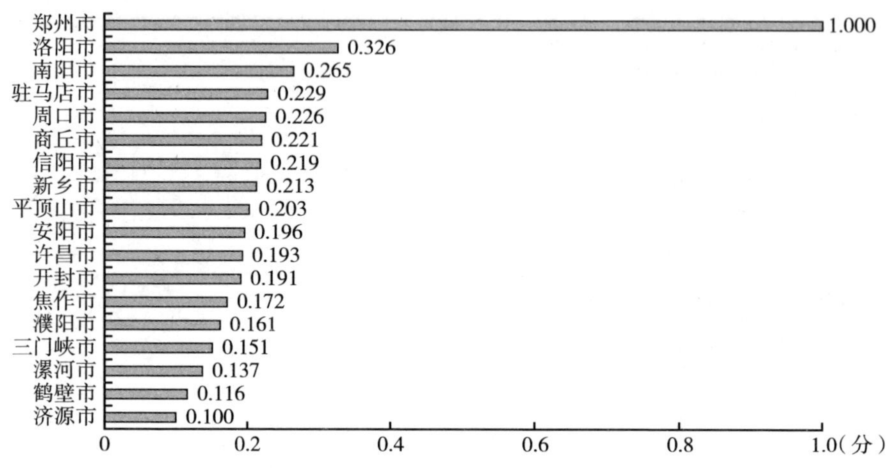

图 5　财政金融指标评价结果

构，其中城乡居民收入比是新加入指标体系中的指标。当前，实现经济结构调整的目标，就是要不断适应高质量发展的新要求。经济结构指标排在前五位的省辖市是郑州市、济源市、焦作市、鹤壁市和三门峡市（见图 6）。经济结构指标方面，郑州市仍然保持领先，2019 年，郑州市第三产业增加值占比、城镇化率排在全省第 1 位，城乡居民收入比排在全省第 16 位，这意味着郑州城乡居民收入的相对差距较小，而社会消费品零售总额与地区生产总值之比、第二产业增加值占比分别排在全省第 5 位和第 15 位。从不同的城市来看，经济结构还反映了省辖市不同的经济发展特点，例如济源市、鹤壁市、许昌市等的第二产业增加值占比较高；郑州市、南阳市、洛阳市的第三产业增加值占比较高；焦作市、济源市、郑州市的城乡居民收入比较低；南阳市、洛阳市、周口市等的社会消费品零售总额与地区生产总值之比较高；郑州市、济源市、鹤壁市的城镇化率比较高；等等。

6. 科技创新指标

进入高质量发展阶段，科技创新在经济社会发展中的重要性与日俱增。科技创新指标包括专利授权数量和技术市场成交金额 2 个二级指标，受限于数据可得性，课题组在 2020 年评价指标体系中删去了财政预算支出中科学

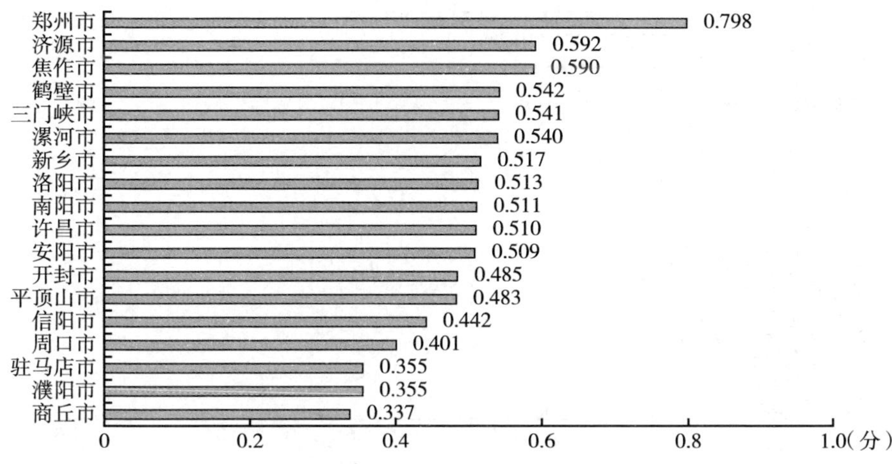

图 6　经济结构指标评价结果

技术支出的规模和比例以及每万人有效发明专利数，增加了技术市场成交金额。科技创新排在前五位的省辖市是郑州市、洛阳市、新乡市、南阳市和许昌市（见图 7）。科技创新方面，2019 年，郑州市获得专利授权数量 33679 件，超过了其他 17 个省辖市专利授权数量之和的 75%；郑、洛、新三市获得专利授权数量 49539 件，大致相当于其他 15 个省辖市专利授权数量之和的 1.8 倍。2019 年，郑州市技术市场成交金额 127.54 亿元，而其他 17 个省辖市技术市场成交总金额仅 106.52 亿元。从统计数据可以看出，郑州市在河南省科技创新中处于中心地位。

7. 民生保障指标

民生保障指标包括居民人均可支配收入、每万人卫生机构床位数和每万人卫生技术人员数。城市具有较高的民生保障水平不仅仅是新发展理念的要求，而且也意味着城市有更好的就业机会和公共服务。如果一个城市的民生保障工作做得比较好，那么它就更能够吸引外来人口流入。在当前我国经济社会发展的背景下，人口净流入的规模代表着城市的吸引力和发展潜力，也代表着城市的综合竞争力。民生保障指标排在前五位的省辖市是郑州市、洛阳市、济源市、焦作市和鹤壁市（见图 8）。从民生保障指标评分来看，郑

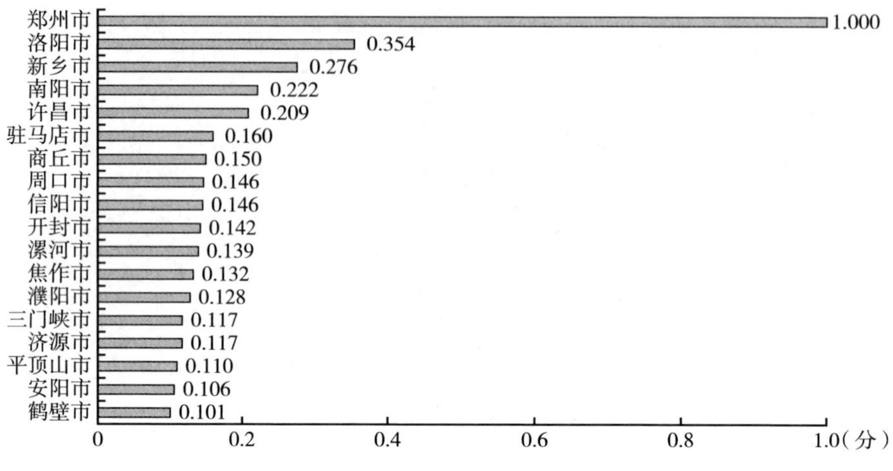

图7　科技创新指标评价结果

州市在民生保障指标方面同样遥遥领先，洛阳市、济源市、焦作市相对其他省辖市也有一定的优势。作为传统农区的商丘市、信阳市、驻马店市和周口市则在民生保障指标上存在相对明显的短板，这反映了传统农区居民收入偏低、公共服务发展相对滞后，正因为如此，这些地市也是河南省人口净流出较多的省辖市。

8. 环境质量指标

环境质量指标仅选取了空气质量优良天数1个二级指标，主要原因是受限于数据可得性。进入高质量发展阶段，提高环境质量是绿色发展以及人民群众对于美好生活向往的要求，且环境质量与城市的经济发展水平之间相互影响。好的环境质量代表着城市经济转型升级取得了一定成果，差的环境质量会实实在在地制约城市经济的发展。从统计数据来看，豫南的信阳市、驻马店市、周口市、南阳市，豫西的三门峡市，豫东的商丘市，环境质量都排在全省的前列，而郑州大都市区的郑州市、焦作市、开封市，以及豫西豫北的洛阳市、安阳市、济源市、鹤壁市等传统工业城市在环境质量方面相对较差（见图9）。

9. 交通通信指标

交通通信指标仅选取了邮电业务总量1个二级指标。邮电业务总量指标

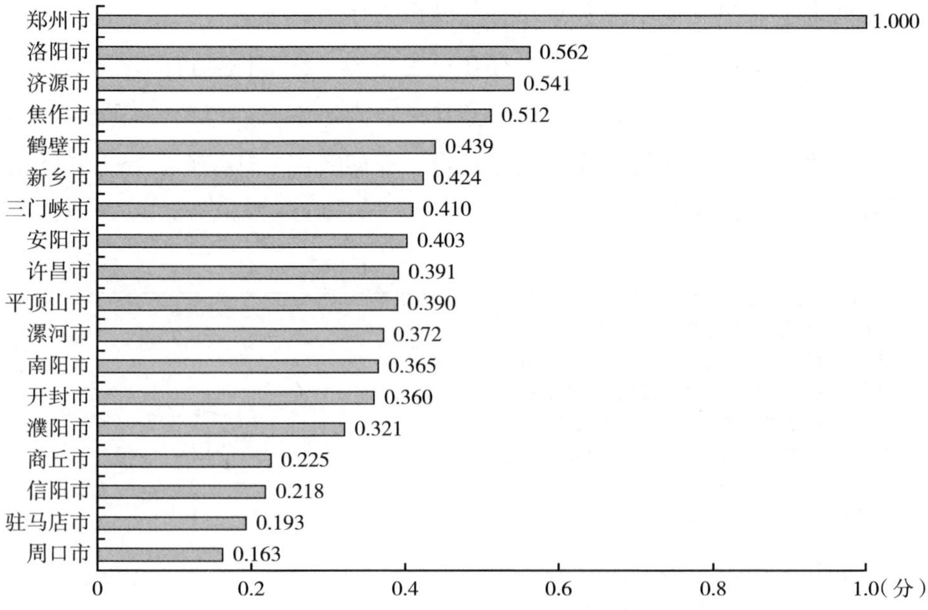

图8　民生保障指标评价结果

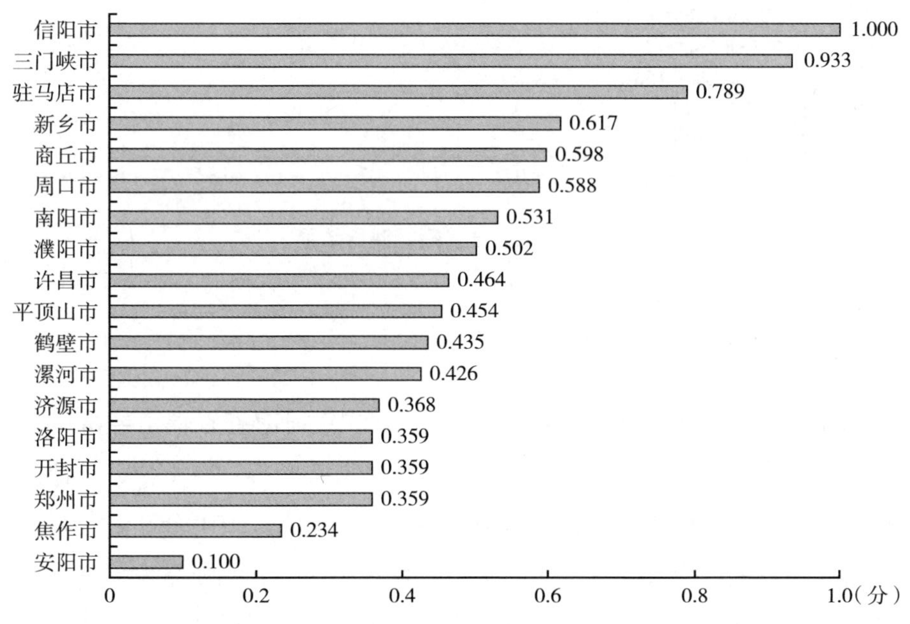

图9　环境质量指标评价结果

包含邮政业务总量和电信业务总量，与城市常住人口数量存在明显的正相关关系，同时与地区经济发展水平也存在一定关联。从指标评价结果来看，交通通信排在前列的郑州市、洛阳市、商丘市、南阳市、周口市等都是常住人口规模较大的城市，而排名靠后的漯河市、三门峡市、鹤壁市、济源市等都是常住人口规模较小的城市（见图 10）。

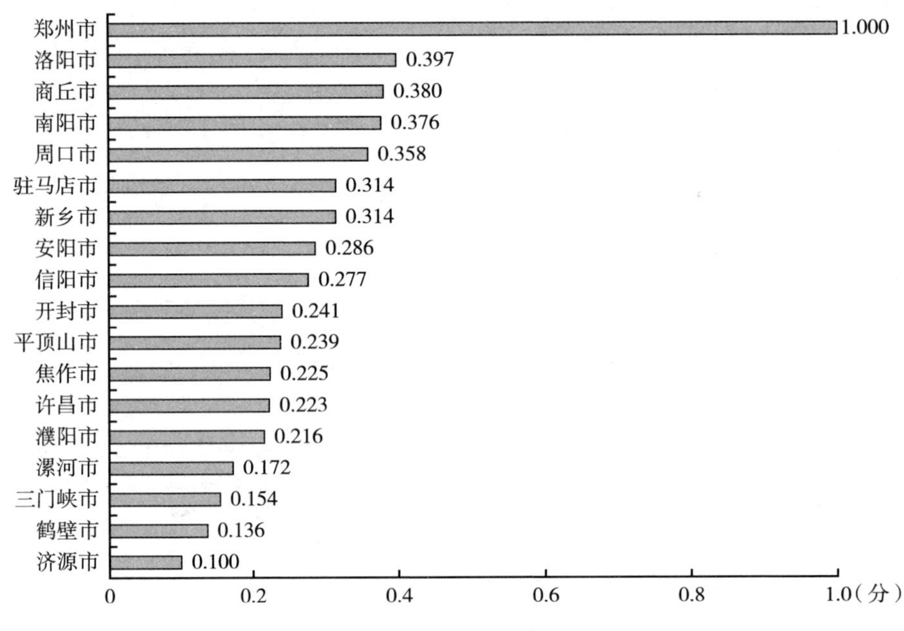

图 10　交通通信指标评价结果

（三）典型城市发展情况

郑州市。在本次评价中，郑州市排在 2020 年河南省省辖市经济综合竞争力总评价排名的榜首，并在 9 个一级指标中有 7 个排在第 1 位，其他两个指标发展速度、环境质量分别排在第 17 位、第 14 位。2019 年 9 月，习近平总书记在郑州主持会议并且提出将黄河流域生态保护和高质量发展确立为国家重大战略。2020 年 8 月，英国权威机构 GaWC 发布的《世界城市名册 2020》中，中国有 19 个城市入围，郑州被列为世界二线大都市。除此之外，第11届全国少数民族运动会、郑州国际女子网球公开赛、国际乒联巡回赛总决赛、庚子年中央电视台春晚分会场、中国金鸡百花电影节等国内外重大体育赛事和文艺活动均成功在郑州举行。2019年，郑州市完成地区生产总值11589.7亿元，在全国排名第15位，并超越长沙市，在中部地区省会城市中仅次于武汉市。2019年末，郑州市常住人口达到1035.2万人，城镇化率为74.6%。郑州市综合交通枢纽地位继续提升，2019年，以郑州为中心的“米”字形高铁网络基本成形，郑州机场客货运吞吐量分别排在全国内地机场的第12位和第7位。经济转型方面，2019年，阿里巴巴、海康威视、紫光集团等国内一流企业相继到郑州设立基地和区域中心，国家超级计算郑州中心、华为鲲鹏小镇项目开工建设，郑州市信息服务产业、下一代信息网络产业入选国家第一批战略性新兴产业集群，数字郑州“城市大脑”项目正式启动。总体来看，郑州市建设国家中心城市的进程再上新台阶，城市影响力持续增强。

洛阳市。洛阳市排在2020年河南省省辖市经济综合竞争力总评价排名的第2位，并且有6个一级指标排在第2位，其他3个指标排名情况为发展速度排在第5位、经济结构排在第8位、环境质量排在第14位。近年来，河南省委省政府高度重视洛阳市副中心城市建设，2020年3月，在省级层面召开了加快洛阳副中心城市建设工作推进会，立足于中部崛起、黄河流域生态保护和高质量发展两大国家战略，对洛阳发展提出新定位、新方向和新目标。2019年，洛阳市完成地区生产总值5035亿元，同比增长7.8%，主要经济指标增速高于全国、河南省平均水平。经济转型方面，洛阳市连续两年获得国务院工业稳增长和转型升级督查激励，出台的优化营商环境“十四条”被河南省委列为“洛阳样板”。2019年，洛阳市新增市场主体9.1万户，入选国家级绿色工厂4家，培育“隐形冠军”20家，培育省“专精特新”优质中小企业51家，大数据产业园入选国家新型工业化产业示范基地，银隆新能源汽车实现量产，中信重工建成国内首个特种机器人柔性化生产智能工厂，普莱柯公司实现快速非洲猪瘟检测。

新乡市。新乡市排在2020年河南省省辖市经济综合竞争力总评价排名的第3位，并有对外经济、科技创新、环境质量3个一级指标排在前5位。2019年，新乡市实现地区生产总值2918.2亿元，同比增长7%，工业增加值、一般预算收入、居民收入、重大项目投资等主要经济指标增速高于河南省平均水平。经济转型方面，华为鲲鹏计算产业生态链等项目顺利签约，新松机器人产业园等项目顺利开工建设，“中国电池工业之都”通过复评，国家优质小麦现代农业产业园获批，八里沟获批国家5A级旅游景区。城市建设方面，2019年，郑新一体化发展规划获得批复，省委省政府组织观摩团在新乡观摩百城建设提质工程和文明城市创建工作，70个老旧小区改造顺利实施推进，市区集中供热普及率达到98%以上。改革创新方面，2019年，新乡市大力落实减税降费政策，积极出台28条降成本措施，累计实现减税降费42.3亿元。长垣市“三块地”改革、获嘉县农村集体产权制度改革经验在全省获得推广。2019年，新乡市大力推进脱贫攻坚，实现3.36万农村贫困人口稳定脱贫，44个贫困村退出贫困序列。

三　政策建议

第一，坚决做好“六稳”“六保”工作。当前，全球疫情仍在蔓延，疫情对各方面的影响尚未完全褪去，外部环境依然复杂、严峻，世界经济仍具有较大的不确定性，国内经济发展面临着严峻的挑战，受到疫情冲击的企业生产和经济社会循环仍没有完全恢复，内需和外需仍面临较大制约。因此，当前河南省省辖市仍需要做好常态化疫情防控工作，为经济社会平稳运行打下良好基础。同时，从供给和需求两侧着眼，从内需和外需两端发力，打通生产、分配、流动、消费各个环节，消除产业链、供应链梗阻，畅通产业循环、市场循环、经济社会循环。实现疫情期间惠企政策的常态化，稳定企业生产运营，进而实现保市场主体、保产业链供应链稳定、稳就业、稳投资、稳预期等。积极扩大内需，稳定经济发展的基础，通过谋划重大项目重大工程、推动新基建、实施老旧小区改造等方式扩大有效投资，把握互联网消费、“夜经济”、“体验经济”、“首店经济”等热点消费模式，积极促进文

化旅游消费，发挥汽车等大宗消费品的带动作用，有效地拉动和提升消费需求。围绕民生大事难事急事，精准发力，让群众得到实惠。聚焦脱贫攻坚目标，确保全面建成小康社会的各项目标顺利完成，持续巩固脱贫成果、提升扶贫质量。

第二，转危为机推动经济高质量发展。疫情带来了全球经济的深刻变革，当前河南各个省辖市应当把握变革机遇，推动经济高质量发展。不断优化经济结构，持续推进新型城镇化发展，深入实施乡村振兴战略，推动消费结构升级，持续推动产业结构优化。加快推动产业转型升级，聚焦装备制造、电子信息、汽车制造、食品加工、新材料等河南优势主导产业，大力推动传统产业的提质增效，加快产业与互联网信息技术的深度融合，实施制造业智能化，持续提升产业核心竞争力。紧抓新产业、新业态、新模式发展机遇，加快发展新型显示、智能终端、新能源汽车等产业，培育大数据、云计算、物联网等产业，不断壮大新的经济增长点。不断增强科技创新能力，以郑洛新国家自主创新示范区为龙头，继续实施“十百千”转型升级创新专项，开展产业链共性关键技术攻关，建设一批重大领域科技攻关项目。大力发展新型研发机构，鼓励新型研发机构开展体制机制创新。持续扩大开放创新，深化企业、高校和科研院所与国内外高水平大学、研究机构的合作。深化“放管服”改革，释放新的发展红利，进一步优化营商环境、法治环境，塑造更优的发展环境。注重防范化解重大风险，着力化解金融风险、债务风险，做好社会风险的防控工作。

第三，主动站位服务两大国家战略。2019 年以来，中部崛起战略、黄河流域生态保护和高质量发展战略为河南在新时代发展带来新机遇。落实推动两大国家战略，是未来一段时间河南经济社会发展的重要方向和历史责任。一方面，推进黄河流域生态保护和高质量发展，坚持“绿水青山就是金山银山”的理念，高起点谋划开展黄河流域生态保护、防洪减灾、水资源高效利用、河道和滩区综合提升治理等方面的重大工程建设。打好蓝天、碧水、净土保卫战，不断提高森林覆盖率，深入开展全域国土综合整治与生态修复试点。强化黄河沿线中心城市对资源要素的集聚承载作用，高水平推进郑州国家中心城市和郑州大都市区建设，加快洛阳副中心城市建设。加强与黄河流域上下游其他地区城市之间的交流合作，在基础设施建设、产业发展、生态共治、科技创新、文化交流等方面推进跨区域的协同发展。另一方面，加快推进中部崛起。全面落实习近平总书记在中部崛起座谈会上的要求，在推进制造业高质量发展、提升关键领域自主创新能力、优化营商环境、承接新兴产业布局和产业转移、扩大高水平对外开放、实现绿色发展、保障和改善民生、优化和完善体制机制等方面做好工作，在中部崛起的历史进程中乘势而上，实现城市经济综合竞争力的全面提升。

第四，推动形成区域协调发展的新格局。突出龙头带动作用，提升郑州在服务高质量发展的区域经济布局中的作用，提升郑州的城市吸引力、影响力、承载力。推动郑州都市圈发展，构建郑州和开封、新乡、焦作、许昌之间的“一小时交通圈”，推动郑州、开封、新乡、焦作、许昌五市在规划体系、交通网络、生态保护、产业发展、基础设施一体化及资源合作共享方面建设“一体系五工程”。加强郑州国际综合交通和物流枢纽建设，最大限度地发挥郑州地理区位和交通禀赋优势，在打造形成“双循环”发展新格局的过程中发挥更大作用。加快洛阳副中心城市建设，突出产业特色，坚持将制造业高质量发展作为洛阳建设副中心的主攻方向，同时在搭建通道平台、提升开放势能上下功夫，持续优化营商环境，积极对接全球产业链供应链，主动融入“双循环”新格局。各个省辖市应发挥自身优势，实现错位发展，南部传统农区要加快推进新型城镇化，主动布局和承接新兴产业转移，推动产城融合发展；西、北部资源型城市要加快科技创新步伐，积极发展新产品、新业态、新模式，为经济发展打造新动能。落实县域治理“三起来”要求，培育和壮大县域经济，加快实施乡村振兴战略，推动城乡一体化发展，实现各个省辖市竞相发展，城市经济综合竞争力不断提高。

参考文献

[1] 黄茂兴、李闽榕：《中国省域经济综合竞争力评价与预测的方法研究》，《福州师范大学学报》（哲学社会科学版）2008 年第 1 期。

[2] 李金昌、史龙梅、徐蔼婷：《高质量发展评价指标体系探讨》，《统计研究》2019 年第 1 期。

[3] 李梦欣、任保平：《新时代中国高质量发展的综合评价及其路径选择》，《财经科学》2019 年第 5 期。

[4] 张震、刘雪梦：《新时代我国 15 个副省级城市经济高质量发展评价体系构建与测度》，《经济问题探索》2019 年第 6 期。

[5] 中共河南省委、河南省政府：《建立更加有效的区域协调发展新机制实施方案》，2019。

B.3
2020年河南省县域经济发展质量评价报告

河南省社会科学院课题组*

摘　要：　本报告参照《河南省市县经济社会发展目标考核评价工作实施办法》，将河南省县域分为54个纳入中心城市组团发展范围的县（市）、17个基础条件比较好（人均地区生产总值在2.5万元以上）的县（市）、33个农区县（市）三大类，依据县域经济发展质量的内涵特征和内在目标要求，从县域经济的发展规模水平、发展结构、发展效益、发展潜力活力、民生幸福等角度出发，构建县域经济发展质量评价指标体系，并运用计量实证手段，进行分值计算和排名比较。研究发现，河南县域经济发展的多维不平衡性挑战依然严峻，县域城镇化、产业支撑力、县域消费需求事关县域经济高质量发展。为此本报告提出，应持续推进县域新型城镇化，培育县域经济特色产业支撑力，持续扩大县域消费有效需求，以更好促进河南县域经济高质量发展。

关键词：　县域经济　评价排名　经济发展质量　河南省

* 课题组组长：谷建全；课题组成员：完世伟、杜明军、唐晓旺、高璇、王芳、李丽菲、王摇撸、崔理想。执笔：杜明军，河南省社会科学院经济研究所研究员，主要研究方向为数量经济。

一　县域经济发展质量评价的主要依据、基本原则、指标选择和方法选用

本报告参照《河南省市县经济社会发展目标考核评价工作实施办法》，将河南省县域分为三大类，即54个纳入中心城市组团发展范围的县（市）、17个基础条件比较好（人均地区生产总值在2.5万元以上）的县（市）、33个农区县（市），进行多角度分类评价比较。

本报告对河南省县域经济发展质量进行评价的主要依据有三：一是基于专家学者如卡马耶夫、库兹涅茨、李京文、郭克莎、武义青、钟学义等对经济发展质量内涵的研究；二是基于县域经济本身属于区域经济范畴、具有特定的地理空间、具有相对独立性和能动性、具有地域特色、是具有比较优势的国民经济基本单元等内在特点；三是基于县域经济发展质量具有规模水平、结构协调性、成果有效性、发展潜能的充分性、生态环保持续性、创新性、开放度等多方面的内涵特征，从更宽阔的视野进行整体评价研究。

本报告对县域经济发展质量评价的基本原则：应具备分类控制的引导性、可比性、可操作性、可完善性，贯彻科学发展的总指向，融合创新、协调、绿色、开放和共享五大发展理念。

本报告对县域经济发展质量评价的指标体系选定：依据专家学者的相关研究成果、县域经济本身所具有的内在属性、县域经济发展质量的内涵特征、评价的基本原则等，构建涵盖9个一级指标和52个二级指标的评价指标体系（见表1）。

本报告对县域经济发展质量评价的方法选用：通过比较分析因子分析法、主成分分析法、模糊层次分析法（AHP）、数据包络分析（DEA）、熵值法等各类方法的优劣特性，结合数据基础，选取较客观地处理了指标权重问题的熵值法。

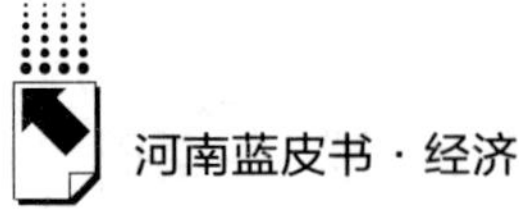

表1　河南省县域经济发展质量评价指标体系

一级指标	二级指标	指标计算及说明
发展规模水平	县(市)GDP	(正向指标)
	县(市)GDP 增速	(报告期县(市)GDP－基期县(市)GDP)/基期县(市)GDP×100%(正向指标)
	县(市)GDP 人均水平	县(市)GDP/人口规模总数(正向指标)
	县(市)经济增长稳定性	县(市)当年与上年经济增长率之差与上年经济增长率相除(逆向指标)
	县(市)地方财政收入水平	(正向指标)
	县(市)地方财政收入与 GDP 之比	县(市)地方财政收入/县(市)GDP×100%(正向指标)
发展结构	工业增加值占 GDP 的比重	县(市)工业增加值/GDP×100%(正向指标)
	第三产业增加值占 GDP 的比重	县(市)第三产业增加值/GDP×100%(正向指标)
	县(市)城镇化率	县(市)城市人口/全部人口×100%(正向指标)
	县(市)城乡居民收入比	县(市)城镇居民人均收入/农民人均纯收入(逆向指标)
发展效益	县(市)劳动生产率	县(市)GDP/全社会劳动者平均人数×100%(正向指标)
	县(市)投资产出率	县(市)GDP/当年固定资产投资总额×100%(正向指标)
	县(市)贷款产出率	县(市)GDP/银行贷款年平均余额×100%(正向指标)
	县(市)耕地产出率	农业总产值/农业耕地面积×100%(正向指标)
发展潜力活力	县(市)就业弹性系数	当期从业人员增长率/同期 GDP 增长率×100%(正向指标)
	县(市)生产能力利用率	实际产量/生产能力×100%(正向指标)
	投资对县域经济发展贡献率	县(市)全社会固定资产投资额/GDP×100%(正向指标)
	消费对县域经济发展贡献率	县(市)社会消费品零售总额/GDP×100%(正向指标)

续表

一级指标	二级指标	指标计算及说明
民生幸福	城镇居民人均可支配收入	(正向指标)
	农村居民人均可支配收入	(正向指标)
	城镇居民人均可支配收入增长率	县(市)报告期居民收入/基期居民收入×100%(正向指标)
	农村居民人均可支配收入增长率	县(市)报告期居民收入/基期居民收入×100%(正向指标)
	恩格尔系数	食品支出占居民总支出的比例(逆向指标)
	基尼系数	在全部居民收入中,用于不平均分配的那部分收入占总收入的百分比(正向指标)
	人口就业率	县(市)从业人员/常住人口×100%(正向指标)
	城镇单位从业人员平均工资	(正向指标)
	在岗职工平均工资	(正向指标)
	县(市)居民人均储蓄额	县(市)居民储蓄存款/常住人口×100%(正向指标)
	城镇居民人均生活消费支出	(正向指标)
	农村居民人均生活消费支出	(正向指标)
发展可持续性	单位产值能源消耗量	县(市)能源消耗总量(标准煤)/GDP×100%(逆向指标)
	单位 GDP 水耗	县(市)水消耗总量/GDP×100%(逆向指标)
	人均工业废水排放量	(逆向指标)
	人均工业废气排放量	(逆向指标)
	工业固体废物综合利用率	(正向指标)
	每立方米细颗粒物含量	(逆向指标)
	生活垃圾无害化处理率	(正向指标)
	农村饮水达标率	(正向指标)
	垃圾集中处理率	(正向指标)
	污水处理率	(正向指标)
	森林覆盖率	(正向指标)
科技创新	研究与开发投入占 GDP 的比重	研究与开发经费投入额/同期 GDP×100%(正向指标)
	高技术产业增加值占 GDP 的比重	高技术产业增加值/GDP×100%(正向指标)
	专利授权指数	报告期获授权专利数/基期获授权专利数(正向指标)

续表

一级指标	二级指标	指标计算及说明
发展外向度	进出口总值	（正向指标）
	进出口总值占 GDP 比重	进出口总值/GDP×100%（正向指标）
	利用外资和对外投资总额	（正向指标）
	服务贸易占对外贸易的比重	（正向指标）
农业基础能力	农林牧渔业总产值	通常是按农林牧渔业产品及其副产品的产量分别乘以各自单位产品价格求得（正向指标）
	粮食产量	（正向指标）
	有效灌溉面积	（正向指标）
	农林水基本建设支出	（正向指标）

二　县域经济发展质量评价结果及分析

鉴于国际经济环境的约束、新冠肺炎疫情的影响、县域经济统计数据可得性的限制，本报告的基础数据主要来源于 GDP、人均 GDP、一般公共预算收入、城镇化率、第二产业增加值占 GDP 比重、第三产业增加值占 GDP 比重、城乡居民收入比、规模以上工业增加值增速、固定资产投资增速、社会消费品零售总额、社会消费品零售总额增速、一般公共预算支出、一般公共预算支出增速、财政收入与 GDP 比值、居民人均可支配收入与人均 GDP 比值、社会消费品零售总额与 GDP 比值、居民人均可支配收入、农村居民人均可支配收入、城镇居民人均可支配收入等 2019 年县域经济指标以及其衍生指标数据。本报告测度了河南县域经济的发展规模水平、发展结构、发展效益、发展潜力活力、民生幸福等方面的情况。本报告的主要评价依据，遵循的基本原则，指标体系的选择确定和方法选用内在的代表性、科学性、合理性和实用性，预示着本报告具有科学性、实用性和可操作性；通过本报告评价结果可以发现河南县域经济发展的整体格局、发展态势，找准推动河南县域经济发展的政策基点。

（一）纳入中心城市组团发展范围的54个县（市）

河南纳入中心城市组团发展范围的54个县（市）2020年评价结果如表2所示。

表2　河南纳入中心城市组团发展范围的54个县（市）2020年评价结果

县(市)	综合评价		发展规模水平		发展结构		发展潜力活力		发展效益		民生幸福	
	排名	得分	排名	得分	排名	得分	排名	得分	排名	得分	排名	得分
新郑市	1	0.7349	1	0.9999	2	0.5947	1	0.8678	28	0.2057	1	0.9064
荥阳市	2	0.5859	2	0.5252	6	0.5449	3	0.6182	2	0.4622	3	0.8501
新密市	3	0.5439	4	0.4878	3	0.5756	2	0.6255	17	0.2642	2	0.8548
登封市	4	0.4492	7	0.3384	8	0.5227	9	0.4282	7	0.3570	5	0.7379
偃师市	5	0.4366	8	0.3306	5	0.5663	14	0.4102	18	0.2617	4	0.7854
长葛市	6	0.4220	3	0.5214	7	0.5327	15	0.4057	51	0.0890	13	0.6283
禹州市	7	0.4173	5	0.4186	14	0.4604	4	0.5108	54	0.0785	9	0.6761
义马市	8	0.4093	19	0.2172	1	0.8140	54	0.1538	3	0.4607	7	0.7293
伊川县	9	0.3831	14	0.2840	27	0.3698	5	0.4764	13	0.3079	20	0.5082
灵宝市	10	0.3725	11	0.2951	20	0.4060	12	0.4140	19	0.2561	19	0.5635
渑池县	11	0.3718	15	0.2711	18	0.4250	50	0.2019	1	0.5208	16	0.5951
沁阳市	12	0.3660	9	0.3203	4	0.5714	25	0.2943	45	0.1039	6	0.7351
新安县	13	0.3615	6	0.3945	25	0.4012	24	0.2976	38	0.1487	10	0.6756
辉县市	14	0.3434	18	0.2429	22	0.4029	26	0.2928	10	0.3309	18	0.5703
修武县	15	0.3289	29	0.1571	13	0.4613	52	0.1917	4	0.4259	15	0.6120
濮阳县	16	0.3285	34	0.1397	39	0.2852	8	0.4499	5	0.4223	31	0.3561
尉氏县	17	0.3269	10	0.2963	30	0.3422	11	0.4164	24	0.2217	33	0.3509
孟州市	18	0.3244	13	0.2856	9	0.5055	47	0.2224	44	0.1044	8	0.7003
临颍县	19	0.3241	21	0.2109	16	0.4488	16	0.3851	31	0.1918	22	0.4730
镇平县	20	0.3127	44	0.1095	33	0.3267	13	0.4115	8	0.3532	25	0.4235
唐河县	21	0.3056	33	0.1402	41	0.2821	6	0.4699	21	0.2453	27	0.4099
武陟县	22	0.3044	16	0.2625	17	0.4358	42	0.2549	48	0.0938	12	0.6295
项城市	23	0.3038	25	0.1779	28	0.3695	7	0.4591	26	0.2122	36	0.3073
博爱县	24	0.3016	23	0.1924	10	0.4951	28	0.2840	49	0.0914	14	0.6244
孟津县	25	0.2968	17	0.2501	23	0.4020	31	0.2826	34	0.1795	23	0.4625
襄城县	26	0.2923	12	0.2864	24	0.4018	33	0.2789	46	0.1021	21	0.4820
卫辉市	27	0.2910	45	0.1043	19	0.4223	20	0.3334	11	0.3191	28	0.3709
杞　县	28	0.2828	22	0.1983	35	0.3213	10	0.4225	29	0.1985	42	0.2587
鄢陵县	29	0.2799	20	0.2122	21	0.4053	34	0.2693	53	0.0786	17	0.5734
温　县	30	0.2773	26	0.1720	11	0.4614	49	0.2147	47	0.1007	11	0.6377

续表

县(市)	综合评价		发展规模水平		发展结构		发展潜力活力		发展效益		民生幸福	
	排名	得分	排名	得分	排名	得分	排名	得分	排名	得分	排名	得分
汤阴县	31	0.2750	35	0.1332	26	0.3912	53	0.1594	6	0.4166	26	0.4198
方城县	32	0.2734	43	0.1149	42	0.2720	17	0.3552	12	0.3134	32	0.3516
浚　县	33	0.2488	38	0.1245	15	0.4550	36	0.2668	52	0.0887	24	0.4508
遂平县	34	0.2425	31	0.1504	34	0.3254	37	0.2655	23	0.2308	39	0.2962
宜阳县	35	0.2414	24	0.1794	49	0.2514	23	0.3154	33	0.1852	40	0.2856
延津县	36	0.2354	54	0.0542	29	0.3658	27	0.2887	27	0.2085	29	0.3652
获嘉县	37	0.2352	51	0.0685	12	0.4614	43	0.2530	30	0.1977	34	0.3212
确山县	38	0.2329	36	0.1270	40	0.2832	41	0.2576	15	0.2901	43	0.2444
清丰县	39	0.2282	47	0.0897	43	0.2716	38	0.2627	16	0.2725	37	0.3050
通许县	40	0.2266	27	0.1599	31	0.3403	40	0.2613	41	0.1290	38	0.3028
汝南县	41	0.2240	42	0.1151	37	0.2867	18	0.3385	32	0.1908	48	0.1923
叶　县	42	0.2225	48	0.0799	52	0.2152	30	0.2827	22	0.2313	30	0.3618
虞城县	43	0.2219	30	0.1549	46	0.2625	22	0.3218	42	0.1151	41	0.2679
原阳县	44	0.2177	39	0.1179	36	0.3135	32	0.2822	35	0.1774	45	0.2369
柘城县	45	0.2171	37	0.1270	47	0.2577	19	0.3340	37	0.1593	47	0.2047
舞阳县	46	0.2133	32	0.1480	32	0.3360	45	0.2528	25	0.2209	54	0.1221
罗山县	47	0.2079	46	0.1044	38	0.2856	39	0.2622	40	0.1394	35	0.3101
社旗县	48	0.1987	52	0.0598	48	0.2530	46	0.2383	20	0.2561	44	0.2378
西华县	49	0.1984	40	0.1170	44	0.2646	29	0.2835	36	0.1723	50	0.1580
商水县	50	0.1961	41	0.1156	50	0.2465	21	0.3317	43	0.1134	51	0.1577
民权县	51	0.1954	28	0.1588	51	0.2454	35	0.2686	50	0.0909	46	0.2233
鲁山县	52	0.1931	53	0.0564	54	0.1918	44	0.2528	14	0.2908	49	0.1922
内黄县	53	0.1872	49	0.0792	53	0.1962	51	0.1980	9	0.3333	52	0.1455
宁陵县	54	0.1608	50	0.0748	45	0.2635	48	0.2147	39	0.1433	53	0.1357

注：2019年，河南省人民政府印发《关于调整周口市部分行政区划的通知》（豫政〔2019〕14号），对周口市部分行政区划进行调整，撤销淮阳县，设立周口市淮阳区。

（1）经济发展质量总体评价

居前10位的依次分别是：新郑市（0.7349、第1位），荥阳市

（0. 5859、第2位），新密市（0. 5439、第3位），登封市（0. 4492、第4位），偃师市（0. 4366、第5位），长葛市（0. 4220、第6位），禹州市（0. 4173、第7位），义马市（0. 4093、第8位），伊川县（0. 3831、第9位），灵宝市（0. 3725、第10位）。

（2）发展规模水平评价

居前10位的依次分别是：新郑市（0. 9999、第1位），荥阳市（0. 5252、第2位），长葛市（0. 5214、第3位），新密市（0. 4878、第4位），禹州市（0. 4186、第5位），新安县（0. 3945、第6位），登封市（0. 3384、第7位），偃师市（0. 3306、第8位），沁阳市（0. 3203、第9位），尉氏县（0. 2963、第10位）。

（3）发展结构评价

居前10位的依次分别是：义马市（0. 8140、第1位），新郑市（0. 5947、第2位），新密市（0. 5756、第3位），沁阳市（0. 5714、第4位），偃师市（0. 5663、第5位），荥阳市（0. 5449、第6位），长葛市（0. 5327、第7位），登封市（0. 5227、第8位），孟州市（0. 5055、第9位），博爱县（0. 4951、第10位）。

（4）发展潜力活力评价

居前10位的依次分别是：新郑市（0. 8678、第1位），新密市（0. 6255、第2位），荥阳市（0. 6182、第3位），禹州市（0. 5108、第4位），伊川县（0. 4764、第5位），唐河县（0. 4699、第6位）、项城市（0. 4591、第7位），濮阳县（0. 4499、第8位），登封市（0. 4282、第9位），杞县（0. 4225、第10位）。

（5）发展效益评价

居前10位的依次分别是：渑池县（0. 5208、第1位），荥阳市（0. 4622、第2位），义马市（0. 4607、第3位），修武县（0. 4259、第4位），濮阳县（0. 4223、第5位），汤阴县（0. 4166、第6位），登封市（0. 3570、第7位），镇平县（0. 3532、第8位），内黄县（0. 3333、第9位），辉县市（0. 3309、第10位）。

(6) 民生幸福评价

居前 10 位的依次分别是：新郑市（0.9064、第 1 位），新密市（0.8548、第 2 位），荥阳市（0.8501、第 3 位），偃师市（0.7854、第 4 位），登封市（0.7379、第 5 位），沁阳市（0.7351、第 6 位），义马市（0.7293、第 7 位），孟州市（0.7003、第 8 位），禹州市（0.6761、第 9 位），新安县（0.6756、第 10 位）。

（二）基础条件比较好的17个县（市）

河南基础条件比较好的 17 个县（市）2020 年评价结果如表 3 所示。

表 3　河南基础条件比较好的 17 个县（市）2020 年评价结果

县(市)	综合评价		发展规模水平		发展结构		发展潜力活力		发展效益		民生幸福	
	排名	得分	排名	得分	排名	得分	排名	得分	排名	得分	排名	得分
巩义市	1	0.6258	2	0.6101	1	0.6197	1	0.7416	9	0.2623	1	0.9584
中牟县	2	0.5621	1	0.7945	3	0.5452	2	0.6007	17	0.1119	3	0.7269
永城市	3	0.4517	3	0.4691	11	0.3620	3	0.5512	4	0.3106	10	0.5293
林州市	4	0.4195	4	0.3743	2	0.5625	5	0.3671	12	0.2007	2	0.7554
汝州市	5	0.4112	5	0.3517	6	0.4501	4	0.4512	5	0.3054	9	0.5531
安阳县	6	0.3377	17	0.0192	10	0.3800	16	0.1762	1	0.7966	12	0.5101
新乡县	7	0.3153	10	0.1454	4	0.5381	9	0.2675	13	0.1650	4	0.6874
西峡县	8	0.3122	8	0.1932	8	0.3929	12	0.2238	7	0.2918	5	0.6297
舞钢市	9	0.3067	14	0.1043	7	0.4435	14	0.1951	2	0.4155	6	0.5747
栾川县	10	0.3023	6	0.2599	12	0.3581	10	0.2545	6	0.2952	13	0.4172
新野县	11	0.2817	12	0.1185	14	0.3254	6	0.323	11	0.2297	11	0.5247
淇　县	12	0.2772	9	0.1896	5	0.5299	17	0.1751	15	0.1261	7	0.5724
宝丰县	13	0.2705	7	0.2092	9	0.3876	13	0.2166	16	0.1197	8	0.5691
桐柏县	14	0.2522	13	0.1104	15	0.3163	8	0.2812	3	0.3203	16	0.2900
嵩　县	15	0.2389	16	0.1002	16	0.2363	7	0.3119	8	0.2670	15	0.3162
洛宁县	16	0.2154	11	0.1337	17	0.2207	11	0.2542	10	0.2408	17	0.2490
新　县	17	0.2040	15	0.1007	13	0.3511	15	0.1888	14	0.1567	14	0.3312

（1）经济发展质量总体评价

居前5位的依次分别是：巩义市（0.6258、第1位），中牟县（0.5621、第2位），永城市（0.4517、第3位），林州市（0.4195、第4位），汝州市（0.4112、第5位）。

（2）发展规模水平评价

居前5位的依次分别是：中牟县（0.7945、第1位），巩义市（0.6101、第2位），永城市（0.4691、第3位），林州市（0.3743、第4位），汝州市（0.3517、第5位）。

（3）发展结构评价

居前5位的依次分别是：巩义市（0.6197、第1位），林州市（0.5625、第2位），中牟县（0.5452、第3位），新乡县（0.5381、第4位），淇县（0.5299、第5位）。

（4）发展潜力活力评价

居前5位的依次分别是：巩义市（0.7416、第1位），中牟县（0.6007、第2位），永城市（0.5512、第3位），汝州市（0.4512、第4位），林州市（0.3671、第5位）。

（5）发展效益评价

居前5位的依次分别是：安阳县（0.7966、第1位），舞钢市（0.4155、第2位），桐柏县（0.3203、第3位），永城市（0.3106、第4位），汝州市（0.3054、第5位）。

（6）民生幸福评价

居前5位的依次分别是：巩义市（0.9584、第1位），林州市（0.7554、第2位），中牟县（0.7269、第3位），新乡县（0.6874、第4位），西峡县（0.6297、第5位）。

（三）33个农区县（市）

河南33个农区县（市）2020年评价结果如表4所示。

表 4　河南 33 个农区县（市）2020 年评价结果

县(市)	综合评价		发展规模水平		发展结构		发展潜力活力		发展效益		民生幸福	
	排名	得分	排名	得分	排名	得分	排名	得分	排名	得分	排名	得分
长垣市	1	0. 3934	1	0. 3466	1	0. 5281	14	0. 3559	12	0. 2136	1	0. 6588
邓州市	2	0. 3467	3	0. 2208	5	0. 3229	2	0. 4915	8	0. 2471	2	0. 4710
固始县	3	0. 3339	5	0. 1997	6	0. 3137	1	0. 5274	6	0. 2486	6	0. 3615
兰考县	4	0. 3199	2	0. 2912	4	0. 3232	3	0. 4662	9	0. 2342	22	0. 2222
潢川县	5	0. 2870	15	0. 1288	2	0. 3783	6	0. 4493	31	0. 1310	4	0. 3995
鹿邑县	6	0. 2837	4	0. 2085	3	0. 3422	11	0. 3721	18	0. 1874	8	0. 3326
淅川县	7	0. 2798	18	0. 1144	25	0. 2640	8	0. 4090	5	0. 2675	5	0. 3726
西平县	8	0. 2654	14	0. 1297	14	0. 2801	13	0. 3608	3	0. 3083	15	0. 2583
太康县	9	0. 2597	8	0. 1659	16	0. 2795	5	0. 4558	21	0. 1671	27	0. 1808
泌阳县	10	0. 2556	9	0. 1540	19	0. 2759	9	0. 3936	19	0. 1836	14	0. 2656
郸城县	11	0. 2536	10	0. 1494	13	0. 2830	7	0. 4284	20	0. 1703	25	0. 2085
息　县	12	0. 2517	23	0. 1040	28	0. 2544	4	0. 4616	23	0. 1659	17	0. 2508
沈丘县	13	0. 2496	6	0. 1749	20	0. 2757	12	0. 3677	11	0. 2164	26	0. 1879
内乡县	14	0. 2472	11	0. 1384	7	0. 3055	30	0. 2285	7	0. 2484	3	0. 4130
上蔡县	15	0. 2403	22	0. 1064	26	0. 2616	10	0. 3886	13	0. 2129	21	0. 2260
平舆县	16	0. 2336	16	0. 1266	10	0. 2892	18	0. 3187	17	0. 1887	12	0. 2757
滑　县	17	0. 2322	7	0. 1742	31	0. 2404	15	0. 3491	26	0. 1582	23	0. 2187
南召县	18	0. 2318	31	0. 0665	11	0. 2857	21	0. 2884	2	0. 3129	16	0. 2540
汝阳县	19	0. 2313	17	0. 1190	18	0. 2760	26	0. 2629	4	0. 3035	20	0. 2270
夏邑县	20	0. 2264	12	0. 1377	29	0. 2540	16	0. 3259	30	0. 1336	10	0. 3054
新蔡县	21	0. 2247	13	0. 1307	23	0. 2672	17	0. 3230	16	0. 1917	24	0. 2162
光山县	22	0. 2218	28	0. 0920	21	0. 2698	19	0. 3180	25	0. 1620	9	0. 3128
郏　县	23	0. 2213	27	0. 0969	8	0. 2954	27	0. 2522	14	0. 2053	7	0. 3329
卢氏县	24	0. 2053	32	0. 0612	33	0. 2081	24	0. 2735	1	0. 3450	31	0. 1394
睢　县	25	0. 2028	26	0. 0990	32	0. 2287	22	0. 2786	15	0. 1995	19	0. 2278
淮滨县	26	0. 2015	25	0. 1012	17	0. 2769	23	0. 2778	28	0. 1475	18	0. 2404
南乐县	27	0. 1982	30	0. 0784	24	0. 2671	32	0. 2130	10	0. 2263	13	0. 2745
扶沟县	28	0. 1969	24	0. 1023	9	0. 2902	25	0. 2728	22	0. 1661	29	0. 1755
商城县	29	0. 1924	21	0. 1069	15	0. 2795	29	0. 2331	32	0. 1165	11	0. 2884
正阳县	30	0. 1910	20	0. 1071	30	0. 2414	20	0. 3027	29	0. 1428	30	0. 1537
封丘县	31	0. 1605	29	0. 0871	27	0. 2572	31	0. 2146	33	0. 0999	28	0. 1791
范　县	32	0. 1587	19	0. 1111	12	0. 2852	33	0. 1975	27	0. 1496	32	0. 0570
台前县	33	0. 1455	33	0. 0434	22	0. 2674	28	0. 2373	24	0. 1657	33	0. 0082

（1）经济发展质量总体评价

居前5位的依次分别是：长垣县（0.3934、第1位），邓州市（0.3467、第2位），固始县（0.3339、第3位），兰考县（0.3199、第4位），潢川县（0.2870、第5位）。

（2）发展规模水平评价

居前5位的依次分别是：长垣县（0.3466、第1位），兰考县（0.2912、第2位），邓州市（0.2208、第3位），鹿邑县（0.2085、第4位），固始县（0.1997、第5位）。

（3）发展结构评价

居前5位的依次分别是：长垣县（0.5281、第1位），潢川县（0.3783、第2位），鹿邑县（0.3422、第3位），兰考县（0.3232、第4位），邓州市（0.3229、第5位）。

（4）发展潜力活力评价

居前5位的依次分别是：固始县（0.5274、第1位），邓州市（0.4915、第2位），兰考县（0.4662、第3位），息县（0.4616、第4位），太康县（0.4558、第5位）。

（5）发展效益评价

居前5位的依次分别是：卢氏县（0.3450、第1位），南召县（0.3129、第2位），西平县（0.3083、第3位），汝阳县（0.3035、第4位），淅川县（0.2675、第5位）。

（6）民生幸福评价

居前5位的依次分别是：长垣县（0.6588、第1位），邓州市（0.4710、第2位），内乡县（0.4130、第3位），潢川县（0.3995、第4位），淅川县（0.3726、第5位）。

（四）104个县（市）总体评价

河南104个县（市）2020年总体评价结果如表5所示。

表5　104个县（市）2020年总体评价结果

县(市)	综合评价		发展规模水平		发展结构		发展潜力活力		发展效益		民生幸福	
	排名	得分	排名	得分	排名	得分	排名	得分	排名	得分	排名	得分
新郑市	1	0.7349	1	0.9999	3	0.5947	1	0.8678	52	0.2057	2	0.9064
巩义市	2	0.6258	3	0.6101	2	0.6197	2	0.7416	31	0.2623	1	0.9584
荥阳市	3	0.5859	4	0.5252	9	0.5449	4	0.6182	3	0.4622	4	0.8501
中牟县	4	0.5621	2	0.7945	8	0.5452	5	0.6007	92	0.1119	10	0.7269
新密市	5	0.5439	6	0.4878	4	0.5756	3	0.6255	30	0.2642	3	0.8548
永城市	6	0.4517	7	0.4691	42	0.3620	6	0.5512	18	0.3106	30	0.5293
登封市	7	0.4492	13	0.3384	14	0.5227	20	0.4282	9	0.3570	7	0.7379
偃师市	8	0.4366	14	0.3306	6	0.5663	25	0.4102	32	0.2617	5	0.7854
长葛市	9	0.4220	5	0.5214	11	0.5327	27	0.4057	101	0.0890	19	0.6283
林州市	10	0.4195	10	0.3743	7	0.5625	33	0.3671	54	0.2007	6	0.7554
禹州市	11	0.4173	8	0.4186	20	0.4604	8	0.5108	104	0.0785	13	0.6761
汝州市	12	0.4112	11	0.3517	22	0.4501	16	0.4512	21	0.3054	29	0.5531
义马市	13	0.4093	28	0.2172	1	0.8140	104	0.1538	4	0.4607	9	0.7293
长垣市	14	0.3934	12	0.3466	13	0.5281	35	0.3559	48	0.2136	15	0.6588
伊川县	15	0.3831	21	0.2840	39	0.3698	10	0.4764	20	0.3079	33	0.5082
灵宝市	16	0.3725	17	0.2951	28	0.4060	23	0.4140	33	0.2561	28	0.5635
渑池县	17	0.3718	22	0.2711	26	0.4250	95	0.2019	2	0.5208	22	0.5951
沁阳市	18	0.3660	15	0.3203	5	0.5714	52	0.2943	94	0.1039	8	0.7351
新安县	19	0.3615	9	0.3945	33	0.4012	51	0.2976	79	0.1487	14	0.6756
邓州市	20	0.3467	27	0.2208	53	0.3229	9	0.4915	37	0.2471	36	0.4710
辉县市	21	0.3434	26	0.2429	30	0.4029	53	0.2928	13	0.3309	26	0.5703
安阳县	22	0.3377	104	0.0192	37	0.3800	101	0.1762	1	0.7966	32	0.5101
固始县	23	0.3339	33	0.1997	56	0.3137	7	0.5274	35	0.2486	49	0.3615
修武县	24	0.3289	46	0.1571	19	0.4613	99	0.1917	5	0.4259	21	0.6120
濮阳县	25	0.3285	54	0.1397	65	0.2852	17	0.4499	6	0.4223	50	0.3561
尉氏县	26	0.3269	16	0.2963	45	0.3422	22	0.4164	45	0.2217	52	0.3509
孟州市	27	0.3244	20	0.2856	15	0.5055	89	0.2224	93	0.1044	11	0.7003
临颍县	28	0.3241	30	0.2109	23	0.4488	30	0.3851	58	0.1918	35	0.4730
兰考县	29	0.3199	18	0.2912	52	0.3232	12	0.4662	40	0.2342	85	0.2222
新乡县	30	0.3153	52	0.1454	10	0.5381	69	0.2675	73	0.1650	12	0.6874
镇平县	31	0.3127	76	0.1095	49	0.3267	24	0.4115	10	0.3532	39	0.4235
西峡县	32	0.3122	35	0.1932	34	0.3929	88	0.2238	24	0.2918	17	0.6297
舞钢市	33	0.3067	80	0.1043	24	0.4435	98	0.1951	8	0.4155	23	0.5747

续表

县(市)	综合评价		发展规模水平		发展结构		发展潜力活力		发展效益		民生幸福	
	排名	得分	排名	得分	排名	得分	排名	得分	排名	得分	排名	得分
唐河县	34	0. 3056	53	0. 1402	69	0. 2821	11	0. 4699	38	0. 2453	43	0. 4099
武陟县	35	0. 3044	23	0. 2625	25	0. 4358	77	0. 2549	98	0. 0938	18	0. 6295
项城市	36	0. 3038	39	0. 1779	40	0. 3695	14	0. 4591	50	0. 2122	60	0. 3073
栾川县	37	0. 3023	24	0. 2599	43	0. 3581	78	0. 2545	23	0. 2952	41	0. 4172
博爱县	38	0. 3016	36	0. 1924	16	0. 4951	56	0. 2840	99	0. 0914	20	0. 6244
孟津县	39	0. 2968	25	0. 2501	31	0. 4020	59	0. 2826	65	0. 1795	37	0. 4625
襄城县	40	0. 2923	19	0. 2864	32	0. 4018	62	0. 2789	95	0. 1021	34	0. 4820
卫辉市	41	0. 2910	81	0. 1043	27	0. 4223	40	0. 3334	15	0. 3191	46	0. 3709
潢川县	42	0. 2870	61	0. 1288	38	0. 3783	18	0. 4493	85	0. 1310	44	0. 3995
鹿邑县	43	0. 2837	32	0. 2085	46	0. 3422	31	0. 3721	62	0. 1874	54	0. 3326
杞　县	44	0. 2828	34	0. 1983	54	0. 3213	21	0. 4225	56	0. 1985	72	0. 2587
新野县	45	0. 2817	67	0. 1185	50	0. 3254	43	0. 3230	43	0. 2297	31	0. 5247
鄢陵县	46	0. 2799	29	0. 2122	29	0. 4053	67	0. 2693	103	0. 0786	24	0. 5734
淅川县	47	0. 2798	73	0. 1144	84	0. 2640	26	0. 4090	28	0. 2675	45	0. 3726
温　县	48	0. 2773	42	0. 1720	17	0. 4614	92	0. 2147	96	0. 1007	16	0. 6377
淇　县	49	0. 2772	37	0. 1896	12	0. 5299	102	0. 1751	87	0. 1261	25	0. 5724
汤阴县	50	0. 2750	58	0. 1332	35	0. 3912	103	0. 1594	7	0. 4166	40	0. 4198
方城县	51	0. 2734	72	0. 1149	77	0. 2720	36	0. 3552	16	0. 3134	51	0. 3516
宝丰县	52	0. 2705	31	0. 2092	36	0. 3876	90	0. 2166	88	0. 1197	27	0. 5691
西平县	53	0. 2654	60	0. 1297	70	0. 2801	34	0. 3608	19	0. 3083	73	0. 2583
太康县	54	0. 2597	43	0. 1659	72	0. 2795	15	0. 4558	69	0. 1671	93	0. 1808
泌阳县	55	0. 2556	48	0. 1540	75	0. 2759	28	0. 3936	64	0. 1836	71	0. 2656
郸城县	56	0. 2536	50	0. 1494	68	0. 2830	19	0. 4284	68	0. 1703	88	0. 2085
桐柏县	57	0. 2522	75	0. 1104	55	0. 3163	61	0. 2812	14	0. 3203	65	0. 2900
息　县	58	0. 2517	83	0. 1040	90	0. 2544	13	0. 4616	71	0. 1659	75	0. 2508
沈丘县	59	0. 2496	40	0. 1749	76	0. 2757	32	0. 3677	47	0. 2164	92	0. 1879
浚　县	60	0. 2488	65	0. 1245	21	0. 4550	70	0. 2668	102	0. 0887	38	0. 4508
内乡县	61	0. 2472	55	0. 1384	58	0. 3055	87	0. 2285	36	0. 2484	42	0. 4130
遂平县	62	0. 2425	49	0. 1504	51	0. 3254	71	0. 2655	42	0. 2308	64	0. 2962
宜阳县	63	0. 2414	38	0. 1794	93	0. 2514	48	0. 3154	63	0. 1852	67	0. 2856
上蔡县	64	0. 2403	79	0. 1064	87	0. 2616	29	0. 3886	49	0. 2129	83	0. 2260
嵩　县	65	0. 2389	87	0. 1002	98	0. 2363	49	0. 3119	29	0. 2670	57	0. 3162
延津县	66	0. 2354	102	0. 0542	41	0. 3658	54	0. 2887	51	0. 2085	47	0. 3652

续表

县(市)	综合评价		发展规模水平		发展结构		发展潜力活力		发展效益		民生幸福	
	排名	得分	排名	得分	排名	得分	排名	得分	排名	得分	排名	得分
获嘉县	67	0.2352	97	0.0685	18	0.4614	80	0.2530	57	0.1977	56	0.3212
平舆县	68	0.2336	64	0.1266	61	0.2892	46	0.3187	61	0.1887	68	0.2757
确山县	69	0.2329	62	0.1270	67	0.2832	76	0.2576	26	0.2901	77	0.2444
滑　县	70	0.2322	41	0.1742	97	0.2404	37	0.3491	76	0.1582	86	0.2187
南召县	71	0.2318	98	0.0665	63	0.2857	55	0.2884	17	0.3129	74	0.2540
汝阳县	72	0.2313	66	0.1190	74	0.2760	72	0.2629	22	0.3035	82	0.2270
清丰县	73	0.2282	91	0.0897	78	0.2716	73	0.2627	27	0.2725	62	0.3050
通许县	74	0.2266	44	0.1599	47	0.3403	75	0.2613	86	0.1290	63	0.3028
夏邑县	75	0.2264	56	0.1377	91	0.2540	42	0.3259	84	0.1336	61	0.3054
新蔡县	76	0.2247	59	0.1307	81	0.2672	44	0.3230	59	0.1917	87	0.2162
汝南县	77	0.2240	71	0.1151	62	0.2867	38	0.3385	60	0.1908	90	0.1923
叶县	78	0.2225	93	0.0799	101	0.2152	58	0.2827	41	0.2313	48	0.3618
虞城县	79	0.2219	47	0.1549	86	0.2625	45	0.3218	90	0.1151	70	0.2679
光山县	80	0.2218	90	0.0920	79	0.2698	47	0.3180	74	0.1620	58	0.3128
郏县	81	0.2213	89	0.0969	59	0.2954	83	0.2522	53	0.2053	53	0.3329
原阳县	82	0.2177	68	0.1179	57	0.3135	60	0.2822	66	0.1774	80	0.2369
柘城县	83	0.2171	63	0.1270	88	0.2577	39	0.3340	75	0.1593	89	0.2047
洛宁县	84	0.2154	57	0.1337	100	0.2207	79	0.2542	39	0.2408	76	0.2490
舞阳县	85	0.2133	51	0.1480	48	0.3360	82	0.2528	46	0.2209	102	0.1221
罗山县	86	0.2079	82	0.1044	64	0.2856	74	0.2622	83	0.1394	59	0.3101
卢氏县	87	0.2053	99	0.0612	102	0.2081	65	0.2735	11	0.3450	100	0.1394
新　县	88	0.2040	86	0.1007	44	0.3511	100	0.1888	77	0.1567	55	0.3312
睢　县	89	0.2028	88	0.0990	99	0.2287	63	0.2786	55	0.1995	81	0.2278
淮滨县	90	0.2015	85	0.1012	73	0.2769	64	0.2778	80	0.1475	78	0.2404
社旗县	91	0.1987	100	0.0598	92	0.2530	84	0.2383	34	0.2561	79	0.2378
西华县	92	0.1984	69	0.1170	83	0.2646	57	0.2835	67	0.1723	96	0.1580
南乐县	93	0.1982	95	0.0784	82	0.2671	94	0.2130	44	0.2263	69	0.2745
扶沟县	94	0.1969	84	0.1023	60	0.2902	66	0.2728	70	0.1661	95	0.1755
商水县	95	0.1961	70	0.1156	94	0.2465	41	0.3317	91	0.1134	97	0.1577
民权县	96	0.1954	45	0.1588	95	0.2454	68	0.2686	100	0.0909	84	0.2233
鲁山县	97	0.1931	101	0.0564	104	0.1918	81	0.2528	25	0.2908	91	0.1922
商城县	98	0.1924	78	0.1069	71	0.2795	86	0.2331	89	0.1165	66	0.2884
正阳县	99	0.1910	77	0.1071	96	0.2414	50	0.3027	82	0.1428	98	0.1537
内黄县	100	0.1872	94	0.0792	103	0.1962	96	0.1980	12	0.3333	99	0.1455

续表

县(市)	综合评价		发展规模水平		发展结构		发展潜力活力		发展效益		民生幸福	
	排名	得分	排名	得分	排名	得分	排名	得分	排名	得分	排名	得分
宁陵县	101	0.1608	96	0.0748	85	0.2635	91	0.2147	81	0.1433	101	0.1357
封丘县	102	0.1605	92	0.0871	89	0.2572	93	0.2146	97	0.0999	94	0.1791
范　县	103	0.1587	74	0.1111	66	0.2852	97	0.1975	78	0.1496	103	0.0570
台前县	104	0.1455	103	0.0434	80	0.2674	85	0.2373	72	0.1657	104	0.0082

（1）经济发展质量总体评价

居前10位的依次分别是：新郑市（0.7349、第1位），巩义市（0.6258、第2位），荥阳市（0.5859、第3位），中牟县（0.5621、第4位），新密市（0.5439、第5位），永城市（0.4517、第6位），登封市（0.4492、第7位），偃师市（0.4366、第8位），长葛市（0.4220、第9位），林州市（0.4195、第10位）。

（2）发展规模水平评价

居前10位的依次分别是：新郑市（0.9999、第1位），中牟县（0.7945、第2位），巩义市（0.6101、第3位），荥阳市（0.5252、第4位），长葛市（0.5214、第5位），新密市（0.4878、第6位），永城市（0.4691、第7位），禹州市（0.4186、第8位），新安县（0.3945、第9位），林州市（0.3743、第10位）。

（3）发展结构评价

居前10位的依次分别是：义马市（0.8140、第1位），巩义市（0.6197、第2位），新郑市（0.5947、第3位），新密市（0.5756、第4位），沁阳市（0.5714、第5位），偃师市（0.5663、第6位），林州市（0.5625、第7位），中牟县（0.5452、第8位），荥阳市（0.5449、第9位），新乡县（0.5381、第10位）。

（4）发展潜力活力评价

居前10位的依次分别是：新郑市（0.8678、第1位），巩义市（0.7416、第2位），新密市（0.6255、第3位），荥阳市（0.6182、第4

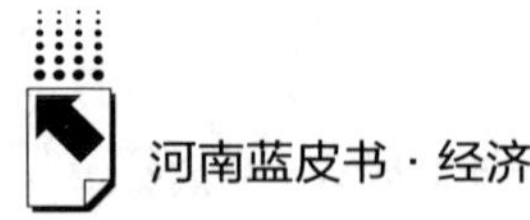

位)，中牟县（0.6007、第5位)，永城市（0.5512、第6位)，固始县(0.5274、第7位)，禹州市（0.5108、第8位)，邓州市（0.4915、第9位)，伊川县（0.4764、第10位)。

(5) 发展效益评价

居前10位的依次分别是：安阳县（0.7966、第1位)，渑池县(0.5208、第2位)，荥阳市（0.4622、第3位)，义马市（0.4607、第4位)，修武县（0.4259、第5位)，濮阳县（0.4223、第6位)，汤阴县(0.4166、第7位)，舞钢市（0.4155、第8位)，登封市（0.3570、第9位)，镇平县（0.3532、第10位)。

(6) 民生幸福评价

居前10位的依次分别是：巩义市（0.9584、第1位)，新郑市(0.9064、第2位)，新密市（0.8548、第3位)，荥阳市（0.8501、第4位)，偃师市（0.7854、第5位)，林州市（0.7554、第6位)，登封市(0.7379、第7位)，沁阳市（0.7351、第8位)，义马市（0.7293、第9位)，中牟县（0.7269、第10位)。

三 结论与反思

通过对河南54个纳入中心城市组团发展范围的县（市)、17个基础条件比较好（人均地区生产总值在2.5万元以上）的县（市)、33个农区县(市）进行各类指标评价比较，可以发现河南县域经济发展的多维不平衡性挑战依然严峻，县域城镇化、产业支撑力、县域消费需求事关县域经济高质量发展。应持续推进县域新型城镇化，培育县域经济特色产业支撑力，持续扩大县域消费有效需求，引领县域经济高质量发展。

（一）县域经济发展的多维异质性挑战依然严峻

河南县域经济的发展规模水平、发展结构、发展潜力活力、发展效益、民生幸福等层面的评价结果表明，河南县域经济发展的不平衡性依然存在，

部分县域经济发展指标甚至有差距拉大的态势，县域经济发展的空间地域不平衡格局亟须改善。在县域经济发展的总体104个县（市）之间，在纳入中心城市组团发展范围的54个县（市）之间，在基础条件比较好的17个县（市）之间，在33个农区县（市）之间，在体现县域经济发展质量的总体水平、发展规模水平、发展结构、发展潜力活力、发展效益、民生幸福等5个层级之间，均存在着明显的空间地域不平衡性和发展差距（见表6）。

表6　河南县域经济发展差距的描述性统计

指标	县域类别	单位数(Obs)	均值(Mean)	标准差(Std. Dev.)	最小值(Min)	最大值(Max)	变异系数
总指数	总体	104	0.2894	0.1014	0.1455	0.7349	35.0477
	基础条件比较好的县(市)	17	0.3403	0.1180	0.2040	0.6258	34.6899
	纳入中心城市组团发展范围的县(市)	54	0.3032	0.1074	0.1608	0.7349	35.4227
	农区县(市)	33	0.2407	0.0539	0.1455	0.3934	22.4074
发展规模水平	总体	104	0.1953	0.1513	0.0192	1.0000	77.4553
	发展条件好	17	0.2521	0.2075	0.0192	0.7945	82.3065
	城市组团	54	0.2140	0.1597	0.0542	1.0000	74.6197
	农区县	33	0.1356	0.0628	0.0434	0.3466	46.3521
发展结构	总体	104	0.3565	0.1145	0.1918	0.8140	32.1259
	发展条件好	17	0.4129	0.1148	0.2207	0.6197	27.8109
	城市组团	54	0.3813	0.1228	0.1918	0.8140	32.2115
	农区县	33	0.2869	0.0540	0.2081	0.5281	18.8376
发展潜力活力	总体	104	0.3324	0.1227	0.1538	0.8678	36.9042
	发展条件好	17	0.3282	0.1650	0.1751	0.7416	50.2754
	城市组团	54	0.3313	0.1271	0.1538	0.8678	38.3757
	农区县	33	0.3362	0.0895	0.1975	0.5274	26.6187
发展效益	总体	104	0.2249	0.1102	0.0785	0.7966	48.9995
	发展条件好	17	0.2715	0.1590	0.1119	0.7966	58.5652
	城市组团	54	0.2251	0.1129	0.0785	0.5208	50.1512
	农区县	33	0.2005	0.0597	0.0999	0.3450	29.7913
民生幸福	总体	104	0.4006	0.2074	0.0082	0.9584	51.7616
	发展条件好	17	0.5409	0.1848	0.2490	0.9584	34.1731
	城市组团	54	0.4403	0.2124	0.1221	0.9064	48.2327
	农区县	33	0.2635	0.1190	0.0082	0.6588	45.1443

1. 河南县域经济发展总体水平表现出明显的差异性

一是极端数值水平差距明显。发展绩效总指数的最大值是最小值的倍数：104 个县（市）总体为 5.05 倍；17 个基础条件比较好的县（市）为 3.07 倍；54 个纳入中心城市组团发展范围的县（市）为 4.57 倍；33 个农区县（市）为 2.70 倍。

二是变异系数总体水平较高，且县域总体、基础条件比较好的县（市）、纳入中心城市组团发展范围的县（市）、农区县（市）之间存在差距。发展绩效总指数的变异系数：104 个县（市）总体为 35.0477；17 个基础条件比较好的县（市）为 34.6899；54 个纳入中心城市组团发展范围的县（市）为 35.4227；33 个农区县（市）为 22.4074。

2. 河南县域经济发展规模水平表现出明显的差异性

一是极端数值水平差距明显。规模水平指数的最大值是最小值的倍数：104 个县（市）总体为 52.08 倍；17 个基础条件比较好的县（市）为 41.38 倍；54 个纳入中心城市组团发展范围的县（市）为 18.45 倍；33 个农区县（市）为 7.99 倍。

二是变异系数总体水平较高，且县域总体、基础条件比较好的县（市）、纳入中心城市组团发展范围的县（市）、农区县（市）之间存在差距。规模水平指数的变异系数：104 个县（市）总体为 77.4553；17 个基础条件比较好的县（市）为 82.3065；54 个纳入中心城市组团发展范围的县（市）为 74.6197；33 个农区县（市）为 46.3521。

3. 河南县域经济发展结构水平表现出明显的差异性

一是极端数值水平差距明显。发展结构水平指数的最大值是最小值的倍数：104 个县（市）总体为 4.24 倍；17 个基础条件比较好的县（市）为 2.81 倍；54 个纳入中心城市组团发展范围的县（市）为 4.24 倍；33 个农区县（市）为 2.54 倍。

二是变异系数总体水平较高，且县域总体、基础条件比较好的县（市）、纳入中心城市组团发展范围的县（市）、农区县（市）之间存在差距。发展结构水平指数的变异系数：104 个县（市）总体为 32.1259；17 个

基础条件比较好的县（市）为27.8109；54个纳入中心城市组团发展范围的县（市）为32.2115；33个农区县（市）为18.8376。

4. 河南县域经济发展潜力活力水平表现出明显的差异性

一是极端数值水平差距明显。发展潜力活力水平指数的最大值是最小值的倍数：104个县（市）总体为5.64倍；17个基础条件比较好的县（市）为4.24倍；54个纳入中心城市组团发展范围的县（市）为5.64倍；33个农区县（市）为2.67倍。

二是变异系数总体水平较高，且县域总体、基础条件比较好的县（市）、纳入中心城市组团发展范围的县（市）、农区县（市）之间存在差距。发展潜力活力水平指数的变异系数：104个县（市）总体为36.9042；17个基础条件比较好的县（市）为50.2754；54个纳入中心城市组团发展范围的县（市）为38.3757；33个农区县（市）为26.6187。

5. 河南县域经济发展效益水平表现出明显的差异性

一是极端数值水平差距明显。发展效益水平指数的最大值是最小值的倍数：104个县（市）总体为10.15倍；17个基础条件比较好的县（市）为7.12倍；54个纳入中心城市组团发展范围的县（市）为6.63倍；33个农区县（市）为3.45倍。

二是变异系数总体水平较高，且县域总体、基础条件比较好的县（市）、纳入中心城市组团发展范围的县（市）、农区县（市）之间存在差距。发展效益水平指数的变异系数：104个县（市）总体为48.9995；17个基础条件比较好的县（市）为58.5652；54个纳入中心城市组团发展范围的县（市）为50.1512；33个农区县（市）为29.7913。

6. 河南县域经济民生幸福水平表现出明显的差异性

一是极端数值水平差距明显。民生幸福水平指数的最大值是最小值的倍数：104个县（市）总体为116.88倍；17个基础条件比较好的县（市）为3.85倍；54个纳入中心城市组团发展范围的县（市）为7.42倍；33个农区县（市）为80.34倍。

二是变异系数总体水平较高，且县域总体、基础条件比较好的县

（市）、纳入中心城市组团发展范围的县（市）、农区县（市）之间存在差距。民生幸福水平指数的变异系数：104个县（市）总体为51.7616；17个基础条件比较好的县（市）为34.1731；54个纳入中心城市组团发展范围的县（市）为48.2327；33个农区县（市）为45.1443。

（二）城镇化与县域经济发展总水平和规模扩张具有内生差异性互动规律，促进要素自由有序流动成为县域经济高质量发展的依托

理论和实践证明，城镇化进程对县域经济发展水平具有提升价值，但价值大小不同县域间存在明显的差异性。运用2019年河南104个县域经济的截面数据，对河南104个县域的城镇化水平与县域经济发展总指数、县域经济规模水平进行比照，可以发现河南104个县域经济发展总指数、县域经济规模水平与城镇化率之间的互动提升关系，以及个体异质性问题。可用相应的拟合线来描述其间的互动关系（见图1）。

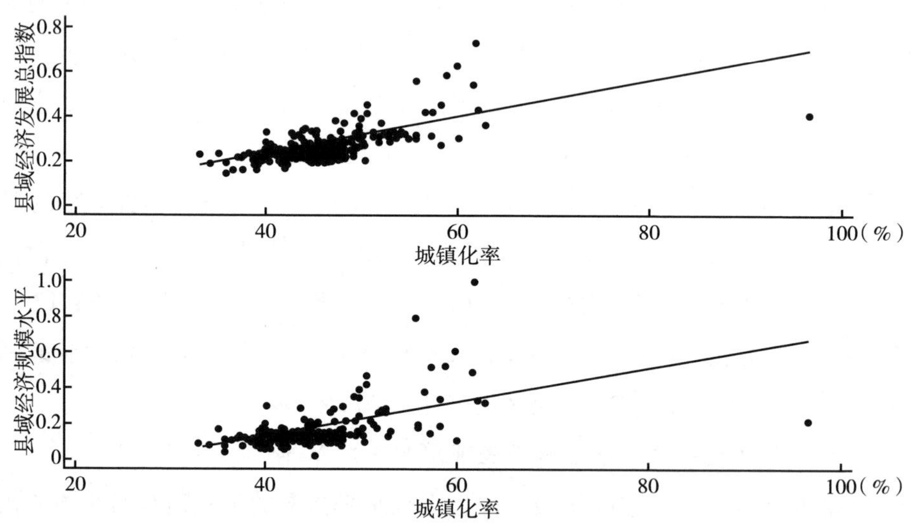

图1　河南104个县域城镇化率与县域经济发展总指数、县域经济规模水平之间的关系

注：笔者计算整理绘制。

1. 县域经济发展总水平、规模水平与城镇化进程之间的基本关系

河南县域经济发展总指数与城镇化进程具有互动同步性，但存在个体微小差异性；县域经济规模水平的提升与城镇化进程存在互动促进关系。河南104个县域经济发展总指数在提升中的规模扩张效应与城镇化进程具有互动协调同步性，但存在个体微小差异性。实证发现，城镇化进程存在一种机制，导致生产要素脱离生产率相对低的领域，进入生产率相对更高的领域，均衡着要素收入差异。河南104个县域经济发展总指数、县域经济规模水平与城镇化率之间，大体呈现较为明显的正相关关系，也即它们之间具有同步性正向互动关系。利用河南104个县域经济发展总指数、县域经济规模水平与城镇化率绘就的位置坐标点显示，各县（市）基本沿着拟合线两侧分布，这意味着随着城镇化率的提升，县域经济发展总指数、县域经济规模水平也呈现明显的同步增加态势。

2. 县域经济发展总水平、规模水平与城镇化进程之间互动的异质性

河南104个县域经济发展总水平、规模水平与城镇化率之间的互动关系存在明显的个体差异性。一是部分县域位于拟合线的初始端位置，如清丰县、台前县等；二是绝大部分县域位于拟合线的中低端下行位置，如封丘县、尉氏县、汤阴县等；三是部分县域位于拟合线的终高端位置，如沁阳市、长葛市等。

3. 县域经济发展总水平、规模水平与城镇化进程之间互动的特殊性

一是部分县域位于拟合线的较远位置，且位于拟合线的上方，如荥阳市、巩义市、新密市等，意味着这部分县（市）经济发展总水平、规模水平超前于城镇化进程，具有一定的特殊性。

二是部分县域位于拟合线的较远位置，但明显位于拟合线的下方，如舞阳县、淇县、博爱县等，意味着这部分县域的经济发展总水平、规模水平滞后于城镇化进程，协调性不足。

4. 县域经济发展总水平、规模水平与城镇化进程之间互动的提升空间

从河南104个县域经济发展总水平、规模水平与城镇化率互动关系位置看，绝大部分县域位于拟合线的中段偏初始的下行位置，整体互动发展水平

处于低位。这意味着河南104个县域的城镇化率仍存在较大提升空间，与此相应的县域经济发展总水平、规模水平会持续扩张。

5. 县域经济发展总水平、规模水平与城镇化进程之间互动关系小结

总体而言，河南104个县域经济的城镇化进程有助于县域经济发展总水平、规模水平扩张，促进城乡要素流动和要素收益的均等化和公平性，但个体异质性明显。

（三）产业支撑力与县域经济发展总水平和规模扩张具有内生差异性互动规律，创新创业氛围打造成为县域经济高质量发展的关键所在

理论和实践证明，第二产业GDP占比对县域经济发展具有引领价值，但价值大小不同县域间存在明显的差异性。运用2019年河南104个县域经济的截面数据，对河南104个县域的第二产业GDP占比与县域经济发展总指数、县域规模水平等进行比照，可以发现河南104个县域经济发展总指数、县域规模水平与第二产业GDP占比之间的互动提升关系，以及个体异质性问题。可用相应的拟合线来描述其间的互动关系（见图2）。

1. 县域经济发展总水平、规模水平与第二产业GDP占比之间的基本关系

河南104个县域经济发展总水平、规模水平与第二产业GDP占比之间，大体呈现较为明显的正相关关系，也即它们之间具有同步性互动提升关系。利用河南104个县域经济发展总指数、规模水平与第二产业GDP占比所绘就的位置坐标点显示，各县域基本沿着拟合线两侧较为均匀地分布，这意味着随着第二产业GDP占比的增加，县域经济发展总指数、规模水平均呈现明显同步增加的规律性。

2. 县域经济发展总水平、规模水平与第二产业GDP占比之间互动的异质性

河南104个县域经济发展总水平、规模水平与第二产业GDP占比之间的互动存在明显的个体差异性。一是部分县域位于拟合线的低端位置，如固始县、邓州市等；二是部分县域位于拟合线的中低端位置，如尉氏县、宝丰县等；三是部分县域位于拟合线的中高端位置，如禹州市、武陟县、孟津县等。

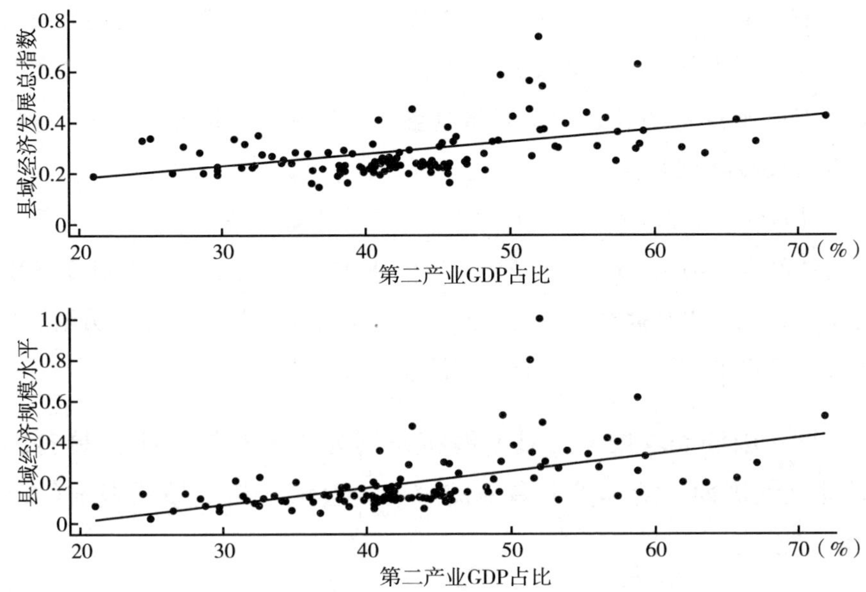

图 2　河南 104 个县域第二产业 GDP 占比与县域经济发展总指数、县域经济规模水平之间的关系

注：作者计算整理绘制。

3. 县域经济发展总水平、规模水平与第二产业 GDP 占比之间互动的特殊性

一是部分县域位于拟合线的较远位置，且位于拟合线的上方，如荥阳市、新密市、中牟县等，意味着这部分县域发展总水平、规模水平扩张超前于第二产业 GDP 占比提升的进程，互动协调性不理想。

二是部分县域位于拟合线的较远位置，且位于拟合线的下方，如浚县、孟津县等，意味着这部分县域经济发展总水平、规模水平扩张滞后于第二产业 GDP 占比提升进程，互动协调性不足。

4. 县域经济发展总水平、规模水平与第二产业 GDP 占比之间互动提升的红利空间

部分县域位于拟合线的较远位置，且位于拟合线的上方，如新郑市、中牟县、荥阳市、巩义市等，意味着县域经济发展总水平、规模水平提高

不仅超前于第二产业 GDP 占比增加进程，而且它们之间的互动提升具有特定的内在红利机制，如新郑市的经济发展总水平、规模水平远远高于其对应的第二产业 GDP 占比，源于郑州航空港经济综合实验区、自贸区等国家区域性发展战略红利。

5. 县域经济发展总水平、规模水平与第二产业 GDP 占比之间互动关系小结

总体而言，河南 104 个县域的第二产业 GDP 占比提升，有助于经济发展总水平、规模水平提升，它们之间的互动规律性明显，但存在明显的个体差异性，且水平较低，产业创新和智能制造任务艰巨。

（四）市场需求规模与县域经济发展总水平和规模扩张具有内生差异性互动规律，持续扩大有效需求成为县域经济高质量发展的基础抓手

作为典型的区域经济发展的基本行政单元，县域经济发展繁荣的基本逻辑依赖于市场需求规模的扩张。县域经济发展总水平和规模扩张的重要拉动因素是市场需求规模扩大，以及在此基础上的有效需求持续扩大。

运用 2019 年河南 104 个县域经济的截面数据，对河南 104 个县域社会零售商品总额与县域经济发展总指数、规模水平进行比照，可以发现县域经济发展总指数、规模水平与县域经济市场需求规模之间的互动关系，以及个体异质性问题。可用一条拟合线来描述其间的互动关系（见图 3）。

1. 县域经济发展总水平、规模水平与县域社会零售商品总额之间的基本关系

河南 104 个县域经济发展总水平、规模水平与县域社会零售商品总额之间，大体呈现较为明显的正相关关系，也即二者具有同步性互动提升关系。利用河南 104 个县域经济发展总指数、规模水平与县域社会零售商品总额所绘就的位置坐标点显示，各县域基本沿着拟合线两侧较为均匀地分布，这意味着随着县域社会零售商品总额的增加，县域经济发展总水平、规模水平均呈现明显同步增加的规律性。

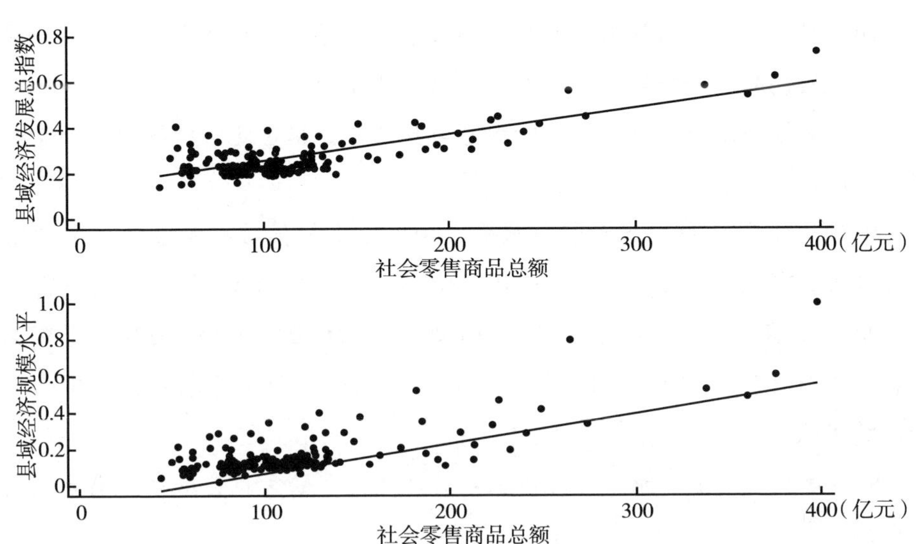

图3　河南104个县域社会零售商品总额与县域经济发展总指数、县域经济规模水平之间关系

注：笔者计算整理绘制。

2. 县域经济发展总水平、规模水平与县域社会零售商品总额之间互动的异质性

河南104个县域经济发展总水平、规模水平与县域社会零售商品总额之间的互动存在明显的个体差异性。一是部分县域位于拟合线的低端位置，如范县、台前县、义马市等；二是部分县域位于拟合线的中低端位置，如辉县市、沁阳市等；三是部分县域位于拟合线的中高端位置，如偃师市、灵宝市、禹州市等。

3. 县域经济发展总水平、规模水平与县域社会零售商品总额之间互动的特殊性

一是部分县域位于拟合线的较远位置，且位于拟合线的上方，如中牟县、长葛（市）等，意味着这部分县域经济发展总水平、规模水平提高超前于县域社会零售商品总额增加的进程，互动协调性不理想。

二是部分县域位于拟合线的较远位置，且位于拟合线的下方，如固始

县、唐河县等，意味着这部分县域经济发展总水平、规模水平提高滞后于县域社会零售商品总额增加进程，互动协调性也不足。

4. 县域经济发展总水平、规模水平与县域社会零售商品总额之间互动的提升空间

河南104个县域经济发展总水平、规模水平与县域社会零售商品总额的互动关系位置显示，绝大部分县域位于拟合线的中段偏初始的下行位置，整体互动发展水平处于低位。这意味着河南104个县域的社会零售商品总额仍存在较大提升空间，与此相应的县域经济发展总水平、规模水平会持续扩张。

5. 县域经济发展总水平、规模水平与县域社会零售商品总额之间互动关系小结

总体而言，河南104个县域社会零售商品总额增加，有助于县域经济发展总水平、规模水平提升，它们之间的互动规律性明显，但存在明显的个体差异性，且水平较低，持续扩大县域有效需求任务艰巨。

（五）提升县域经济发展质量的对策建议

应借力相关河南的国家重大发展战略，持续推进县域城镇化，促进县域要素自由平等有序流动，构建县域特色产业发展潜力，扩大县域消费需求，引领县域经济高质量发展。

1. 持续推进新型城镇化，逐步实现县域经济协同发展和城乡融合发展

从河南县域经济发展评价的实际来看，部分相对落后县域的GDP占比提高并不明显，县域之间人均GDP的绝对差距甚至有扩大的苗头，测度的县域经济发展指数改进不显著，有固化的风险。要依托新型城镇化的持续推进，抑制县域经济的非均衡发展。

一要逐渐摒弃传统的“均衡”发展思维，积极调整县域经济融合发展的战略方向，推进以人为本的新型城镇化，使县域融入以城市群、区域中心城市等为核心的区域经济增长极，重塑县域经济发展大格局，为整体县域经济发展注入活力。

二要深度把握世界经济发展的“集聚性”和“非均衡”等主流态势特征，根据人均GDP更高经济体的人口聚集效应往往也更强的发展规律，反思2018年以来美、日、韩等国家的人口超过100万的城市群总人口占国内人口的比例依次为46%、65%、50%的深层动因。

三要深入领会《中共中央 国务院关于新时代加快完善社会主义市场经济体制的意见》提出的“探索实行城市群内户口通迁、居住证互认制度”的深层内涵，探索构建土地制度、户籍制度以及资源分配等与人口流动趋势的一致性机制，积极促进县域经济协同发展和城乡融合发展，加快提升资本、金融和产业的协同效应，实现各县域生产力优势互补，依托空间结构优化消除周期性因素的持续困扰影响，激发县域经济内生性增长的巨大潜力。

四要在“双循环”体系的框架内重新审视县域城市化进程，推动更加有利于匹配数字经济产业化、传统产业数字化需求的县域城市化。改革户籍制度和土地制度，消除阻碍城乡要素流动的体制性因素，降低要素循环体系内的摩擦和阻力。寻找县域发展的动力源，培育县域经济融入大都市圈、借力城市群发展的增长新热点。

五要由于城市群是新型城镇化的未来选择，要在推动县域经济规模扩张的同时，在房地产方面，积极尝试使建设用地指标分配与人口流动趋势相一致，保障人口净流入的县域获得更多的建设用地指标。在基建方面，顺应城市群内部各节点县域之间的连接将更为密切、对基础设施的需求也将增加的趋势，积极推进各县域与中心城市之间、各县域之间交通连接的高效便利化。

2. 持续推进供给侧结构性改革，打造县域经济发展的产业支撑基础

旨在调整经济结构、优化要素配置的供给侧结构性改革是打造县域经济产业支撑力、提升县域经济增长数量和发展质量的基础环节。河南县域经济的结构性分化特征正趋于明显，迫切需要改革制度供给，改善供给侧环境，激发微观经济主体活力，吸纳集聚劳动力、土地、资本、制度创造、创新等要素，打造县域经济发展的特色产业支撑优势，优化供给侧机制，增强县域

经济发展的新动力。

一要保证县域经济发展中的粮食等重要物资的供给保障。将稳定粮食生产、提高重要农产品自给率与乡村振兴战略相结合，加快提高县域经济农业体系现代化水平，鼓励发展新兴农业科技企业，提高农业生产效率。

二要加大县域经济发展的核心技术自主研发力度，从产业链安全视角破解核心技术“卡脖子”约束。认真谋划县域参与产业链关键核心技术研发的战略定位，积极挖掘县域掌控前端研究资源的潜力，努力提升县域经济在产业关键核心技术方面的话语权。积极构建鼓励从模仿式研发转向敢于试错创新的原创性研发的科研氛围，完善以“孵化器”体系支持核心技术产业化的机制平台。

三要增强市场主体和县域基层经济活力，提高县域经济发展韧性。更好地设计运用县域经济层面的定向和专项刺激方案，及时为中小企业纾困。鼓励中小企业加快技术升级和模式创新，依托改善供应链体系，提高现金流管理能力，加快存货和资金周转率，提高县域基层经济生态的活跃度，推动县域经济良性运转。

四要加快推进县域经济产业结构调整与升级，积极利用数字经济带来的发展新机遇，推动数字技术与产业链的深度融合。依托技术升级推动中高端产业发展，解决中低端产能过剩问题，补足中高端产业供给能力。同时，增强产业供给结构对需求变化的适应性和灵活性，在总体上形成有利于县域经济高质量发展的弹性供给结构。

五要依托投资提升产业支撑力，重点投资更具生产性的制造业。深刻认识制造业投资主要由民企所主导的显著特点，深入研究最具市场化特征的民企的预期变化规律，以市场化导向引领县域营商环境改善；切实落实减税降费政策，保证县域微观主体生产经营成本下降“显视”化。

3. 持续扩大县域经济的有效内需，打造县域经济发展的内生动力

随着人们物质文化生活水平的日益提高，人们的需求和欲望会呈现多样化、多层次特征，并向高层次逐步发展，这将引领县域市场提供数量更多、质量更优的产品，更好地适应消费领域不断扩展、消费内容日益丰富、消费

质量不断提高的趋势，促进县域经济生产力、发展质量不断提升。

一是努力提高居民的购买力。将收入分配向劳动倾斜，尤其是低收入群体的劳动，以缩小贫富差距，提升平均边际消费倾向。促进居民消费的配套政策改革，提高财政支出用于教育、医疗和养老等领域的比例，释放居民消费意愿。促进消费税征收由生产阶段后移到消费阶段，以提高县域地方政府改善消费基础设施的积极性。严格落实“房住不炒”政策，抑制高房价对消费的拖累作用。

二是利用大数据技术分析县域经济消费特征，有序引导相关行业提供与之相匹配的高质量商品。随着县域中等收入群体的扩大，县域消费对品牌、品类和质量的要求会逐渐提高。要依托大数据，分析消费流运转机制，引导激发县域市场活跃度和需求热情，以推动相关投融资体系开启新一轮县域经济发展内循环，引领刺激与消费热点相关的产品制造。

三是发展新业态、新模式和新经济，推动县域消费潜力释放。在数字化渗透全行业态势明显、电商经济蓬勃发展的背景下，全渠道的消费模式已成为新趋势，要依托业态、模式和经济创新，构建全渠道市场供求空间，满足消费者不断迭代的购物体验要求，顺应消费者对服务类消费需求增加显著的新趋势，创新完善线上线下相融合的消费模式，形成国内大循环下的县域需求新格局。

四是深耕消费新模式，满足县域消费结构的升级。深度把握抖音、直播平台等所带来的新消费内容和消费方式背后隐含的社交意义，以及对消费模式从个人行为向社群传播的深层价值，促进日常生活消费的便利化和品质化，提升智能化渗透率。充分发挥消费新模式的“百业赋能”价值，打造其对县域经济各领域的“乘数效应”，促进县域经济从有到优的升级转型、从弱到强的提质增效，形成良性循环、稳步推进。

4. 坚持市场化改革方向，消除县域经济循环运转的制度性障碍

县域经济非均衡发展格局明显，市场、资本和要素等分化严重。促成县域经济均衡发展的两大关键手段——依靠转移支付的财政安排、倾斜于落后县域的优惠政策，在部分县域甚至还带来了激励机制扭曲和资源错配的问

题。与此同时，人口流动趋势也出现了新特征。2010 年后，人口向发达区域聚集的趋势愈发明显，典型表现为主要向一、二线城市流动，向长三角、珠三角等地区聚集，向省会城市聚集。应在依托县域经济发展实际的基础上，落实要素市场体制机制改革的市场化方向；依托市场机制的基础性作用，提供县域经济双循环体系畅通的强大制度支撑。

一是进一步强化县域统一市场建设，打破县域基层经济的地方保护主义和部门主义，消除商品和要素流动的壁垒，畅通各要素流动机制，鼓励和支持产业、资本、人才的良性循环。

二是着力破解县域资源配置不合理环节中的“堰塞湖”和“断头路”问题。畅通实体经济和中小企业的融资渠道。弥补交通等基础设施连接短板，形成无缝对接物流网络，降低物流运输成本。

三是优化产业空间布局，进一步加强基础设施建设，畅通不同区域之间的要素流、商品流、信息流。依托高水平开发区、产业集聚区的建设，打通生产、分配、流通、消费各环节的痛点和堵点，探索在制度、技术、规则上实现县域经济循环体系与国际循环体系的相互融合、相互促进。

四是积极改善县域乡村地区的基础设施和生产投资环境，构建城乡一体的县域农产品市场、消费市场，释放县域农村地区的消费潜力，满足人们对美好生活的向往。

五是积极发挥财政、货币、税收和产业政策优势，激活企业创新动能。深度推进落后产能淘汰，发展新经济、新产业，培育新动能，解决产能过剩问题。支持有科技创新实力和广阔市场前景的民营企业发展，鼓励民营资本参与国有企业改革，促进各类资源的优化配置。

参考文献

[1] 李京文：《快速发展中的中国经济：热点·对策·展望》，社会科学文献出版社，1996。

[2] 任保平：《以质量看待增长：对新中国经济增长质量的评价与反思》，中国经济出版社，2010。

[3] 武义青：《经济增长质量的度量方法及其应用》，《管理现代化》1995 年第 5 期。

[4] 郭克莎：《论经济增长的速度与质量》，《经济研究》1996 年第 1 期。

[5] 钟学义等：《增长方式转变与增长质量提高》，经济管理出版社，2001。

[6] 毛海波：《浅谈经济增长质量的内涵》，《企业导报》2009 年第 4 期。

[7] 单薇：《基于熵的经济增长质量综合评价》，《数学的实践与认识》2003 年第 10 期。

[8] 李俊霖、叶宗裕：《中国经济增长质量的综合评价》，《税务与经济》2009 年第 4 期。

[9] 毛燕玲、肖教燎、傅春：《中部 6 市经济增长质量的综合比较》，《统计与决策》2008 年第 6 期。

[10] 王文彬、王雅华：《中部地区 6 省经济增长质量的评价与分析》，《价值工程》2009 年第 4 期。

[11] 河南省发改委：《关于发布 2014 年度产业集聚区考核综合排序的通知》（豫集聚办〔2016〕1 号），2016 年 5 月 4 日。

分 报 告

Sub-reports

B.4
2020~2021年河南省产业发展形势分析与展望

唐晓旺 *

摘　要：　产业转型升级的本质内涵是促使产业结构更加合理，并显著提升产业发展的效益。2020年，河南产业规模持续回升，产业结构持续优化，战略新兴产业和高技术制造业增长较快，新产业、新业态、新模式蓬勃发展，经济效益显著回升，产业转型升级取得明显的成效。但同时，也应该看到河南产业存在层次较低、结构不合理、创新能力不强、企业竞争力不强等问题。2021年是河南产业转型发展的关键之年，有诸多有利条件，也存在一些挑战。河南要加快完善促进产业转型升

* 唐晓旺，河南省社会科学院经济研究所研究员，主要研究方向为区域经济。

级的体制机制，完善促进产业发展的政策体系和支撑体系，优化发展环境，推进全省产业向高端化转型。

关键词： 产业转型升级 增长新动能 河南省

产业转型升级是构建现代化经济体系的重要任务，是产业迈向中高端在更宽领域、更深层次的实现与升华。产业转型升级，是发展方式、结构、动力的多重转向，是结构高级化、效率最佳化和价值最大化三者的有机统一。2020年以来，河南产业转型升级尽管有了一定的进展，但与发达省份相比，河南产业整体仍处于产业链、价值链中低端，核心竞争力较弱。未来一个时期，河南要加快完善促进产业转型升级的体制机制、政策体系和支撑体系，促进供给结构优化、生产效率提高和价值创造提升，推动产业向高层次发展。

一 2020年河南产业发展的现状分析

（一）产业规模持续回升，工业恢复增长较快

第二季度以来，随着国内疫情逐渐缓解，全省经济开始逐渐恢复，各产业均开始出现反弹。一季度受疫情影响最大的农业，随着畜牧业的逐步放开，也开始了恢复性增长。1～9月，第一产业增加值从3589.77亿元增长到4078.79亿元，同比增长了0.8%，开始呈现正增长。随着复工复产的推进，第二产业也开始出现反弹，1～9月，第二产业增加值达16596.72亿元，与上年同期持平。随着服务业的逐步放开，第三产业增加值从17612.33亿元增长到19201.21亿元，同比增长了0.8%。同时，我们还发现各产业的回升态势呈现不同的特征。从不同产业对比看，农业受影响最大，增长恢复较慢，这与农业的高风险、弱质性特征有关；工业受影响次之，复工复产后快速反弹，但是6月后恢复力度减弱，显示工业生产正在承受较大的压力；服务业受影响最小，到9月已实现正增长，显示出良好的成长性。

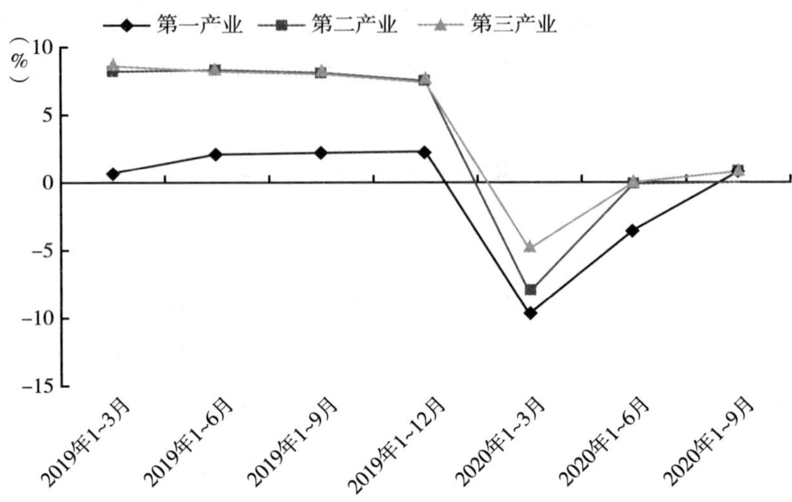

图1　2019 年至 2020 年 9 月三次产业增加值增速变化

资料来源：河南省统计局网站。

（二）产业结构持续优化，服务业比重持续增长

虽然受到疫情影响，但是全省产业结构仍在持续优化。与上年末相比较，2020 年 1 ~6 月，第一产业占比降低了 0. 1 个百分点，第二产业占比降低了 1. 1 个百分点，第三产业占比增长了 1. 2 个百分点。第三产业比重上升 1. 2 个百分点，表明河南 2020 年上半年在产业高级化方面有了新的进展（见图 2）。在服务业内部，金融业增加值增长较快，增长 5. 9% ，受疫情影响最小；其他服务业增加值增长较快，增长 2. 3% ，主要受益于信息服务业和新兴服务业的增长；住宿与餐饮业增加值下降最快，下降了 19. 8% ，主要与疫情期间人员流动和聚餐被限制有关。交通运输、批发零售业等服务业实现了快速反弹，这主要与疫情逐步缓解后政府推动的复商复市有关。

（三）工业转型升级取得新进展，高新技术产业增长加快

新冠肺炎疫情并没有改变河南工业转型升级的趋势，一季度以来，工业转型升级取得新进展。在工业内部，战略新兴产业和高技术制造业增加

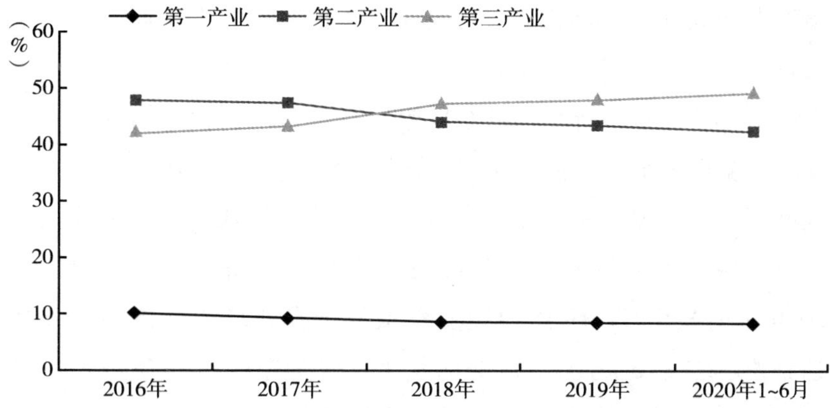

图 2　2016 年至 2020 年 6 月河南三次产业结构变化

资料来源：《河南统计月报》，2020 年 8 月。

值增长较快。1～8 月，河南规模以上工业增加值增速为 -0.9%，其中，传统工业增加值增长 1.3%，战略新兴产业增加值增长 1.5%，高技术制造业增加值增长 4.6%，可以看出，高技术制造业和战略新兴产业增加值增速均快于传统工业，由此带来高技术制造业和战略新兴产业比重的进一步扩大（见表 1）。未来，高新技术制造业和战略新兴产业对经济的推动作用将更加强劲。

表 1　2020 年 1～8 月规模以上工业增加值增速情况

单位：%

行业	1～2 月	1～3 月	1～4 月	1～5 月	1～6 月	1～7 月	1～8 月
传统工业	-9.8	-4.2	-1	1.3	2.3	1	1.3
战略新兴产业	-14.2	-5.9	-2.6	-0.8	5.2	1.3	1.5
高技术制造业	-16.5	-2.7	1.7	3.7	3.9	4	4.6

资料来源：《河南统计月报》，2020 年 8 月。

（四）“三新”经济快速增长，凝聚经济增长新动能

近年来，大数据、工业互联网、人工智能等新一轮信息技术革命不断

催生新产业、新业态、新模式，“三新”经济发展风生水起，为人们的生产生活提供了助力。疫情期间，居家隔离政策催生了“电子商务”“宅经济”“平台经济”等，新经济形态呈爆发式增长，成为疫情期间一道亮丽的风景。“电子商务”“宅经济”“平台经济”等“三新”经济虽然主要通过互联网进行交易，但其最终实现大多需要通过快递物流来完成，因此我们可以用快递业务量的增长来反映“三新”经济的变动情况。可以看出，2020 年前 8 个月，河南快递业务量呈爆发式增长，快递业务量累计增速达到 40.2%，超出了疫情前的水平，成为第一个实现完全恢复的行业（见图 3）。快递业务的快速增长从一定意义上反映了河南 2020 年新产业、新形态、新模式的发展状况，“三新”经济成为推动经济恢复增长的一支生力军。

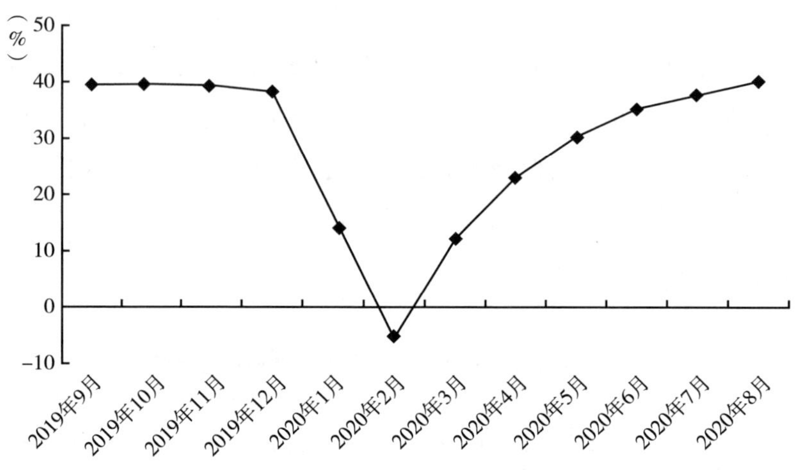

图 3　快递业务量累计增速趋势

资料来源：《河南统计月报》，2020 年 8 月。

（五）经济效益稳步回升，全省经济变中谋进

当前河南服务业在地区生产总值中占比达 49.2%，已经成为全省经济的主体。服务业经济效益可以用规模以上服务业营业收入及利润增速变动情

况来衡量。从图 4 可以看出，2020 年第一季度，受新冠肺炎疫情的影响，河南省规模以上服务业营业收入和利润呈断崖式下降。第二季度以后，随着复产复市的推进，河南省规模以上服务业营业收入和利润逐步反弹，尽管增速仍没有转正，但是经济效益正在呈现逐步改善的趋势。

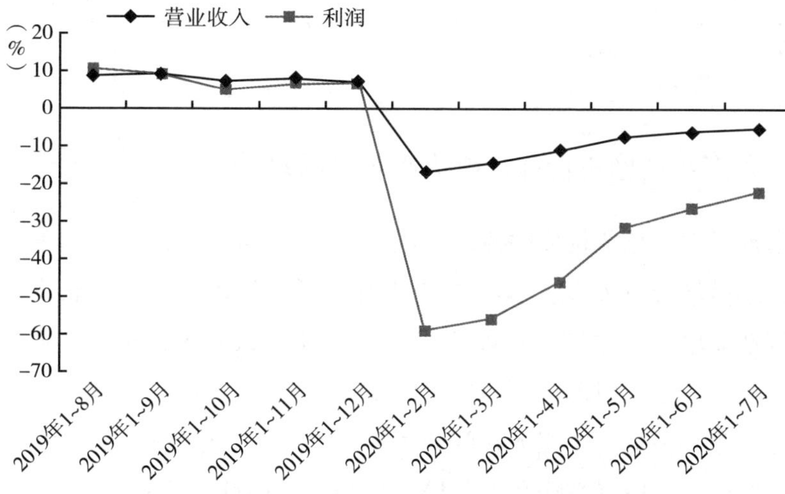

图 4　规模以上服务业营业收入及利润增速趋势

资料来源：《河南统计月报》，2020 年 8 月。

二　2020年河南产业发展存在的问题

（一）产业层次不高，产业附加值低

河南地区生产总值多年来一直占据全国第五的位置，但是产业层次不高的问题比较突出。这里我们用税收收入占 GDP 的比重来衡量产业层次。从 2020 年 1 ~9 月五个经济大省税收收入占 GDP 比重可以看出（见表 2），在五个经济大省中，河南税收收入占 GDP 的比重最低，只有 4.64%，不及浙江省的一半，说明河南经济体量尽管很大，但是含金量较低，即产业发展层次偏低。

表 2　2020 年 1～9 月五大经济大省税收收入与 GDP 情况

单位：亿元，%

指标	广东	江苏	山东	浙江	河南
税收收入	6454.00	5145.74	3215.98	4748.17	1849.49
GDP	78397.07	73808.80	52186.00	45826.00	39876.71
税收收入占 GDP 的比重	8.23	6.97	6.16	10.36	4.64

资料来源：河南统计局网站。

（二）产业结构不合理，传统产业比重偏大

河南地区生产总值构成中传统产业所占比重较高。从第一产业看，产业形态大多还是传统种养业。从第二产业看，河南传统工业比重较大，1～8月传统制造业增加值占第二产业比重为 47.3%，几乎占据第二产业的半壁江山。从服务业看，目前，河南省仍以传统的交通运输、批发零售、住宿餐饮等行业为主，占据整个服务业的近半壁江山。金融保险业、现代物流、网络信息和知识产业等新兴服务业尽管近年来有了较快发展，但由于基础差、规模小、比重低，总体上仍处于较低水平。2020 年前 6 个月，河南交通运输、批发零售、住宿餐饮等三大传统行业增加值占服务业增加值比重是 28.6%，占比近三成；而金融、信息、科技、商务等四大新兴服务业占服务业增加值比重不足两成，低于全国平均水平。这种“一高一低”的行业结构特征，说明河南省服务业仍然是以传统服务行业为主，新兴服务行业发展相对滞后。

（三）科技水平不高，创新能力不强

目前，河南已经进入经济发展新阶段，但产业发展仍主要依靠要素投入、规模扩张，自主创新能力不强。一方面，河南要素配置效率和技术效率不高，企业创新能力不强。河南科技水平相对较低，高新技术产业发展滞后，很多产品生产处在装配环节，产业链的低端，产品的附加值较低。另一方面，产业发展与现代金融、现代物流和人力资源不协调。河南现代金融发

展相对滞后，金融对实体经济的支持明显不足，制约着生产规模的扩大和生产效率的提高。河南现代物流业发展不足，也制约着生产流通，与现代农业、先进制造业发展要求不相协调。此外，河南高等教育发展相对落后，人才资源不足，结构性矛盾日益凸显，人力资本配置尚不能满足技术追赶、产业转型和区域竞争的需要，导致全省产业发展的动能不强，创新能力不足。

（四）产业位居价值链中低端，市场风险较大

近年来，河南工业快速发展，基本形成了门类齐全的产业体系和配套网络，但是与发达地区相比较，河南产业整体处于价值链底部，经济效益不高，受市场波动的影响较大。一方面，河南资源型产业问题突出，传统的资源型产品较多，这些产品受外部市场波动的影响较大。2020 年 1 ~8 月，中美贸易摩擦不断升级，沿海发达地区产品出口受到较大影响，进而使河南资源型产品的生产受到较大影响，对河南省经济发展不利。另一方面，新兴产业呈现低端化现象。近年来，河南引进的一些高新技术产业，很多只是组装、简单加工等低端环节的产业，市场风险较大，发展的质量不高。2020 年1 ~8 月，受劳动成本增加和市场经济竞争加剧的影响，河南智能手机生产下降 3. 4%，受此影响，2020 年前三季度，河南对外进出口均呈现较大幅度下降，影响着经济的稳定发展。

（五）企业规模相对较小，竞争力较弱

企业“小、散、弱”现象突出，缺乏实力雄厚、业态先进、竞争力带动力强的领军企业和知名品牌。2020 年，河南仅有 10 家企业进入中国企业 500 强（见图 5），数量在全国排名第 11 位。河南入围的企业排名普遍靠后，排名最靠前的河南企业是河南能源化工集团有限公司，排名第 122 位。河南入围的企业规模普遍偏小。以排名最靠前的河南能源化工集团有限公司为例，其营业收入只有 1807. 43 亿元。在河南省 10 家 500 强企业中，能源企业 2 家、制造企业 7 家、服务企业 1 家，这些企业除郑州宇通集团有限公司外，其他都属于传统产业，企业竞争力相对不强。

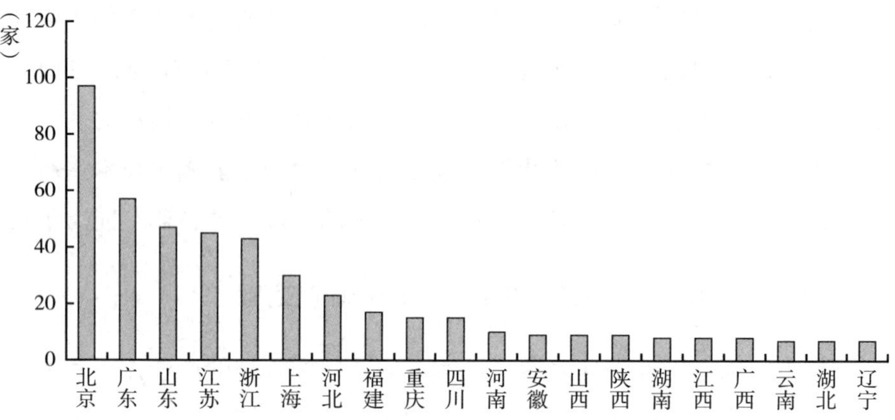

图5　2020年各省（区、市）中国500强企业情况

注：中国企业联合会、中国企业家协会发布。

三　2021年促进河南产业转型发展的对策建议

当前，河南基本克服疫情冲击，经济保持回升向好的态势，在此背景下，河南产业发展总体上机遇大于挑战，河南产业转型升级将继续取得新进展。具体来看，2021年，河南要加快完善促进产业转型发展的体制机制，完善促进转型发展的政策体系和支撑体系，优化发展环境，推进供给结构优化、生产效率提高和价值创造提升。

（一）健全产业转型升级的体制机制

推动产业转型发展的关键在于建立健全产业转型升级的体制机制，优化产业转型发展的制度环境。一是坚持和完善生产率导向机制。产业转型发展的关键在于产业结构的优化和升级，本质是以高生产率部门替代低生产率部门，因此，推动产业转型发展必须坚持生产率导向，将产业结构调整的主线转向提高生产率、提升产业质量。二是坚持和完善新发展理念导向机制。产业转型发展务必体现创新发展、协调发展、绿色发展、开放发展、共享发展

等新发展理念，坚持质量第一、效益优先，促进产业全面、协调、可持续发展。三是健全和完善产业转型发展的绩效评价和政绩考核机制。按照产业转型发展内涵和理念，加快建立推动产业转型发展的指标体系，建立健全地方政府推动产业转型发展的绩效评价和政绩考核体系。

（二）完善产业转型升级的政策体系

产业转型发展需要优化产业政策，要构建更具包容性、竞争性、动态性的产业政策，推动产业结构优化。一是强化产业政策的引导功能。按照附加价值高、竞争力强、可持续发展的要求，积极引导各方资源向基础性、战略性、关键性的产业集聚，提升重点领域和行业的竞争力。二是调整产业政策的作用方式。主要方向是推动制定支持特定行业的选择性和特惠式政策，向普惠性、重点支持关键领域的功能性政策和竞争性政策转变。三是做好产业政策的动态评估和调整工作。坚持和完善促进创新、促进新业态新模式发展、促进可持续发展的产业政策，清理和废止不合时宜、制约产业转型发展的政策，推动产业转型升级和可持续发展，增强市场主体创新动力和发展活力。

（三）强化产业转型升级的要素支撑

产业转型升级的实现需要诸多要素支撑，没有高质量的要素支撑，产业转型发展就是无源之水、无本之木。未来一个时期，我们要结合河南产业发展现状，强化要素对产业转型发展的基础性支撑作用，构建与现代产业体系发展相匹配的要素供给体系。一是加强人力资本的优化配置。坚持培养与引进相结合，加快创新型人才在河南的集聚，推动全省由人力资源大省向人才大省转变。同时，完善人才流动机制，促进人力资本在部门、行业和地区之间的合理配置。二是强化金融资本的支撑作用。强化郑州金融中心建设，完善全省金融体系，引导资金向全省经济薄弱环节和重点领域集聚，增强金融支持产业高质量发展的能力。三是强化自主创新能力。依托郑洛新自主创新示范区的建设，加快建立以企业为主体、市场为导向、产学研相结合的技术创新体系。重点支持一批对全省经济发展有重大影响的关键技术和关键领域创新，增强全省产业转型发展的技术支撑。

（四）优化产业转型升级的市场环境

优良的营商环境是集聚生产要素的重要保障。推动产业转型发展，必须加快营商环境建设，促进资金、人才、技术等要素的聚集。一是深入推进市场化改革。推进人力资本、土地、能源等要素价格市场化改革，破除各种隐形门槛限制，推动资源要素自由流动和优化配置。进一步深化垄断行业改革，推进减税降费，降低企业用工、物流等成本。二是提高政府行政效能。深化简政放权改革，推动政务流程再造，提高行政效能。实施"智慧政务"工程，建立集办公、审批、对外服务、监察、信息公开等于一体的智慧政务平台，提高行政效率。三是努力营造生态环境。大力加强信用生态环境建设，强化文化和社会建设，大力推动低碳产业发展，保护"绿树青山"，营造良好的居住环境。

参考文献

[1] 河南省统计局：《河南统计月报》，2020 年 8 月。

[2] 河南省统计局：《河南统计年鉴》，2020 年 10 月。

B.5
2020~2021年河南省固定资产投资形势分析与展望

李 斌*

摘 要：受新冠肺炎疫情影响，2020年第一季度河南省固定资产投资增速下滑明显，从第二季度开始，河南省基础设施、工业、房地产领域的投资及社会事业投资等出现强劲反弹，1~8月河南省固定资产投资增速呈现持续增长态势。从固定资产投资分类情况看，三次产业投资、三大领域投资、工业内部投资、基础设施投资等均呈现出显著波动，且在6月以后恢复正增长。2021年，河南固定资产投资领域要突出做好以下几方面的工作：抢抓投资机遇，积极服务重大国家战略；聚焦重点领域，着力提升投资效率；拓宽融资渠道，推动重大项目落地实施；优化投资环境，营造良好投资氛围。

关键词：固定资产投资 投资效率 投资结构 河南省

投资是促进经济增长的驱动因素之一，“稳投资”是疫情影响下畅通经济循环、恢复增长动力、落实“六稳”“六保”任务的核心抓手。受疫情影响，2020年以来，河南与国内其他省份一样，固定资产投资受到较大影响。在统筹疫情防控与社会经济协同发展背景下，梳理河南固定资产投资的总体

* 李斌，管理学博士，河南省社会科学院经济研究所助理研究员，主要研究方向为区域经济。

情况，并从三次产业投资、三大领域投资、工业内部投资、基础设施投资等视角对2020年1~8月河南固定资产投资情况进行分类剖析，有助于掌握新冠肺炎疫情背景下河南固定资产投资增速演变的总体进程，对进一步推动河南固定资产投资健康发展、助力后疫情时代河南经济高质量发展具有重要意义。

一 2020年1~8月河南省固定资产投资总体情况

（一）投资增速呈现持续增长态势

2020年伊始，受新冠肺炎疫情影响，河南省固定资产投资下降态势明显，1~2月，全省固定资产投资（不含农户）与上年同期相比下降26.0%。3月后随着“六稳”“六保”及复工复产等系列政策出台，投资增速下滑态势逐步得以控制，1~3月，投资同比下降7.5%，降幅较1~2月收窄18.5个百分点。4月后，投资增速进一步好转，1~4月，固定资产投资与上年同期相比下降1.1%，降幅比1~3月收窄6.4个百分点。进入5月，固定资产投资企稳回升，1~5月，全省固定资产投资同比增长0.9%。6月以后，固定资产投资增速持续向好，其中，1~6月固定资产投资同比增长2.6%，1~7月同比增长2.9%，1~8月同比增长3.1%，增速比1~7月加快0.2个百分点。整体上看，2020年1~8月，河南省固定资产投资走势呈现持续增长态势，如图1所示。

（二）重点投资领域出现强势反弹

2020年以来，为应对疫情对固定资产投资的冲击，河南先后出台实施了稳投资10项举措、补短板“982”工程，围绕全省重点项目建设清单，组织开展了固定资产投资“四比四看”推进行动，有力地推动了基础设施、工业、房地产领域的投资及社会事业投资的反弹。2020年上半年，补短板“982”工程完成投资10067亿元、省重点项目完成投资4524亿元，重点领

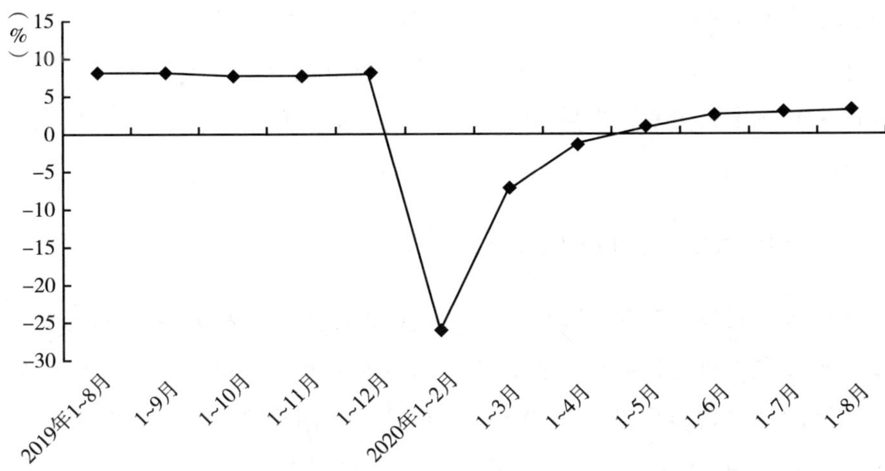

图1　2020 年 1～8 月河南省固定资产投资态势

域已全部恢复正增长，其中基础设施投资增长 0.9%、工业投资增长 2.5%、房地产开发投资增长 2.6%、民间投资增长 2.2%。社会事业领域投资增长较快，教育投资增长 15.6%、卫生投资增长 27%、文体娱乐投资增长 19.7%。2020 年 1～8 月，基础设施投资同比增长 2.0%，工业投资同比增长 1.1%，其中五大主导产业投资同比增长 3.9%、传统产业投资增长 5.2%；受疫情影响，医药制造业和信息传输、软件及信息服务业投资大幅增长，1～8 月分别同比增长 15.6%、149.5%。

（三）重大投资项目支撑有力

2020 年新冠肺炎疫情暴发以来，河南积极统筹疫情防控与经济社会发展，高度重视重大项目建设和稳投资工作，先后出台了《关于做好疫情防控期间稳投资工作的通知》《关于做好全省重点项目复工开工的通知》等政策措施，以重大投资项目为抓手，有效地支撑了全省投资稳定运行。从重大项目对固定资产投资的支撑作用来看，2020 年 1～8 月，河南围绕公共卫生、应急物资储备体系、市政设施、城镇环境基础设施、城镇老旧小区改造、交通基础设施等重点项目领域，推动重大项目加快落地，为投资快速回升提供了强有力的支撑，也为后续投资持续稳定增长奠定了坚实基础。其中，2020 年 1 ~6 月全省新开工项目计划总投资增长 57.7%，较 2019 年同期提高 110.3 个百分点，实际完成投资同比增长 39.2%，较 2019 年同期提高 82.1 个百分点。

（四）区域投资格局稳步向好

从区域投资看，2020 年以来，河南各地围绕“六稳六保”核心任务，高度重视并强力推进稳投资工作，先后出台系列有力举措，全省投资实现正增长地区的数量稳步提升。2020 年 1 ~6 月，河南全省 18 个省辖市（含济源示范区）中有 15 个已实现投资正增长，其中开封、商丘、驻马店 3 个省辖市实现了 4% 以上的增长。6 月以后，随着稳投资各项措施的进一步深入实施，各地投资增速普遍回升，1 ~8 月，全省有 16 个省辖市（含济源示范区）投资实现正增长，其中有 14 个省辖市投资增速超过 4%，驻马店、新乡固定资产投资增速超过 5%，分别为 5.7%、5.6%。

二　2020年1 ~8月河南省固定资产投资分类分析

（一）三次产业投资分析

从三次产业投资增速看，第一产业受疫情影响呈现出投资增速大起大落的特征。2020 年 1 ~2 月，第一产业投资同比下降 32.1%；1 ~3 月，同比下降 14.7%，降幅比 1 ~2 月收窄 17.4 个百分点；1 ~5 月，第一产业投资与上年同期持平，投资负增长结束，进入正增长阶段；1 ~8 月，第一产业投资逆势实现大幅正增长，同比增长 11.8%，增速比 1 ~7 月加快 2.3 个百分点。就第二产业投资情况而言，2020 年 1 ~2 月，受疫情影响，河南第二产业投资下降 22.8%，但 3 月后随着一系列复工复产措施的出台，降幅有所收缩，1 ~3 月，第二产业投资下降 7.6%，降幅收窄 15.2 个百分点；1 ~5 月，河南第二产业投资增速转负为正，增长 0.9%；

1~8月，第二产业投资持续保持增长，总体同比增长0.9%。第三产业投资方面，2020年1~2月，受疫情冲击，第三产业投资下降27.1%，随着3月疫情初步缓解，且复工复产稳步推进，1~3月第三产业投资降幅收窄20个百分点，同比下降7.1%；4月以后第三产业投资逐步活跃，1~5月，第三产业投资实现同比增长1.0%；1~8月，河南省第三产业投资总体同比增长3.7%。

（二）三大领域投资分析

工业、基础设施、房地产三大领域投资增速是反映固定资产投资情况的重要指标。从工业投资来看，受疫情影响，2020年1~2月，工业投资同比下降22.1%；3月后随着复工复产措施出台，工业投资逐步回暖，1~3月，工业投资同比下降6.8%，降幅比1~2月收窄15.3个百分点；5月后，工业投资持续发力，增速实现由负转正，1~5月，工业投资同比增长1.5%，增速比1~4月加快1.5个百分点；6月后，工业投资增长稳定，从1~8月总体情况看，工业投资同比实现增长1.1%，增速比1~7月加快0.4个百分点。从基础设施投资增速情况来看，1~2月，受疫情严重冲击，基础设施（不含电力、热力、燃气及水生产和供应业）投资大幅下降32.3%；1~3月呈持续下降态势，同比下降11.5%；之后降幅逐步收窄，1~5月，基础设施投资同比下降3.1%，降幅比1~4月收窄了1.7个百分点；再之后逐步实现正增长，1~8月基础设施投资同比增长2.0%。从房地产投资增速情况看，1~2月，房地产投资同比下降22.5%；3月后降幅大幅度收窄，1~3月，房地产投资同比下降2.3%，降幅收窄20.2个百分点；之后，房地产投资逐步回暖，1~5月，实现同比增长2.7%，比1~4月加快了2.0个百分点；1~8月房地产投资总体实现同比增长3.5%，比1~7月加快了0.1个百分点。

（三）工业内部投资分析

从工业投资内部结构来看，采矿业，制造业，电力、热力、燃气及水生产和供应业是工业投资的三大部门，其投资增速态势影响着整个工业投资增速。从采矿业投资情况来看，该行业受疫情冲击相对较小，1～2月采矿业投资同比下降7.9%，3月以后该行业投资逆市反弹，1～3月同比增长11.5%，1～5月同比增长18.5%，1～8月同比增长21.4%。从制造业投资情况看，该行业受疫情冲击较大，1～2月制造业投资同比下降21.6%；3月后降幅有所收紧，1～3月制造业投资同比下降6.8%，降幅大幅收窄14.8个百分点；5月以后制造业投资增速转正，其中1～5月，制造业投资同比增长0.7%。2020年以来，河南省电力、热力、燃气及水生产和供应业受新冠肺炎疫情冲击最为严重，1～2月，该行业固定资产投资同比下降27.4%；3月后降幅逐步缩小，1～3月，该行业投资同比下降10.3%，降幅收窄17.1个百分点；随着复工复产持续好转，该行业投资逐步实现正增长，1～5月同比增长2.4%；1～8月该行业投资同比增长6.2%，比1～7月加快了1.7个百分点。

（四）基础设施投资分析

基础设施投资是固定资产投资的“压舱石”。从水利、环境和公共设施管理业、交通运输和邮政业以及信息传输业三大基础设施领域投资增速来看，2020年河南基础设施投资受疫情影响大，恢复潜力也大，未来将成为拉动河南固定资产投资加速回升的主要领域。从水利、环境和公共设施管理业（不含土地管理业）投资增速情况来看，该行业受疫情冲击严重，截至8月仍未实现正增长。1～2月，该行业固定资产投资同比下降幅度高达32.4%，成为河南固定资产投资增速下滑的主要原因之一；3月以后，该行业投资逐步回暖，但仍处于负增长阶段，其中，1～3月，该行业投资同比下降15.1%，降幅比1～2月收窄17.3个百分点；1～5月，该行业投资同比下降7.6%，降幅比1～4月收窄2.1个百分点；1～8月，该行业投资同比下降4.3%，降幅比1～7月扩大0.2个百分点。从交通运输和邮政业投资情况来看，该行业受疫情冲击相对较小，疫情基本稳定后投资增速出现强劲反弹，其中1～2月交通运输和邮政业投资下降31.3%；3月后降幅逐步

收窄，1~3月投资同比下降0.5%，降幅收窄30.8个百分点；5月后，该行业投资强势反弹，1~5月，投资同比增长10.5%，比1~4月加快0.9个百分点；1~8月，投资增长达到16.2%，成为拉动河南固定资产投资强劲反弹的重要因素之一。从信息传输业投资态势来看，该行业受疫情冲击最大，但其反弹态势也最为显著。其中，1~2月，信息传输业投资同比下降幅度高达55.2%，3月后，尽管该行业投资增速下滑态势有所缓解，但1~3月该行业投资仍然同比下降35.6%，降幅收窄19.6个百分点；1~5月，该行业投资下降5.3%，比1~4月降幅收窄7.9个百分点。5月以后，该行业投资增速大幅反弹，逆势回升，1~8月，该行业投资同比总体增长幅度达到79.6%，比1~7月加快了43.8个百分点。

（五）不同类型投资变化态势分析

按照投资来源，可将固定资产投资划分为内资企业投资、港澳台商投资和外商投资三个类别，它们的增速变化态势反映了不同投资渠道的发展状况。从内资企业投资情况来看，1~2月，受疫情冲击，内资企业投资同比下降25.9%；3月后内资企业投资降幅逐步缩小，1~3月，内资企业投资与上年同期相比下降7.6%，降幅比1~2月收窄18.3个百分点；5月后，内资企业投资逐步企稳回升，1~5月，内资企业投资增速回正，同比增长1.1%；1~8月内资企业投资反弹强劲，与上年同期相比增长3.2%，增速比1~7月加快0.2个百分点。从港澳台商投资情况来看，该类投资受疫情影响较为严重，1~2月，港澳台商投资大幅下降34.2%；1~3月，港澳台商投资下降20.7%，降幅收窄13.5个百分点，之后虽有企稳迹象，但仍处于负增长态势；1~5月，港澳台商投资下降21.4%，降幅比1~4月收窄3.3个百分点；截至8月，港澳台商投资增速仍未回正，1~8月，港澳台商投资下降4.2%，降幅比1~7月收窄10.8个百分点。从外商投资情况来看，受疫情影响，该类投资增速呈现出先降后升的态势。1~2月，河南省外商投资同比下降25.2%，3月后则强势反弹，1~3月，河南省外商投资同比增长13.8%，1~5月，外商投资同比增长8.0%；之后外商投资增长态势持续向好，1～8月，河南省外商投资同比增长10.3%，比1～7月加快0.4个百分点。

三　2021年促进河南省固定资产投资增长的对策建议

（一）抢抓投资机遇

顺应后疫情时代发展趋势，瞄准构建"双循环"发展格局，积极融入并服务黄河流域生态保护和高质量发展、中部地区崛起等重大国家战略，围绕"六稳""六保"核心任务，抢抓"两新一重"建设机遇，把握"十四五"规划重要时间节点，争取把更多基础性、战略性、长远性、全局性固定资产投资项目纳入国家规划，着力推进一批既促消费惠民生又调结构增后劲的重大项目，充分发挥投资在稳固增长基础、蓄积发展势能中的关键效应。

（二）聚焦重点领域

以"加快投资进度、提高投资效率、提升投资带动能力"为导向，持续深入落实河南省稳投资10项举措，深入推进补短板"982"工程，积极谋划构建"十四五"规划重大项目库，聚焦高端制造业领域、新型基础设施领域、生产要素领域、社会补短板领域，着力加快推进制造业技术改造和设备更新，加强5G、人工智能、工业互联网、物联网等领域基础设施投资，加大对资源、环境、人力资本等生产要素领域的投资力度，提高各类要素生产效率，促进社保、教育、医疗、健康养老、文化等公共服务领域补短板、强弱项、提质量，为有效投资可持续增长提供有效支撑。

（三）拓宽融资渠道

着力打造多元化多渠道的固定资产融资渠道体系，进一步发挥政府投资"四两拨千斤"的引导带动作用，进而带动民间投资、外商投资健康稳定增长。进一步深入推进实施补短板稳投资中长期信贷融资专项，扩大社会民生等领域投资渠道。进一步发挥全省重点项目金融推介会的作用，强化重点项目与各类金融单位的对接。积极推进 PPP 项目模式，依托河南省 PPP 项目信息监测服务平台和民间资本项目推介平台，推动各类重大固定资产投资项目融资顺利推进，确保各类投资项目顺利落地实施。

（四）优化投资环境

不断优化河南投资环境，更好地推动河南固定资产投资健康发展。进一步优化营商环境，推动市场开放竞争，使市场在资源配置中起决定性作用。着力优化政府服务，进一步完善投资审批“三个一”改革实施方案，全面实行投资项目“不见面”在线审批。着力创新社会治理，持续改善政商关系，全面降低政商沟通协调成本；切实降低企业税费负担；加大产权保护力度，坚决杜绝政务失信；大力弘扬企业家精神，营造鼓励创新、宽容失败的社会氛围，营造更加有利于投资健康发展的制度环境。

参考文献

［1］褚春超、翁燕珍、葛灵志等：《新冠肺炎疫情对交通基础设施投融资的影响及应对策略》，《交通运输研究》2020 年第 1 期。

［2］张志栋、祁婧、佟成元：《减少疫情影响促进投资消费增长》，《北方经济》2020 年第 2 期。

［3］中国银行研究院中国经济金融研究课题组：《加快构建国内外“双循环”相互促进的发展新格局——中国银行中国经济金融展望报告（2020 年第三季度）》，《国际金融》2020 年第 7 期。

［4］王彬：《新基建投资领域与前景展望》，《杭州金融研修学院学报》2020 年第 4 期。

［5］河南省统计局网站，http：//www. ha. stats. gov. cn。

B.6
2020~2021年河南省社会消费品零售市场形势分析与展望

石　涛*

摘　要：2020年，河南省社会消费品零售市场呈现降幅收窄、逐步回稳发展态势，1~8月社会消费品零售总额较上年同期下降8.4%，降幅持续收窄回稳，低于全国平均水平0.2个百分点。河南省社会消费品零售市场继续在中部六省中保持规模优势，规模消费市场仍集中于郑州、南阳等地市。结构上，全省限额以上单位消费品中中西药品等6种商品零售额保持正向增长。在新冠肺炎疫情等因素导致的不确定性加大的情况下，2021年，河南省社会消费品零售市场将继续面临诸多挑战和机遇，预计全年社会消费品零售市场规模较2020年将有较大提升，增速保持在1.5%左右。

关键词：消费品市场　消费结构　河南省

2020年，是全面建成小康社会的收官之年。在全球新冠肺炎疫情持续蔓延、国内经济下行压力继续加大的背景下，河南省坚持“稳中求进”工作总基调，按照高质量发展的要求，坚定实施扩大内需政策，畅通经济内循环，挖掘消费潜力，全省商品消费市场持续承压，发展态势稳步向好。2021

---

* 石涛，管理学博士，河南省社会科学院经济研究所助理研究员，主要研究方向为计量经济、区域金融。

年，全球经济社会将持续面临不确定性，中国经济环境依旧复杂，由此，深入剖析2020年全省社会消费品零售市场发展现状，展望2021年全省消费市场发展态势，对全省积极拓展内需，推进社会消费品零售市场发展具有重要的现实意义。

一 2020年河南省社会消费品零售市场运行总体状况

2020年，河南省社会消费品零售市场保持稳定的发展态势。2020年1～8月，全省实现社会消费品零售总额13787.4亿元，同比名义下降8.4%，降幅逐月收窄回稳。同时，全省社会消费品零售总额在中部六省继续保持较好位次，消费扩需潜能稳步释放。

（一）河南省社会消费品零售规模及总体状况

图1显示了2020年3～8月全国和河南社会消费品零售月度总额及增速情况。规模上看，河南省社会消费品零售月度总额规模同比下降明显，但占全国比重上升。2020年1～8月河南社会消费品零售总额为13787.4亿元，较上年同期减少792.0亿元。同时，2020年1～8月全国社会消费品零售总额达到238029.0亿元，河南社会消费品零售总额占比达到5.8%，较上年同期提高0.3个百分点，河南社会消费品零售总额占全国比重持续扩大。增速上看，受到新冠肺炎疫情对经济社会的影响，河南省社会消费品零售总额明显下降，但降幅逐月收窄。1～8月河南和全国社会消费品零售总额分别下降8.4%、8.6%，分别较上年同期回落18.8个百分点、16.8个百分点，但河南下降幅度低于全国平均水平0.2个百分点。由此可见，在新冠肺炎疫情影响下，全国和河南省社会消费品零售市场均受到明显冲击，但河南情况略好于全国。

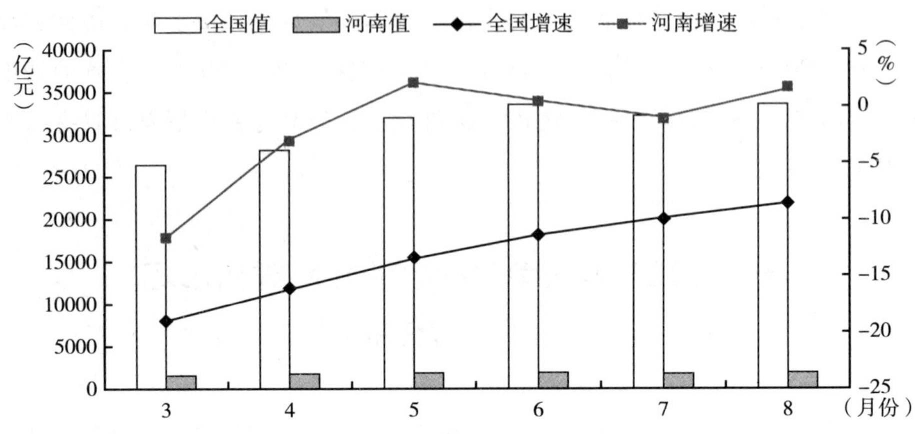

图1　2020 年 3 ~8 月全国和河南社会消费品零售月度总额及增速情况

（二）中部六省社会消费品零售市场发展对比分析

表 1 显示了 2020 年 1 ~6 月中部六省社会消费品零售总额规模及同比下降幅度对比情况。从表 1 可以看出：规模上，2020 年 1 ~6 月，河南省、湖南省、安徽省、湖北省、江西省及山西省的社会消费品零售总额分别达到 13787. 4 亿元、9743. 2 亿元、8456. 5 亿元、7062. 4 亿元、4195. 2 亿元、2790. 9 亿元，河南省分别高出湖南省、安徽省、湖北省、江西省及山西省 4044. 1 亿元、5330. 9 亿元、6724. 9 亿元、9592. 2 亿元、10996. 5 亿元，河南省社会消费品零售总额规模持续居中部六省第 1 位。

增速上，与上年同期相比，安徽省、江西省、湖南省、河南省、山西省、湖北省社会消费品零售总额分别下降 3. 5% 、4. 2% 、5. 5% 、8. 4% 、16. 3% 、34. 1% ，河南省降幅分别低于山西省、湖北省 7. 9 个百分点和 25. 7 个百分点，但分别高于安徽省、江西省、湖南省 4. 9 个百分点、4. 2 个百分点、2. 9 个百分点；与平均水平相比，河南降幅低于中部六省平均降幅 3. 6 个百分点。可见，河南省社会消费品零售市场在中部地区继续保持规模优势，但考虑到湖北省的特殊情况，河南下降幅度较中部其他省份略大。

表1　2020 年 1 ~6 月中部六省社会消费品零售总额及下降幅度对比情况

地区	总额(亿元)	同比下降幅度(%)
河南省	13787. 4	8. 4
湖北省	7062. 4	34. 1
湖南省	9743. 2	5. 5
安徽省	8456. 5	3. 5
江西省	4195. 2	4. 2
山西省	2790. 9	16. 3

（三）河南省地市社会消费品零售市场发展状况

图 2 显示了 2020 年前 6 个月河南省 18 个省辖市社会消费品零售总额及增速。总体上，2020 年前 6 个月，18 个省辖市社会消费品零售总额规模均值达到 560. 6 亿元，较上年同期减少 151. 4 亿元，平均同比下降 11. 3%，各省辖市消费市场规模有所缩小，降幅明显。规模上，2020 年 1 ~6 月河南省 18 个省辖市社会消费品零售总额居规模前 5 位的从大到小依次是郑州、洛阳、南阳、周口、商丘，这 5 个省辖市社会消费品零售总额占全省的比重达

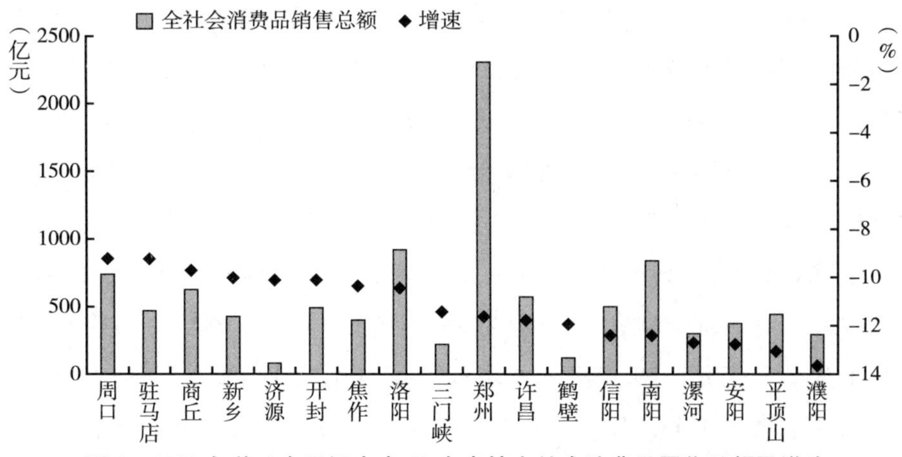

图 2　2020 年前 6 个月河南省 18 个省辖市社会消费品零售总额及增速

到53.7%，较上年同期上升1.2个百分点。增速上，社会消费品零售总额增速较大的排名居前5位的省辖市依次是周口、驻马店、商丘、新乡、济源，这5个省辖市平均增速为-9.7%，增速高于全省省辖市均值1.6个百分点。同时，全省有10个省辖市增速低于全省平均值，数量较上年同期多6个，表明各省辖市社会消费品零售总额增速相对偏低。

二 2020年河南省社会消费品零售市场运行特点分析

2020年1~8月，河南省社会消费品零售规模稳中有降。同时，商品零售额下降幅度低于餐饮收入，农村消费市场情况持续好于城镇市场，中西药品、建筑及装潢材料、饮料、烟酒、日用品等消费品保持较好发展态势，有效地推动了全省消费市场的稳定发展。

（一）商品零售额下降幅度低于餐饮收入

图3显示了2020年3~8月河南商品零售额及餐饮收入规模、增速。总体上，商品零售额明显高于餐饮收入，商品零售额下降幅度低于餐饮收入下降幅度，较上年有明显不同。2020年1~8月，限额以上单位消费品零售额达到3716.9亿元，同比下降4.2%，其中，商品零售额达到3523.8亿元，同比下降4.0%；餐饮收入达到193.0亿元，同比下降8.3%，同时，商品零售额占限额以上单位消费品零售额的比重为94.8%，餐饮收入占限额以上单位消费品零售额的比重为5.2%，分别较上年下降0.9个百分点、上升0.9个百分点。从具体月份来看，3~8月餐饮收入、商品零售额均值分别为28.2亿元、421.5亿元，较上年同期分别下降2.8亿元、59.4亿元；增速均值分别为1.3%、5.7%，分别较上年同期下降5.3个百分点、5.7个百分点，餐饮收入与商品零售额平均规模及平均增速均较上年同期略有下滑。

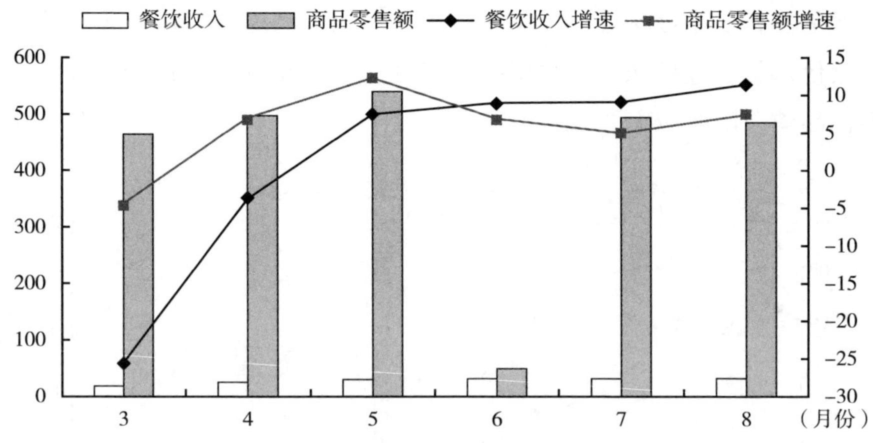

图3　2020 年 3～8 月商品零售额及餐饮收入规模、增速

（二）消费结构逐步升级

图 4 显示了 2019 年前 8 个月、2020 年前 8 个月河南 15 种商品累计零售额规模及增速。总体上，2020 年 1～8 月，河南省 15 种商品零售总额规模达到 3323.0 亿元，平均降幅为 3.6%，较上年同期下降 71.3 亿元，不同种类商品的消费规模有所缩小，消费增速继续收窄。具体来看，2020 年 1～8 月全省 15 种商品零售额规模从大到小居前 5 位的依次是汽车、石油及制品、粮油食品、服装鞋帽及针纺织品、中西药品，种类与上年同期基本相似，商品零售额规模分别为 1245.1 亿元、446.0 亿元、367.8 亿元、246.4 亿元、201.4 亿元，总计达到 2506.6 亿元，占 15 种商品零售总额的比重为 75.4%，分别较上年同期下降 1182.2 亿元、下滑 0.4 个百分点，品类集中度有所下降。增速上，2020 年 1～8 月全省 15 种商品零售额增速从大到小居前 5 位的商品种类依次是中西药品、建筑及装潢材料、饮料、烟酒、日用品，增速分别为 26.0%、10.6%、10.3%、8.6%、6.2%，增速较高的商品种类仍为大众消费类商品，与上年基本相同。值得注意的是，受到新冠肺炎疫情的影响，15 种商品中有 10 种零售额增速为负，粮油食品、服装鞋帽及针纺织品、汽车、家用电器和音像器材、石油及制

品、通信器材、金银珠宝、文化办公用品、化妆品等增速低于平均值，其中，通信器材、金银珠宝、文化办公用品、化妆品等增速低于-10%，奢侈性商品消费降幅较大。

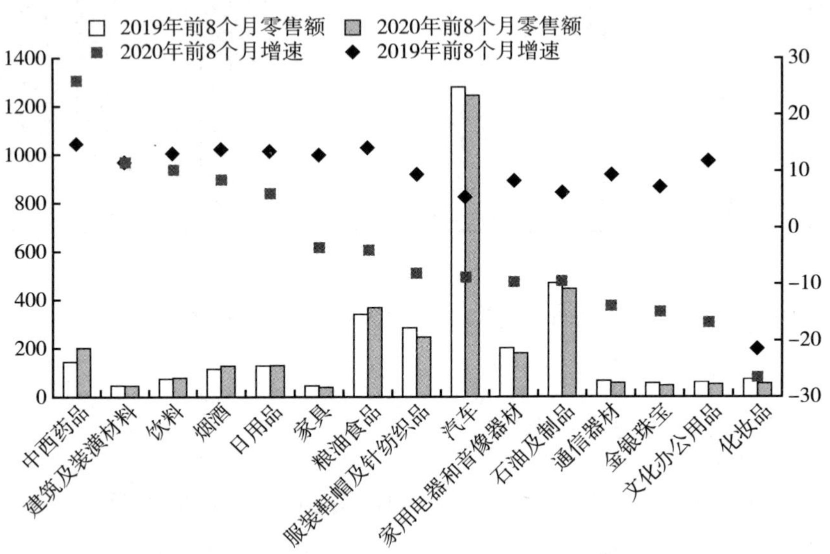

图4　2019年前8个月、2020年前8个月河南15种商品累计零售额规模及增速

（三）城乡差异收窄

图5显示了2020年3～8月河南城镇和农村社会消费品零售月度总额规模及增速。2020年1～8月，河南省城镇和农村社会消费品零售总额分别达到3411.0亿元、305.8亿元，分别较2019年同期减少117.2亿元、0.8亿元，同比下降4.6%、0.2%，城乡消费规模有所下滑。2020年3～8月，城镇和农村居民社会消费品零售总额月均规模491.3亿元、43.1亿元，较上年同期分别扩大20.6亿元、1.9亿元；增速均值分别为4.9%、8.0%，较上年同期分别收窄1.6个百分点、3.3个百分点，农村市场增速持续快于城镇市场。值得注意的是，2020年前8个月全省城乡社会消费品零售总额比值为11.2，较2019年同期收窄0.3，城乡居民消费差距持续缩小。

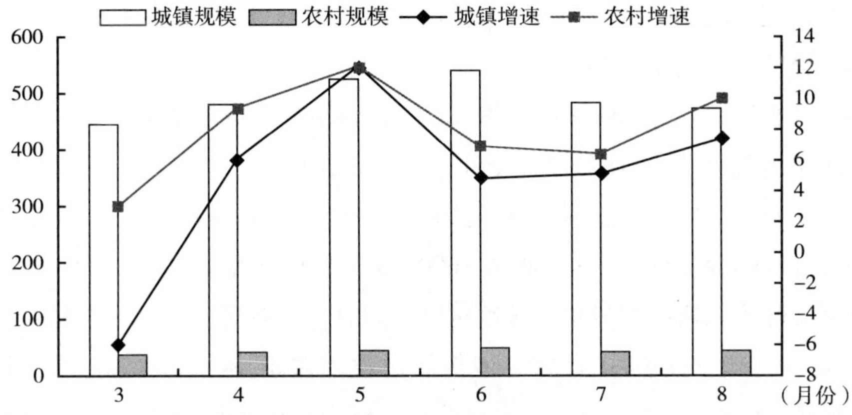

图5　2020年3~8月河南城镇和乡村社会消费品零售月度总额规模及增速

三　2020年河南省社会消费品零售市场的关键影响因素

2020年，河南省扎实推进“六稳”工作，全面落实“六保”任务，积极挖掘省内消费潜力，不断畅通省内消费循环，为全省消费市场稳定发展提供了强力支撑。但是，在全球新冠肺炎疫情等突发事件的干扰下，2020年全省消费市场规模稳中有降。

（一）河南省社会消费品零售市场发展的支撑因素

2020年，全省城乡居民可支配收入稳步增长，数字经济快速发展，为激活全省消费市场提供了强劲动力。

1. 规模以上工业增加值表现持续向好，全省经济社会基础稳固

2020年上半年，河南省规模以上工业增加值同比增长0.6%，值得注意的是，自2020年3月开始全省规模以上工业增加值连续4个月保持正增长，6月增速高达5.5%，全省经济发展稳中向好。其中，高技术制造业和战略新兴产业增加值分别同比增长3.9%和5.2%，光电子器件、传感器、太阳

能工业用超白玻璃产量分别增长2.0倍、51.7%、38.4%，夯实了全省经济持续发力的科技创新基础。

2. 城乡居民可支配收入稳步增长，居民消费能力持续稳定

2020年上半年，河南省居民可支配收入达到11429.6亿元，较上年同期增长2.6%，其中，农村居民人均可支配收入为6773.5元，同比增长4.4%；城镇居民人均可支配收入16905.5元，同比增长0.6%，农村居民人均可支配收入增速明显快于城镇居民。同时，城乡居民人均可支配收入比为2.5，较上年同期缩小0.09，城乡居民收入差距持续缩小。此外，上半年，城镇新增就业61.7万人，农村劳动力新增转移就业35.5万人，分别完成年度目标的56.1%、88.8%。脱贫攻坚扎实推进，截至5月底，扶贫项目开工率达98%，开发扶贫公益岗位60.4万个，189万贫困人口实现返岗务工。在新冠肺炎疫情下，城乡居民可支配收入的稳定增长，为稳定全省居民消费能力，夯实省内消费市场消费基础提供了强力保障。

3. 跨境电商稳步发力，跨境贸易发展成效显著

一直以来，河南省都注重推动跨境贸易发展，并在网络经济的驱动下，积极谋划跨境电商发展。2020年1～8月，河南省海关累计验放跨境电商进出口清单1.38亿单，货值158.04亿元，同比分别增长97.2%和79.6%。其中，验放出口清单9310.8万单，货值92.1亿元，同比分别增长4.36倍和6.09倍。同时，作为国内开展跨境电商B2B出口试点业务的首批海关单位，郑州海关“9710”“9810”清单、报关单4种作业模式全部成功通关，并在前8个月完成“9710”“9810”清单、报关单共8.21万单，货值1.5亿元，共有16家跨境电商海外仓企业参与试点业务开展。同时，郑州海关共监管中欧班列（郑州）“菜鸟号”跨境电商出口班列51班次、清单数1746.3万单，同比分别增长2.3倍、3.2倍。

（二）河南省社会消费品零售市场发展的制约因素

2020年，在全球新冠肺炎疫情持续冲击、中美贸易摩擦导致不确定性增加、国内经济下行压力较大的现实下，全省消费市场增速将继续收窄。

1. 复杂的国内外经济形势影响

一方面，中美贸易摩擦持续升温，科技金融贸易摩擦持续升级，同时，地缘政治矛盾冲突不断，导致全球经济不确定性持续增加。另一方面，2020年全球新冠肺炎疫情持续冲击、国外新冠肺炎疫情确诊人数和死亡人数持续增加，导致国外政治经济不确定性增加。全球主要发达国家经济增速为负，其中，美国、欧洲经济增速持续下滑且下滑幅度相对较为明显，全球经济发展的不确定性增加。

2. 疫情下省内经济持续承压

2020年上半年，在新冠肺炎疫情冲击下，国内坚持“六稳”“六保”的工作基调，坚持防控疫情与社会经济发展不放松，实现GDP 45.7万亿元，同比下降1.6%，较上年同期收窄7.9个百分点。同期，河南省上半年实现GDP 2.6万亿，同比下降0.3%，高于全国平均水平1.3个百分点，较上年同期收窄8个百分点，经济下行压力较大。2020年上半年，全省社会消费品零售额同比下降11.3%，较上年同期有较大降幅，对省内经济发展形成较大压力。

3. 消费价格指数温和提高

8月，河南省居民消费价格指数为2.7%，较上年同期收窄0.8个百分点，居民消费价格稳中略降，其中，食品烟酒、医疗保健价格分别上涨9.0%、3.4%，衣着、居住、生活用品及服务、交通和通信、教育文化和娱乐价格分别下降1.6%、0.8%、0.5%、3.6%、0.1%，食品烟酒、医疗保健是全省居民消费价格指数上升的主要种类，与上年情况略有不同。同时，城市、农村居民消费价格指数分别上涨2.3%、3.3%，分别较上年同期下降0.8个百分点、上升0.5个百分点，农村地区居民消费价格指数上升幅度明显高于城市地区。2020年1~8月，全省居民消费价格指数上涨3.8%，高于全国平均水平0.3个百分点，继续保持高位运行。

4. 汽车、石油及房地产等商品增速乏力

2020年1~8月，河南省限额以上单位消费品零售额除中西药品等6种商品保持正向增长以外，其余12种增速均为负。一是化妆品类商品零售额持续回落。2020年1~8月，化妆品类商品零售额为55.1亿元，同比下降26.3%，较上年同期继续收窄5个百分点，是15种商品中零售额下降幅度最大的商品种类。二是文化办公用品零售额降幅较大。2020年1~8月，文化办公用品商品零售额为52.2亿元，同比下降17.1%，较上年同期收窄29.2个百分点。三是汽车、石油及制品类商品零售额下降明显。2020年1~8月，汽车类商品零售额为1245.1亿元，同比下降8.5%，较上年同期收窄14.5个百分点；石油及制品类商品零售额为446.0亿元，同比下降9.5%，较上年同期回落15.2个百分点。此外，受到全球新冠肺炎疫情等多种因素干扰，家具、粮油食品、服装鞋帽及针纺织品、家用电器和音像器材、通信器材、金银珠宝等商品零售额增速同样出现了下降现象，在一定程度上制约了全省消费品市场的稳健发展。

四 2021年河南省社会消费品零售市场运行态势分析

2020年是深入推进供给侧结构性改革，着力推进经济高质量发展，全面建成小康社会的收官之年，在新冠肺炎疫情等带来的不确定性加大的环境下，全省消费品市场将会继续保持稳中有进的发展态势，预计2021年全省社会消费品零售总额增速将保持在2%左右，较2020年有较大提升。

（一）2020年河南省社会消费品零售市场稳定增长的支撑条件

1. 消费环境进一步优化

2020年9月，国务院办公厅正式发布《关于以新业态新模式引领新型消费加快发展的意见》（国办发〔2020〕32号），明确提出进一步培育壮大各类消费新业态新模式，推动线上线下融合消费双向提速，鼓励企业依托新型消费拓展国际市场，加力推动线上线下消费有机融合；加强信息网络基础设施建设，完善商贸流通基础设施网络，大力推动智能化技术集成创新应用，安全有序推进数据商用，规划建设新型消费网络节点，加快新型消费基础设施和服务保障能力建设；加强相关法规制度建设，深化包容审慎和协同监管，健全服务标准体系，简化优化证照办理，优化新型消费发展环境；强化财政支持，优化金融服务，完善劳动保障政策，加大新型消费政策支持力度等。

2. 省内消费政策得到进一步落实

省内消费活力进一步被激发。2020 年 4 月，河南省发改委、省文化和旅游厅等多部门联合发布《关于促进消费市场扩容提质的若干意见》，提出通过政策创新，着力推进省内消费释放，为稳定和扩大省内消费市场提供了有力保障。该文件明确指出，在文化旅游、体育健身、餐饮娱乐等受到新冠肺炎疫情冲击严重的领域发放电子消费券，释放消费引导作用；提升精品旅游、5G 智能体验、文化创意等旅游业态服务质量，大力发展假日旅游；鼓励地理连片区域、文化禀赋资源相似地区连片开发，统筹建设精品文化旅游线路、文化旅游区和文化旅游带；加快社区连锁点布局发展，支持品牌连锁店在社区、农村布局，打造“一刻钟便民生活服务圈”，繁荣小店经济。此外，扩大“中华名小吃”、餐饮“中华老字号”、餐饮“河南老字号”规模，打造豫菜老字号品牌，打造中原餐饮品牌，大力发展绿色餐饮。适时开展线上消费促进月、防疫保供网上行、云上购物节等活动，发展新消费模式。

3. 居民就业创新环境进一步优化

2020 年以来，河南省委省政府及其他多个部门先后出台稳就业、支持创新发展等的相关政策，明确要优化金融服务、支援企业稳岗、加大投资创造就业、挖掘内需带动就业，不断优化省内就业创新环境，保就业。2020 年上半年，全省累计向 7000 多家中小微企业发放低息贷款 366.4 亿元，累计为企业减免燃气费 13 亿元、电费 27 亿元，发放稳岗返还资金 30.58 亿元，减征企业社会保险费 263.4 亿元，预计全省减税降费将近 410 亿元，为全省保就业、创就业提供有力支持，2021 年全省居民就业创新环境将有较大改善。

（二）2021年河南省社会消费品零售市场稳定增长的制约因素

1. 新冠肺炎疫情导致的全球不确定性增加

2020 年，全球新冠肺炎疫情暴发，尤其是美国、欧洲等国家或地区新冠肺炎疫情持续蔓延，中美贸易摩擦持续升级，美国对中国企业的施压力度加大，英国“脱欧”导致欧洲地缘格局发生明显变化，这些都导致全球经济不确定性增加。全球经济不确定性的增加，将持续对国内社会经济发展形成压力，给河南挖掘省内消费潜力、扩大内需将产生一定的制约作用。

2. 消费环境有较大优化空间

河南省市场监督管理局统计数据显示，一是消费违法行为依然存在。2020 年上半年，全省“12315”工作机构受理各类诉求 61.44 万件，同比增长 58.98%，其中，投诉、举报、咨询案件分别为 11.21 万件、5.24 万件、44.99 万件。二是消费者的投诉焦点有所转变。2020 年上半年，消费者投诉的问题主要集中在合同、质量和售后方面，聚焦于食品、交通工具、服装鞋帽及针纺织品、家具、医疗器械等，与上年同期相比有较大不同。三是商品服务创新的空间仍然较大。与发达地区相比，省内充电桩等新能源、绿色化生活便利性设施还存在较大拓展空间。

3. 房地产继续保持严管态势

2020 年，在新冠肺炎疫情的冲击下，中央和地方政府均不断增大对房地产市场的治理力度。2020 年 7 月 24 日住建部召开由北京、上海、广州等 10 个城市相关人员参加的房地产工作会，明确了以不降房地产作为短期刺激经济的手段，坚持稳地价、稳房价、稳预期的政策基调。同时，2020 年上半年，全省商品房销售面积同比下降 5.2%，住房投资下降 1.1%。在国家持续增强“房子是用来住”的政策导向下，2021 年全省房地产市场将保持稳定态势，继续不利于房地产类商品的消费潜力挖掘。

参考文献

[1] 河南省统计局、国家统计局河南调查总队：《河南统计月报》，2020 年 8 月。
[2] 河南省统计局、国家统计局河南调查总队：《河南统计月报》，2020 年 7 月。
[3] 漯河市统计局、国家统计局漯河调查总队：《漯河统计月报》，2020 年 7 月。

B.7

2020～2021年河南省对外贸易形势分析与展望

陈　萍*

摘　要：2020年1～8月，河南进出口总值达3235.1亿元，进出口增速高于全国平均水平，但进口下降趋势还在延续，对美国进出口大幅下降，对共建“一带一路”国家进出口大幅上升，口罩等医用品出口大幅增加，能源资源类产品进口保持较高增速，实际吸收外资增速由负转正，对外投资连续大幅下降，跨境电商发展逆势上扬，进出口清单量高速增长。展望2021年全年，虽然外部经济环境趋紧，但国内经济发展持续向好。要更有效地制定应对措施，助力河南外贸稳健发展。要突出做好以下几方面工作：落实“六稳”“六保”，稳住外贸基本盘，积极对接和融入国家“双循环”战略，加强“四路建设”，深度融入“一带一路”建设，以跨境电商驱动河南对外贸易转型升级。

关键词：对外贸易　“双循环”　跨境电商　河南省

2020年，突如其来的新冠肺炎疫情和复杂多变的国内外环境，给河南经济社会发展带来了前所未有的困难和挑战。面对严峻形势，河南认真贯彻落实习近平总书记重要讲话和指示精神以及国家稳外贸稳外资政策措施，贯

---

* 陈萍，《区域经济评论》杂志社副研究员，主要研究方向为开放经济、区域经济。

彻落实省委省政府关于新冠肺炎疫情防控的决策部署，在确保打赢疫情阻击战的同时，服务保障全省外经贸企业复工复产，进一步做好稳外贸、增外资、促外经工作，出台《河南省商务厅　河南省财政厅关于积极应对新冠肺炎疫情做好外经贸工作若干措施的通知》，科学统筹疫情常态化防控，保持全省外经贸工作平衡发展，外贸发展在经历2月的短暂“停滞”后，第二季度、第三季度迈入震荡恢复通道。展望2021年，宏观经济环境将更加复杂严峻，河南必须坚持“六稳”“六保”，确保全省外贸平衡发展。

一　2020年1~8月外贸形势分析

（一）进出口增速高于全国平均水平，进口下降趋势还在延续

2020年前8个月，河南进出口总值3235.1亿元，比上年同期增长9.5%，进出口总值居全国第13位，中部地区第2位。同期，河南外贸进出口增速高于全国总体增速10.1个百分点，居全国第6位。其中出口2066.4亿元，增长7.7%，高于全国6.9个百分点；进口1168.7亿元，增长12.8%，高于全国15.1个百分点。

从月度变化情况看，在新冠肺炎疫情冲击下，2020年2月河南进出口总额同比骤降37.7%，自3月上旬河南逐步推动全面复工复产，疫情防控形势持续向好，3月当月进出口总额强势反弹回升，外贸运行整体向常态化复苏，至第一季度末在恢复至同期正常水平的基础上，实现5.47%的增长。第二季度以来，复工复产扎实推进，主要指标稳步回升，进出口连续保持正增长，1~4月、1~5月、1~6月、1~7月、1~8月同比分别增长9.11%、6.75%、8.25%、9.76%、9.96%，稳住了外贸基本盘。回望2020年前8个月，新冠肺炎疫情对全省外贸的冲击影响正逐步减轻，总体上符合预期（见图1）。

从出口的月度变化情况来看，由于受疫情影响，机电产品、劳动密集型产品、农产品出口下降趋势明显，2月河南出口同比大幅下降62.2%。3月因为防疫物资、铝材等产品的出口增长，当月河南出口额同比增幅达

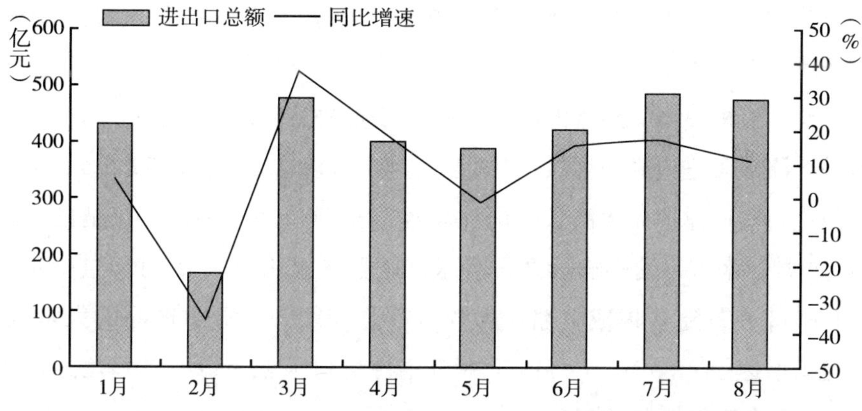

图1　2020年1~8月河南进出口总额及同比增速变化情况

资料来源：郑州海关网站，http：//yinchuan. customs. gov. cn/zhengzhou_ customs/zfxxgk97/2967383/2967458/index. html。

19.6%，之后随着河南复工复产的深入推进，出口额迎来强势反弹回升，4月增幅达27.3%。4月以后，随着国际疫情日益蔓延，全省主要出口产品增速明显下降，5月当月进出口同比下降至0.3%，但疫情蔓延激发了医药、洗护用品及家用电器的国际需求，6月全省出口增速回升趋势明显，这一趋势一直延伸至8月，并超过疫情前的水平（见图2）。

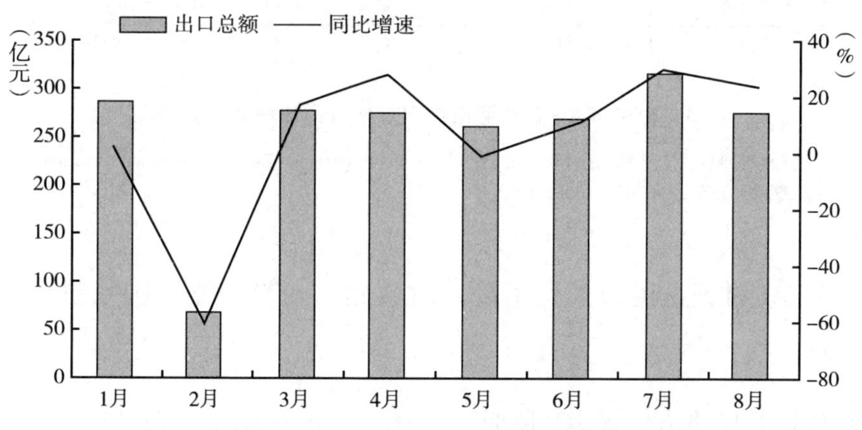

图2　2020年1~8月河南出口总额及同比增速变化情况

资料来源：郑州海关网站，http：//yinchuan. customs. gov. cn/zhengzhou_ customs/zfxxgk97/2967383/2967458/index. html。

从进口的月度变化情况来看（见图3），2020年前8个月，受疫情影响国际市场供给变化不定，河南月度进口总额呈现大升大降的趋势。2月，疫情还未在全球大规模蔓延，河南的进口仍在稳步推进，集成电路、机电产品、煤、消费品、原油等进口高速增长，3月当月河南进口增速同比达77.5%，第一季度河南进口增速总体处于高位，同比增速高达36.5%。但由于疫情的全球性蔓延，4月河南进口受影响较大，增速急速下降至4.7%，5月又进一步恶化至-4.8%，6月随着集成电路、无线电零件和能源资源类产品的大量进口，河南进口增速达25.5%，7月由于手机零件进口大幅下降，进口增速由正转负，8月下降趋势仍在延续。

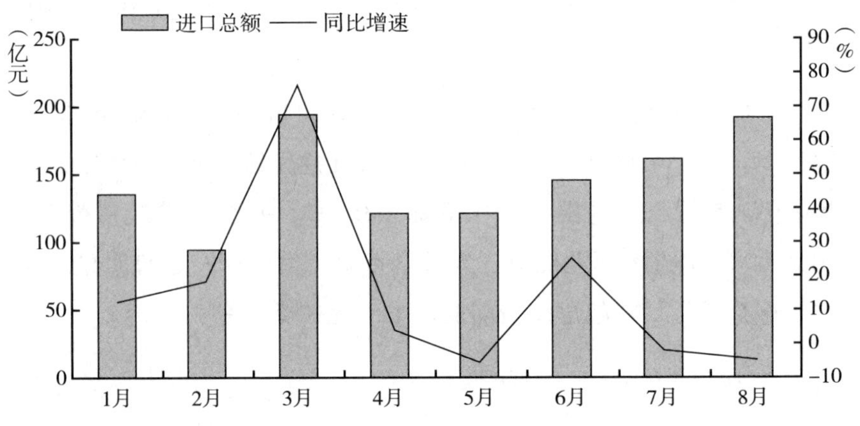

图3　2020年1~8月河南进口总额及同比增速变化情况

资料来源：郑州海关网站，http：//yinchuan. customs. gov. cn/zhengzhou_ customs/zfxxgk97/2967383/2967458/index. html。

（二）对美进出口大幅下降，对共建“一带一路”国家进出口大幅上升

2020年1~8月，美国、欧盟（27国，不含英国）、东盟（10国）为河南前三大贸易伙伴（见图4）。受中美贸易摩擦和疫情的双重影响，2020年1~8月河南对美国进出口485.7亿元，下降20.9%，降幅比前7个月收窄

6.1个百分点；对欧盟（27国，不含英国）进出口477.9亿元，增长76%；对东盟进出口448亿元，增长13.7%。此外，对中国台湾地区、拉丁美洲、日本进出口分别增长18.4%、10.9%、28.3%。2020年1～7月，对非洲进出口95.2亿元，下降21.0%，占进出口总额的比重为3.5%；对共建“一带一路”国家进出口759.4亿元，增长28.8%，高于全省19.6个百分点，占进出口总额的比重27.5%；对金砖国家进出口195.3亿元，增长35.3%，高于全省平均增幅26.1个百分点，占进出口总额的比重为7.1%。

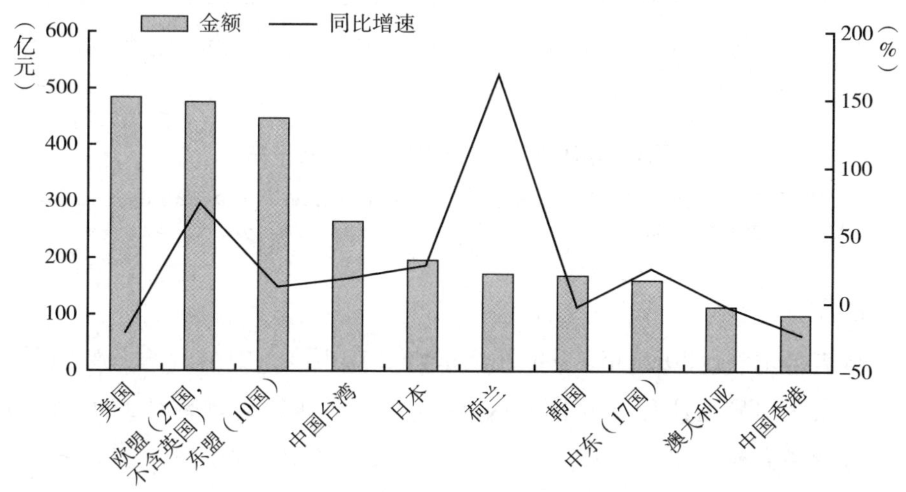

图4　2020年1～8月河南进出口地区分布

资料来源：郑州海关网站，http：//yinchuan.customs.gov.cn/zhengzhou_customs/zfxxgk97/2967383/2967458/index.html。

从出口来看，2020年1～8月，美国、欧盟（27国，不含英国）、东盟（10国）为河南前三大出口地区（见图5）。美国依然是河南第一大出口国，虽然河南对美国出口同比下降20.9%，但从月度变化趋势来看，降幅在收窄，随着美国疫情的缓解，河南对美国的贸易会逐步好转，但受中美贸易摩擦的影响，2020年总体会比2019年有所下降。对欧盟（27国，不含英国）出口相比2019年同期增长94.6%，其中对德国的出口增速最快。此外，对东盟（10国）的出口有小幅下降，但这并不影响东盟是河南第三大出口伙

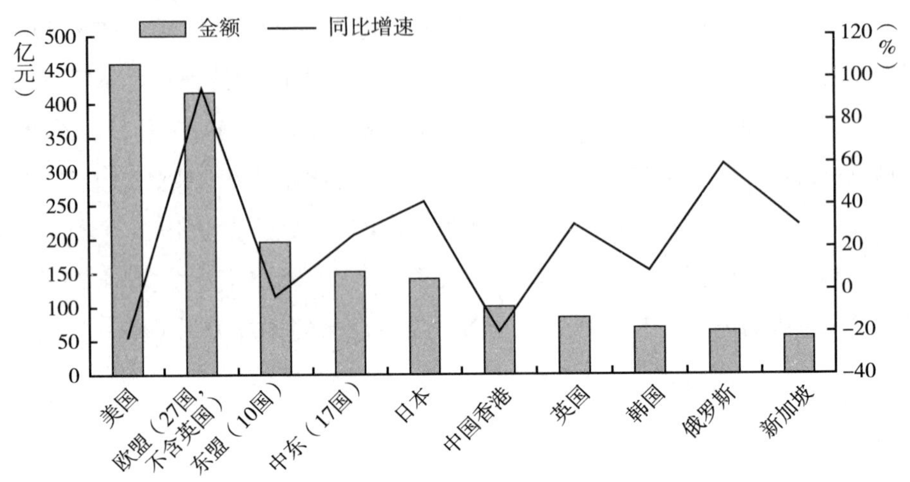

图5 2020年1~8月河南出口地区分布

资料来源：郑州海关网站，http://yinchuan.customs.gov.cn/zhengzhou_customs/zfxxgk97/2967383/2967458/index.html。

伴的地位。

从进口来看，2020年1~8月，东盟（10国）、中国台湾、韩国是河南前三大进口贸易伙伴（见图6）。纵向来看，越南是河南传统的贸易伙伴，且贸易总额在稳步增长，进而使得河南与东盟（10国）的贸易进口总额增速较快。由于欧盟国家受疫情影响较大，河南对欧盟（27国，不含英国）进口在经历了大幅下降后，随着欧洲疫情的缓解逐步回升，7月基本恢复到2019年同期水平。

（三）防疫物资出口大幅增加，集成电路等机电产品进口增长迅速

2020年1~8月，河南出口机电产品1338.8亿元，增长7.7%，占全省出口额的64.8%；其中手机出口1041.7亿元，增长14%，占全省出口额的50.4%，仍为河南第一大出口单项商品。劳动密集型产品（包括纺织、服装、鞋、帽、箱包、家具、玩具等七大类产品）出口187.7亿元，增长23.9%，其中口罩出口32.8亿元，增长65.3倍；农产品出口87.2亿元，下降27.7%；

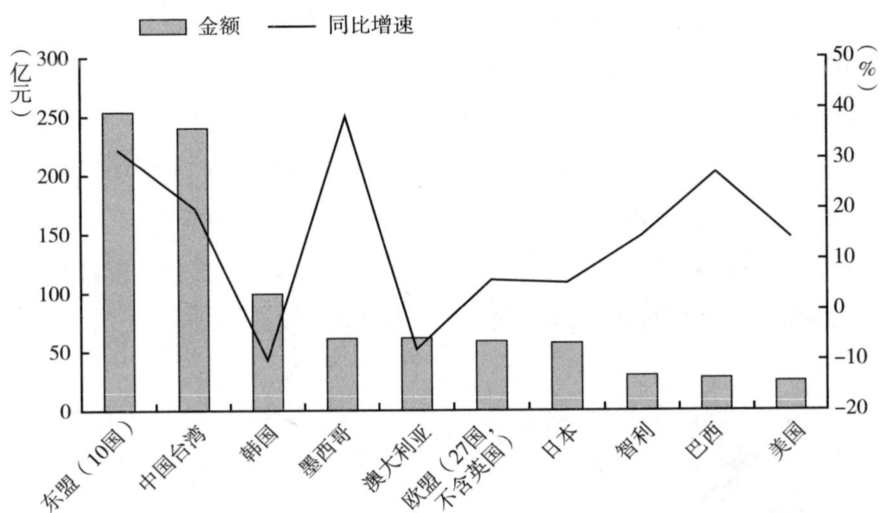

图6　2020 年 1～8 月河南进口地区分布

资料来源：郑州海关网站，http：//yinchuan. customs. gov. cn/zhengzhou _ customs/zfxxgk97/2967383/2967458/index. html。

铝材出口 58.8 亿元，下降 8.4%。受疫情影响，口罩等医用品的出口大幅增加，甚至改变了河南出口额在 2 月、3 月偏低的情况(见图 7)。

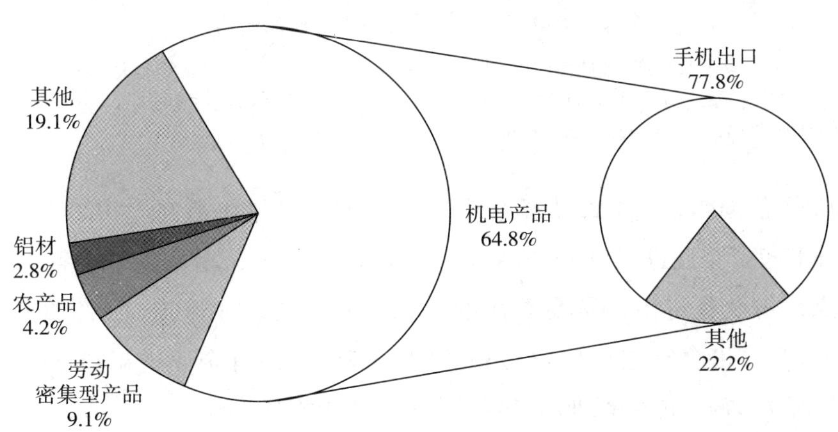

图7　2020 年 1～8 月河南出口商品结构

资料来源：郑州海关网站，http：//yinchuan. customs. gov. cn/zhengzhou_ customs/zfxxgk97/2967383/2967458/index. html。

集成电路为河南进口额最大的商品，能源资源类产品进口保持较高增速。2020 年 1 ~8 月，河南进口机电产品 744. 5 亿元，增长 15. 3%，占全省进口额的 63. 7%，其中，进口集成电路 386. 5 亿元，增长 16. 8%，占全省进口额的 33. 1%，是河南进口额最大的商品。金属矿及矿砂进口 210. 9 亿元，增长 8. 3%。其中，铜矿砂进口 94. 2 亿元，增长 12. 1%；铁矿砂进口 49. 2 亿元，增长 15. 2%。此外，消费品进口 79. 9 亿元，增长 2. 3%；农产品进口 51. 5 亿元，下降 61. 2%；原油进口 25. 1 亿元，增长 131. 4%（见图 8）。

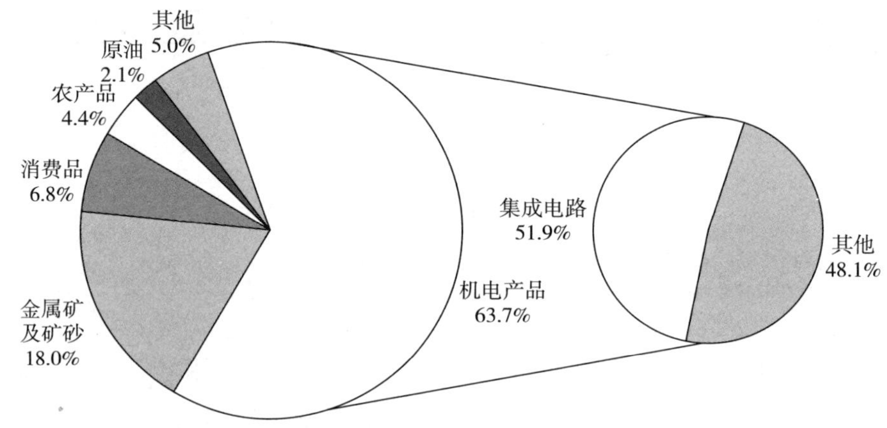

图 8　2020 年 1 ~8 月河南进口商品结构

注：劳动密集型产品包括纺织、鞋、帽、服装、箱包、玩具、家具等七大类产品。

资料来源：郑州海关网站，http：//yinchuan. customs. gov. cn/zhengzhou _ customs/zfxxgk97/2967383/2967458/index. html。

从经营主体看，外商投资企业进出口增速、占比最高。2020 年 1 ~7 月，外商投资企业进出口 1543. 4 亿元，增长 13. 9%，增幅高于全省 4. 7 个百分点，占全省进出口贸易总额的 55. 9%；民营企业进出口 973. 3 亿元，增长 5. 2%，占全省进出口贸易总额的 35. 2%；国有企业进出口 246. 2 亿元，下降 1. 2%，占全省进出口贸易总额的 8. 9%。

从贸易方式看，由于“两头在外”受疫情影响更为直接，面临需求端和供给侧的“双向挤压”，中国总体加工贸易受影响较大。2020 年 1 ~7 月，河南加工贸易额 1577. 8 亿元，逆势增长 15. 7%，占进出口贸易总额的

57.1%，这与河南手机及零件的出口占比较大有关，与全国情况表现不同；一般贸易额1096.1亿元，下降1.7%，占进出口贸易总额的39.7%；其他贸易额88.9亿元，增长71.3%，占进出口贸易总额的3.2%。

（四）实际吸收外资增速由负转正，对外投资连续大幅下降

2020年1~8月，河南实际吸收外资121.08亿美元，增长2%。从月度变化情况看，受新冠肺炎疫情影响，2020年1~2月、1~3月、1~4月、1~5月实际吸收外资分别累计下降12.5%、11.9%、3.9%、1.3%，降幅逐月收窄。至6月由降转增，并连续3个月保持正增长（见图9）。2020年前7个月，全省新增省外资金项目2766个，实际到位省外资金5982.4亿元，增长1.6%，实际到位省外资金前两个月同比下降29.1%，降幅逐月收窄并从6月由负转正。

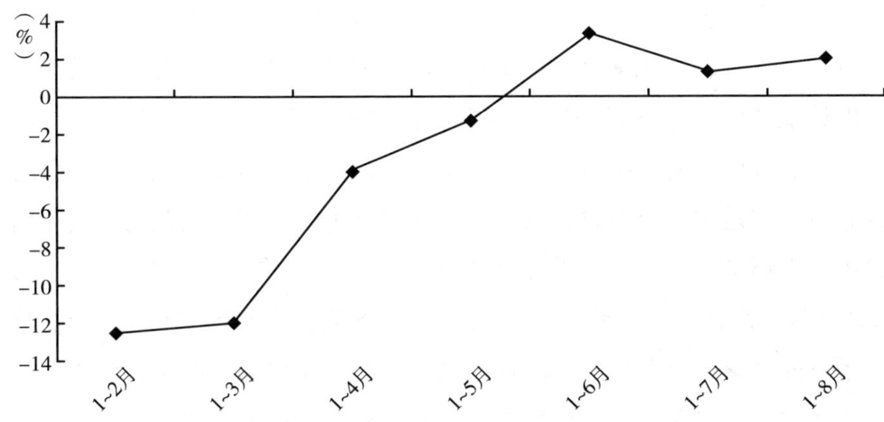

图9　2020年前8个月河南实际吸收外资总量累计增速变化

资料来源：郑州海关网站，http://yinchuan.customs.gov.cn/zhengzhou_customs/zfxxgk97/2967383/2967458/index.html。

2020年1~7月，河南实际对外投资4.19亿美元，下降69.7%，比上半年收窄8.3个百分点，总额居全国第14位，比上半年前移2位。对共建"一带一路"国家实际投资3495万美元，增长13.3%，占进出口总额的比重为8.3%。从月度变化情况看，河南实际对外投资1~2月、1~3月、1~

4 月、1～5 月、1～6 月、1～7 月同比连续大幅下降，分别下降 50.6%、89.1%、78.9%、75.8%、78.0%、69.7%。1～7 月，全省对外承包工程及劳务合作新签合同额 29.0 亿美元，下降 8.4%，增幅由正转负，规模居全国第 6 位。其中对共建“一带一路”国家对外承包工程及劳务合作新签合同额 17.7 亿美元，增长 49.9%，占进出口总额的比重为 61.0%。从月度变化情况看，对外承包工程及劳务合作完成营业额1～2 月、1～3 月、1～4 月、1～5 月、1～6 月同比分别增长 50.6%、26.5%、12.0%、5.0%、6.2%，增幅持续收窄，1～7 月下降 8.4%，增幅由正转负。

（五）跨境电商逆势上扬，进出口清单量高速增长

2020 年 1～7 月，河南跨境电商逆势上扬，剔除快递包裹出口数据后，跨境电商进出口增长 4.0%。郑州市跨境电商进出口 530.6 亿元，增长 16.0%，规模占各省辖市总额的 61.7%；开封市增长 45.0%，增幅居各省辖市首位。从月度变化来看，河南跨境电商的进出口清单量始终保持高速增长，即使在外贸“按下暂停键”的 2 月依然增长 5.9%，由于北京、上海、广州、深圳等国际机场防疫物资出口量增大，航空运力基本饱和，部分跨境电商企业特别是中小企业将货物运转至郑州出关，郑州海关监管跨境电商零售进出口大幅增长，4 月郑州跨境电商的进出口清单量增长 63.2%，5 月、6 月也都保持高速增长态势。郑州航空港经济综合实验区“1+1+7”的口岸体系不断完善，已经形成内陆地区最完善的口岸体系；电子口岸集合全贸易模式，每秒通关 500 单，跨境电商业务规模不断扩大。截至 8 月底，在郑州航空港经济综合实验区备案或注册的电商企业已达 772 家，形成了包括电商平台、仓储、物流、关务、结算企业在内的跨境产业链。但是疫情期间，跨境电商的发展也面临着极大的挑战。新冠肺炎疫情暴发以来，北美、东亚的国际航班减少了 70% 以上，欧洲航线减少了 60% 以上，物流成本极大升高，导致国际小包资费连续上调及快递包裹实行 30% 限额收寄，业务量骤减，快递包裹出口降幅扩大。快递包裹出口 36.5 亿元，下降 64.9%，降幅比上半年扩大 2.2 个百分点。河南跨境电商发展一直走在全国前列。在疫情

形势下，世界各地都实行了不同程度的隔离措施，无形中催生了跨境电商的发展机遇。首先是跨境电商增量市场加速形成。疫情期间，在需求侧，越来越多的海外消费者开始采用跨境电商方式采购生活用品，并使其成为一种可持续的生活习惯，为跨境电商提供了新的用户；从供给侧来看，受传统贸易断流的影响，越来越多的进出口贸易加工企业开始关注跨境电商，越来越多的优质商品开始对接跨境电商平台。其次是政策创新。我国在2020年9月的全球跨境电商大会上启动了药品和医疗器械进口试点，海关总署也推出了“9710”“9810”“B2B”的跨境电商新模式，这些都意味着跨境电商新机遇期即将到来，并将进一步推动河南省跨境电商的逆势上扬。

二　河南对外贸易发展面临的国内外环境分析

2020年，突如其来的新冠肺炎疫情给全球经济带来很大冲击，也给河南外贸发展带来了前所未有的挑战。科学研判河南外贸发展面临的国内外形势，有效地制定应对措施，将有助于外贸稳健发展。

（一）全球经济开始恢复，但整体仍存在很大不确定性

第一，全球经济开始恢复，但仍面临不确定性。2020年第二季度，中国GDP增速为3.2%，美国GDP增速为-9.1%，欧盟区GDP增速为-15%，日本GDP增速为-9%，进入第三季度，各经济体经济逐渐恢复，8月美国与欧盟区制造业的PMI分别是56%和51.7%，都回归到荣枯线之上，产生了巨大的机电商品需求。中国供应链相对比较完整、经济又较早恢复，这对外贸出口是个利好因素，中国出口总额在8月再创历史新高。第二，全球产业链、供应链稳定面临较大困难。联合国贸发会议发布的《新冠肺炎疫情对全球贸易的影响》研究报告认为，全球疫情对精密仪器（美国等）、机械（欧盟、日本、美国等）、汽车（日本、美国、欧盟等）、通信设备（越南、中国台湾等）等四大关键产品产业链、供应链正形成持续性影响。由于新冠肺炎疫情蔓延，关键产业链、供应链断裂，世界经济呈现历史上罕

见的严重衰退。第三，中美贸易摩擦呈现长期化的特征，短期内将加速全球产业链的调整，对河南进出口也将产生冲击，河南进出口大幅增长面临较大挑战。

（二）国内出台多项稳外贸政策，外贸发展形势进一步好转

虽然新冠肺炎疫情肆虐，但是中央政府积势、蓄势、谋势，推出一系列破解发展难题的政策举措，确保了经济社会正常运行。第一，中国政府推出了力度空前的稳外贸政策。比如国务院办公厅出台《关于进一步做好稳外贸稳外资工作的意见》，既营造良好的营商环境，又鼓励外贸企业更好地参与到国际产业链中，坚持做到四个到位：财税支持政策要到位，出口信用保险用足；促进新业态新模式发展要到位，尤其是跨境电商物流；优化包括通关便利化在内的营商环境要到位；支持重点产业重点企业发展要到位。在信贷、税收等方面加大对外贸企业的支持，缓解企业资金压力。同时，鼓励外贸公司举办各种线上展会，帮企业争取订单。这一系列的政策使外贸企业树立了信心，并逐步渡过难关。2020 年 7 月 21 日，根据当前复杂的国际国内形势，国家主席习近平提出“构建国内国际双循环相互促进的新发展格局”。截至 2020 年 8 月，中国出口总额创下 2019 年 3 月以来的新高，在危机中拓展了新空间。第二，发挥供应链完备的优势，重启海外市场。疫情让全球实体经济都遭到了很大的冲击，但由于中国有效地控制了疫情，中国工厂在全球范围内率先复工，供应链完备的优势进一步凸显，弥补了海外供需缺口。随着各国经济恢复，外需市场将逐步被重新开启。2020 年第二季度，中国 GDP 增速达 3.2%，美国、欧盟、日本都是负增长。进入第三季度，美国、欧盟、日本经济逐渐恢复，产生了巨大的机电商品需求，中国主要外贸出口商品需求需逐渐回稳。第三，外贸企业开展了一系列的自救行动，比如不少外贸公司首次通过跨境电商渠道，尝试将库存商品卖出去。根据官方统计，2020 年上半年全国跨境电商出口增长了将近 30%。在疫情最严重的 3 月，速卖通上新开商家数量环比增长 130%，中国制造的家电、家居、玩具、电子等商品外销量快速增长，比如电冰箱在欧美市场销售额增速超过

400%。到2020年8月，中国出口总额已实现同比增长12%的好成绩，国内外贸形势进一步好转。

（三）河南省内经济稳步回升，为外贸发展打下基础

2020年初，河南经济受新冠肺炎疫情冲击“按下暂停键”，第一季度，河南地区生产总值11510.15亿元，同比下降6.7%。2月下旬河南逐步走上推动全面复工复产的道路，第二季度以来，全省疫情防控形势持续向好，复工复产扎实推进，主要指标稳步回升，经济运行逐步向常态化复苏。第一，新型消费不断拓展，市场消费稳步回升。全省社会消费品零售总额在1~2月、1~3月、1~4月、1~5月、1~6月分别下降26.5%、21.9%、17.4%、13.6%、11.3%的基础上，下降幅度逐步收窄至1~7月的9.8%。2020年1~7月，全省电子商务交易额10489亿元，下降3.3%，降幅比1~6月收窄0.1个百分点。第二，对外投资降幅收窄。2020年1~7月，全省实际对外投资4.19亿美元，下降69.7%，比前6个月收窄8.3个百分点。第三，新基建持续发力，投资增长稳中趋升。疫情暴发以来，河南突出“两新一重”、产业、能源等重点领域重大工程建设，投资增速自2020年3月起呈现逐月稳步回升态势。根据河南省发展和改革委员会的数据，2020年河南重大建设项目1190个，涉及总投资近3.7万亿元，其中2020年累计完成投资9265亿元。

从总体上看，在以习近平同志为核心的党中央坚强领导下，全省上下统筹推进疫情防控和经济社会发展工作，扎实做好“六稳”工作，全面落实“六保”任务，全省生产供给继续改善，市场需求稳步回暖，新动能不断增强，就业物价总体平稳，经济运行恢复持续稳定。经济长期向好的基本面并没有变，仍处于重要战略机遇期。在国内疫情基本得到有效控制的基础上，河南积极推进复产复市，全省经济持续恢复增长，呈现出深“V”形加速向常态化回归的态势。

展望2021年，虽然外部经济环境趋紧，但是国内、省内经济向好，着力构建国内国际“双循环”的新发展格局，都为河南外贸发展奠定了基础。

在新冠肺炎疫情不发生二次反弹的情况下，河南外贸将在2021年步入常态化增长轨道。

三 加快河南对外贸易发展的对策建议

全球新冠肺炎疫情仍未完全被遏制，中美贸易摩擦呈现长期化的特征。河南作为重要的人口和经济大省，要紧跟国际国内形势，在国家大势中结合省情实际，找准河南定位，确保河南外贸平衡发展。

（一）落实“六稳”“六保”，稳住外贸基本盘

2020年初，新冠肺炎疫情席卷全球，外经贸发展环境更加复杂严峻，要多措并举，坚决落实“六稳”“六保”，稳住外贸基本盘。首先，要充分发挥出口信用保险作用，稳住外贸外资基本盘。全力支持外贸企业抓订单、保市场、扩融资、出口转内销，稳定和优化产业链、供应链，开拓多元化市场，高质量建设“一带一路”，充分发挥好逆周期调节的政策性作用。同时要进一步扩大出口信用保险覆盖面，提振外贸市场主体的信心。其次，稳定畅通国际物流供应链。利用中欧班列帮助受疫情影响较大的外贸企业恢复进出口业务；发挥中欧班列出口通道作用，保障中欧产业链、供应链畅通；指导企业用足用好中欧班列运输通关便利化政策。最后，营造良好外部环境。加强疫情防控的国际合作，确保供应链开放、稳定、安全。

（二）积极对接和融入国家“双循环”战略

首先，要在要素循环、产业循环、城乡循环上下功夫，积极对接和融入“内循环”战略。河南要充分谋划自身在国家“双循环”战略中扮演的角色。一是要考虑如何结合自身交通枢纽的地位，在“双循环”战略中发挥自身作为流通中心的优势，打造枢纽经济，服务好要素循环和区域循环；二是进一步提升产业竞争力，高度关注第四次产业革命对产业链与价值链的重塑作用，利用国家构建“双循环”新格局的契机，下大力气培育和引进一批有竞争力的大个头

企业，融入供需循环和产业循环；三是要在城乡循环上下功夫，围绕第四次产业革命带来的新基建、新投资、新就业、新消费方面的发展机遇，积极推进城乡高质量融合发展。其次，要在持续扩大发展空间上下功夫，积极对接和融入“外循环”战略。河南的传统产业大都具有资源性特点，因此河南需要在更大范围内参与国际分工，这样才能获得更大的发展空间，进而实现更大的经济价值，体现产业比较优势。通过融入“双循环”战略，河南要将对内开放和对外开放打造成自身融入经济全球化的战略两翼，全方位融入全国经济和世界经济，不断形成新经济“增长极”，不断拓展新的开放领域和空间。

（三）要加强“四路建设”，深度融入“一带一路”建设

虽然目前贸易保护主义有抬头趋势，但经济全球化依然是主流。过去的十年，河南省凭借空中、陆上、海上和网上四条丝路融入国家“一带一路”建设，取得了显著的成效，获得了国家的认可。河南要进一步发挥原有优势，继续大胆创新和推进改革开放，积极开展与共建“一带一路”国家之间的贸易。要发挥郑州“丝绸之路经济带”的桥头堡作用，进一步拓展国内外空间、资源和市场；着力打造内陆开放新高地，构筑中国内陆枢纽门户，完善跨区域通道建设。要围绕国家中心城市建设，充分利用“三区一群”国家战略的发展机遇，充分发挥区位条件和政策优势，通过自贸区战略引领开放型经济发展，依托“公、铁、空、网”多式联运，强化交通枢纽地位，打造一流的国际物流中心；进一步增强国际开放意识，促进国际化观念转变。通过“丝绸之路经济带”进一步拓宽视野和国际外联空间，通过加大国际交流的密度和强度，实现观念更新、管理创新、技术创新等。

（四）以跨境电商驱动河南对外贸易转型升级

新冠肺炎疫情给河南外贸企业带来历史性的挑战，但跨境电商充分利用线上交易和非接触式交货的优势，迎来新的发展机遇。深化“丝路电商”国际合作，已经成为共建“一带一路”国家发展贸易和推动经济复苏的重要渠道。跨境电商行业在应对疫情带来的全球性挑战，保障全球产业链、供

应链稳定方面发挥了重要作用。郑州的跨境电商也要借助疫情这个“黑天鹅”事件带来的机遇，助推“一带一路”贸易不断深入。首先，要推动跨境电商规则制定。河南跨境电商在连接国内国际两个市场、创新跨境电商理念标准模式等方面发挥了重要作用，但跨境电商规则体系在推动跨境电商联动发展、优化跨境电商运营模式等方面还需要更多的新共识、新方案。其次，以跨境电商促进全省外贸产业转型升级。河南外贸企业的特点是散、小、弱，外贸人才相对比较缺乏，外贸流通的渠道较少，在对外贸易中经常处于劣势，跨境电商弥补了以上这些不足，使中小企业能够走向国际市场。从商品领域看，跨境电商出口的多是各地的特色优势产业产品。越来越多的传统外贸企业和制造企业开始“上线触网”，推动了生产方式、产业组织方式的变革。河南应将“互联网＋外贸”产业与当地的其他产业深度融合，促进产业整体转型升级。最后，培育发展新动能、创造贸易新模式、引领消费新趋势、创造就业新岗位，通过供给与需求的对接增加市场的黏度，促进消费回流、产业链向国内转移，带动全省就业和产业升级。

参考文献

［1］谷建全：《2020 年河南经济运行分析及走势研究》，《区域经济评论》2020 年第 5 期。

［2］河南省社会科学院课题组：《坚定信心看大势　破疫前行稳增长》，《河南日报》2020 年 7 月 16 日。

［3］杜元钊、侯冰玉、杨晓卉：《为全球跨境电商发展贡献“河南方案”》，《国际商报》2020 年 9 月 15 日。

［4］张配豪：《外贸企业“疫”中寻机》，《人民周刊》2020 年第 9 期。

［5］张力：《疫情背景下中国对外贸易发展现状及对策分析》，《时代经贸》2020 年第 22 期。

B.8

2020~2021年河南省财政形势分析与展望

郭宏震　赵艳青*

摘　要： 2020年河南财政收支运行呈现先降后升、总体向好的态势，为全省经济社会发展提供了有力支撑。但同时，受疫情冲击、减税降费等因素影响，财政运行“紧平衡”状态更加突出。展望2021年，河南要坚持以习近平新时代中国特色社会主义思想为指导，全面深入落实更加积极的财政政策，持续深化财税体制改革，围绕推进国家治理体系和治理能力现代化，更好地发挥财政在国家治理中的基础和重要支柱作用。

关键词： 财政收支　财税体制　河南省

2020年，面对突如其来的新冠肺炎疫情所带来的前所未有的冲击，全省各级财政部门以习近平新时代中国特色社会主义思想为指导，在省委省政府的坚强领导下，认真贯彻落实中央和省委省政府决策部署，充分发挥财政职能作用，着力支持统筹推进疫情防控和经济社会发展工作，扎实做好“六稳”工作，全面落实“六保”任务，全年财政收支运行呈现先降后升、总体向好的态势，为全省经济社会平稳健康发展提供了有力支撑。

* 郭宏震，河南省财政厅政策研究室主任，主要研究方向为财政学；赵艳青，河南省财政厅政策研究室主任科员，主要研究方向为财政学。

一 2020年河南省财政收支情况

2020 年以来，受疫情影响，全省财政收入下降较多，基层“三保”面临的压力比以前年度有所增大。1 ~8 月，全省一般公共预算收入 2790. 7 亿元，增长 1. 3%，继续保持恢复性增长态势；全省一般公共预算支出 7095. 2 亿元，同比增长 0. 5%，累计增幅首次实现由负转正。在财政收支矛盾越发严峻的情况下，全省各级财政部门积极筹措资金，优化财政支出结构，重点保障民生领域各项支出需求。1 ~8 月，全省民生支出合计 5427. 4 亿元，同比增长 1. 8%，高于支出平均增幅 1. 3 个百分点。

（一）一般公共预算收入保持恢复性增长

2020 年，受疫情、汛情及国际局势影响，河南财政经济运行呈现“前负后正”的走势，1 ~8 月，全省一般公共预算收入 2790. 7 亿元，增长 1. 3%，地方税收收入 1849. 5 亿元，下降 4. 9%，税收收入占一般公共预算收入比重 66. 3%，同比下降 4. 3 个百分点。河南收入规模在全国排第 7 位，增速排第 2 位，保持稳定恢复态势，且具有以下特点。一是受疫情影响财政收入下降明显。特别是第一季度，全省财政收入下降 16%，如此大的下降幅度也是自 1978 年以来首次出现，其中税收收入下降 22. 9%，同比回落 36. 9 个百分点，合计占全省税收收入比重达 60% 的工业和房地产税收收入分别下降 17. 4%、23. 4%。直到 5 月，全省财政总收入增幅才由负转正。二是增值税降幅明显。1 ~8 月，增值税同比下降 17. 2%，其中工业增值税下降 16. 3%、服务业增值税下降 14. 9%。受国内外市场需求下降、民间投资意愿不强等影响，电气器材、通用设备、专用设备行业增值税分别下降 47. 4%、17. 7%、14. 1%；煤炭、化工、建材、电力行业增值税分别下降 32. 7%、34. 8%、20. 7%、14. 4%。受服务业整体尚未恢复到疫情前正常状态影响，租赁服务、生活服务、交通运输、批发零售、房地产业增值税分别下降 47. 2%、47. 1%、30. 6%、19. 9%、17. 9%。三是主要行业税收受经

济下行影响较大。传统产业税收下降9.4%，其中冶金、建材、轻纺、能源行业税收分别下降16.5%、10.4%、9.6%、16.8%，化工行业税收增长6.8%。主导产业中装备制造、汽车行业税收分别下降14.1%、13.8%，食品、电子信息行业税收分别增长14.2%、32%。四是地区间收入增幅出现分化。1~8月，18个省辖市一般公共预算收入达2705.5亿元，同比增长3.0%。一般公共预算收入增速最低的信阳市（-3.6%）比增速最高的安阳市（7.8%）低11.4个百分点；10个省直管县一般公共预算收入197.3亿元，同比增长14.2%。一般公共预算收入增速最低的兰考县（-0.9%）比增速最高的长垣市（14.3%）低15.2个百分点。

（二）财政支出进度加快，保障更加有力

在财政收支矛盾越发严峻的情况下，全省严格贯彻落实过紧日子的要求，压减非急需非刚性支出，各级财政部门积极筹措资金，优化财政支出结构，重点保障民生领域各项支出需求。1~8月，全省一般公共预算支出7095.2亿元，快于序时进度3.8个百分点，增长0.5%，支出累计增幅首次实现由负转正，且具有以下特点。一是财政聚力保民生。通过加大资金投入力度、加快支出进度、提高资金使用效益，提高保障和改善民生水平。全省民生支出合计5427.4亿元，增长1.8%，高于支出平均增幅1.3个百分点。分科目看，扶贫、文化、就业补助、最低生活保障、公共卫生等基本民生支出分别增长26.3%、12%、14.8%、49.2%、62.4%；科技、节能环保、农林水、住房保障等支出分别增长14.5%、17.4%、16.8%、22.6%，为全省重点民生实事的顺利落实奠定了坚实的基础。其中，在稳岗就业方面，累计筹措各类就业资金88.7亿元，落实职业培训补贴、公益性岗位补贴、社会保险补贴、吸纳就业补贴、创业担保贷款贴息等各项促进就业政策。截至8月底，全省共发放失业保险稳岗补贴资金38.83亿元，惠及企业20428家、职工165.58万人。二是财政着力促发展。通过完善财政政策，健全投入机制，聚焦关键领域薄弱环节，进一步扩投资、补短板、强弱项。为统筹推进疫情防控和经济社会发展，省财政积极谋划、创新措施统筹各类财政资

金支持疫情防控，截至9月23日，全省累计筹措疫情防控资金76.35亿元。下达2020年卫生领域中央基建投资30.9亿元，比上年增加近1倍，专项用于全省卫生领域工程项目建设。为打赢脱贫攻坚战，统筹整合财政相关涉农资金，集中资源投入脱贫攻坚项目，助力实施乡村振兴战略。截至6月底，全省63个试点县共整合各级财政相关涉农资金1009.7亿元，为完成脱贫任务提供了坚强有力的资金保障。为支持保障国家粮食安全，下达农田建设补助资金64.3亿元，支持完成660万亩高标准农田建设任务；提前下达产粮大县奖励资金38亿元，安排6亿元作为一次性奖励资金，进一步调动县级人民政府重农抓粮的积极性。为助力河南省由农业大省向农业强省转变，创新政府支持农业发展补贴方式，充分运用市场金融工具，通过开展“保险+期货”试点，进一步加强全省优势特色农产品与期货市场的对接。为支持稳住外贸外资基本盘，创新性地提出为疫情防控物资进口业务提供进口预付款保险，对外贸企业投保保费给予一定比例的补助。为支持保市场主体，研究建立了“三池三贴息、四贷两担保”财政支持市场主体、纾困解难政策体系，着力破解小微企业融资难、融资贵问题。三是财政合力强基础。用足用好政府债券政策，目前已发行专项债券2527.9亿元，债券发行进度和规模居全国前列，已发行专项债券支出进度达78.8%。开通PPP项目绿色通道，创新推行线上入库评审，前三季度新入库项目86个，投资额912.4亿元，较好地吸引了民间资本。截至上半年，省财政共统筹财政资金103.95亿元，支持设立18只基金，募集资金354.27亿元，各投资基金共决策投资项目503个。重点支持全省交通基础设施、能源、农林水利、生态环保、民生服务、冷链物流设施、市政和产业园区基础设施、公共卫生设施、城市供热供气、紧急医疗救治设施、城镇老旧小区改造等领域，筑牢河南发展基础。

（三）财税体制改革扎实推进

全省各级财政部门持续深化对改革规律的认识和把握，通过认真研究谋划，积极统筹推动，加强宣传创新，激发改革制度活力，扎实推动各项改革工作高质量开展，加快财政体制改革、完善预算管理制度、深化国资国企改革等七个方面的45项具体改革任务均按时间节点积极推进，很多好的经验、好的做法受到了中央、省委的肯定。一是推进省以下财政事权与支出责任划分改革。已出台基本公共服务、医疗卫生、教育、科技、交通运输等主要领域的方案，目前正结合中央改革进展和河南实际积极推动自然资源、生态环境、应急救援、公共文化等领域省以下财政事权和支出责任划分改革。分领域财政事权和支出责任划分改革进一步规范细化了省与市县支出责任分担比例和分担方式，为建立完善与事权和支出责任相适应的制度体系提供了有力支撑。二是深化国资国企改革。持续深化国有资本运营公司改革试点，推进省级层面3家“两类公司”试点运行，稳步扩大试点范围。推动混合所有制改革提质扩面，积极引入民营资本和战略投资者，加快省属国有企业集团层面股权多元化。落实国资监管权力和责任清单，进一步理顺出资人和出资企业的关系，形成以管资本为主的国有资产监管体制。推动国有文化企业公司制股份制改革，依托省文化产业投资有限责任公司组建省文化旅游投资集团。三是深入实施预算绩效管理。构建事前事中事后绩效管理闭环机制。建立共性绩效指标框架，推进分行业分领域绩效指标体系建设。对新出台政策、项目开展事前绩效评估，从源头把好预算安排关，2020年省级部门预算初步实现绩效目标管理全覆盖。启动实施绩效目标实现程度和预算执行进度“双监控”，首次实现绩效运行“对靶”监控。健全单位自评、部门评价和财政评价分层次评价管理机制，2019年度预算绩效自评实现部门预算支出全覆盖。扩大财政重点评价覆盖面，强化评价结果运用，使绩效评价管理向纵深拓展，推动财政资金聚力增效。四是持续深化税制改革。研究制定河南落实国务院印发的《实施更大规模减税降费后调整中央与地方收入划分改革推进方案》的具体措施。认真做好“六税两费”减征、降低社会保险费、重点群体和退役士兵就业创业等优惠政策的落实工作，为优化营商环境、企业降本减负创造有利条件。加强对行政事业性收费和政府性基金的管理，确保已经取消的收费项目不再征收，已经降低的收费标准执行到位，让市场主体切实享受到国家降费红利。

二 2021年河南省财政形势分析

近年来，国内外发展环境复杂多变，我国人口红利消失、土地资源等生产要素成本攀升、宏观杠杆率高企、贸易保护主义抬头等因素使经济增长面临更多挑战，进而对财政收入造成较大压力。

从全国情况看，8 月我国经济克服了疫情和汛情的不利影响，保持了稳定复苏态势，经济运行出现了不少积极变化。从主要数据看，1～8 月，规模以上工业增加值、货物出口的累计增速实现了年内的首次转正，固定资产投资累计增速接近转正；8 月社会消费品零售总额当月增速也实现了年内首次转正。但我国长期积累的结构性矛盾还比较突出，经济恢复过程中的不平衡态势比较明显，保就业、稳企业的压力依然比较大。特别是疫后经济运行一直存在着“生产端强、消费端弱”的不平衡现象，消费恢复进展远落后于生产恢复进展。消费对我国经济增长的贡献已超过 50%，因此消费持续低迷意味着我国经济缺少增长动能，预计 2020 年经济增速不高于 4.0%。

从全省情况看，全省经济持续稳定复苏，生产供给继续改善，市场需求稳步回暖。1～8 月，全省固定资产投资同比增长 3.1%，高于全国（-0.3%）3.4 个百分点，新开工项目投资保持快速增长，计划总投资增长 38.5%，完成投资增长 35.3%。市场销售恢复较快，8 月全省社会消费品零售总额增长 1.5%，增速高于全国（0.5%）1 个百分点。但工业生产仍处于弱复苏状态，8 月全省规模以上工业增加值增长 3.1%，低于全国（5.6%）2.5 个百分点。同时，河南居民消费价格涨幅较大，1～8 月，全省居民消费价格同比上涨 3.8%，高于全国（3.5%）0.3 个百分点。综合来看，面临内外部经济下行压力，河南长期积累的结构性问题与深层次矛盾依然突出，推动全省经济高质量发展任务仍旧艰巨。

从财政自身看，受经济社会活力减弱、实体经济萎缩、失业率增加等导致的税基减少，以及为支持疫情常态化防控、企业纾困等持续实施减免税措施的影响，预计 2020 年全省财政收入增长将继续放缓。加之近两年市县为弥补大规模减税降费政策对财政收入减少的影响，不断加大盘活存量资源资产力度，后续可用于盘活的资源资产相对有限，多渠道筹集收入难度加大。同时，服务促进中部地区崛起、黄河流域生态保护和高质量发展等重大战略，围绕做好‘六稳’工作、落实‘六保’任务，统筹做好科技创新、保障和改善民生等领域工作的资金需求较大。综合分析，2021 年河南财政收支平衡压力将更加突出，必须坚持政府过紧日子的长期方针政策，加强统筹安排，加强财政支出政策的精准调控，用好用足地方政府专项债券，确保财政可持续。

三　2021年促进河南省财政平稳运行的建议

2021 年，要以习近平新时代中国特色社会主义思想为指导，全面贯彻落实党的十九大和十九届二中、三中、四中、五中全会精神和习近平总书记视察指导河南工作时的重要讲话，认真落实省委省政府决策部署，实施更加积极有为的财政政策，支持实施扩大内需战略，着力畅通经济循环，做好“六稳”工作、全面落实“六保”任务，聚焦关键领域、关键环节和关键主体积极布局，提高财政政策的精准度和有效性，着重加大基本公共服务供给力度，提升产业链关键环节竞争力，进一步深化财税体制改革，为河南高质量发展提供重要保障。

（一）加强财政收支管理

加强财政收支管理是确保全省经济社会持续健康发展的重要基础，在外部环境更趋严峻复杂、经济下行压力明显加大、大规模的减税降费政策仍需落实落细、保障民生及重点支出不断增加、收支矛盾异常突出的背景下，河南财政部门要做好以下工作。一是确保财政平稳运行。加强对经济运行和行业发展趋势的跟踪监测，从严控制专项转移支付，调整优化支出结构，科学合理组织收入，积极争取中央加大对河南省特殊转移支付的支持力度，努力实现全省财政收入平稳可持续增长。二是加快预算执行，坚持当好“过路财神”，督促市县加快直达资金支付进度，充分发挥直达资金监控系统作用，确保直达资金尽快惠企利民。用足用好特别国债和新增债券资金，做实项目储备，加快债券发行使用。三是落实落细过紧日子财政方针。坚持尽力而为、量力而行，优化支出结构，大力压减一般性支出，防止超前建设和过度福利化，把过紧日子的财政方针落在实处，集中财力保障重点支出。四是切实兜牢县级“三保”底线。加大财力下沉力度，继续完善省对市县转移支付机制，继续加大对基层的转移支付力度，提高市县财政保障能力，实施“三保”运行动态监控，坚决防范县级“三保”风险。五是切实防范地方政府隐性债务风险。建立完善债务风险监控机制，加强对重点地区政府债务风险的动态监控和预警机制，强化地方政府违规举债责任追究机制，高度关注部分县的财政状况，盘活变现存量财政资源，提高财政资源效率，防范化解可能出现的财政风险。

（二）支持构建基于“双循环”的新发展格局

统筹财政政策和资金，聚焦支持河南发展的关键领域和薄弱环节，着力扩投资、促消费，充分释放河南强大内需市场潜力，构建以国内大循环为主体、国内国际双循环相互促进的新发展格局。一是扩大有效投资。支持以“两新一重”为重点扩大有效投资，加快5G基站、大数据中心、高速铁路、老旧小区改造、黄河生态廊道等项目建设，补齐交通、生态、卫生等领域短板。二是激活城乡消费潜力。充分运用财政政策、税收政策培育消费热点、挖掘消费潜力，着力扩大中等收入群体规模，努力增加高质量供给。构建“智能+”消费生态体系。大力发展“互联网+社会服务”消费模式，促进教育、医疗健康、养老、托育、家政、文化和旅游、体育等服务消费线上线下融合发展。优化商业网点布局，持续改善城市商圈、农村电商网络等设施，释放低线城市和农村地区的消费升级活力。三是加大金融对市场主体的支持。支持用好信用贷款、融资担保、政策性贷款、贴息、应收账款融资、产业链融资等各类政策工具，努力满足中小企业资金需求。加快推动中小银行充实资本金，加大股权、债券市场对中小企业发展的支持。四是支持现代流通体系建设。支持构建便捷畅通的综合运输体系，统筹国家和区域物流枢

组建设，完善提升综合运输通道体系，培育一批国家级骨干物流企业，形成内外联通、安全高效的物流网络。五是支持跨境电商建设。积极研究跨境电商发展新形势、新规则、新举措，聚焦“买全球卖全球”目标，加强制度创新，优化管理服务，构建好开放型的全球数字贸易平台，加快推进国际国内“双循环”。

（三）支持重大决策部署落实落细

围绕省委省政府重大决策部署，继续加大对基础设施建设、扩大开放、产业转型升级等重点领域的投入力度。一是积极筹措财政资金，特别是利用地方政府专项债资金和规范的 PPP 模式，加大对交通、水利、生态保护、农业农村、现代物流等重点领域和薄弱环节建设的投入，力促一批重点项目早落地、早开工、早见效，发挥有效投资的带动作用。二是着力支持扩大开放。支持巩固开放通道和积蓄开放平台优势，以“空中丝绸之路”为引领强化“四路协同”，加快郑州航空港内陆空港型枢纽、中欧班列集结中心建设；放大国家级开放平台叠加联动效应，谋划建设“空中丝绸之路”开放试验区、内陆空港型自由贸易港。三是创新投入机制，提升河南产业链、供应链的稳定性和竞争力。加快形成财政优先保障、金融重点倾斜、社会积极参与的多元投入格局，积极承接发达地区产业转移，培育一批千亿级新兴产业链；推动传统产业提质升级，促使新一代信息技术、现代服务业与制造业融合发展。四是提升科技创新能力，切实把保障创新发展放在突出位置，完善支持创新驱动发展财政政策，持续支持开展科技信贷业务，引导企业加大科技投入，建设共性关键技术创新与转化平台，争取突破一批“卡脖子”技术。五是服务黄河流域生态保护和高质量发展。用好财政资金和绿色发展基金，重点支持沿黄生态保护示范区建设、黄河流域河道和滩区综合提升治理等，引导市县积极跟进，切实加大投入力度。

（四）切实保障和改善民生

继续增加基本民生保障投入，有效保障和改善民生，特别是困难群众基本生活。认真加强重点民生实事资金保障，持续解决人民群众最关心最直接最现实的利益问题。一是加力实施就业优先政策。统筹使用就业补助资金、职业技能提升行动资金等财政专项资金，充分发挥政府性投资基金引导带动作用，持续为企业纾困，强化对重点群体的就业支持。二是稳步提高社会保障水平。建立财政支持农村重度残疾人照护服务机制，完善公共卫生服务补助资金动态监控机制，落实提高城乡低保补助、城乡居民最低基础养老金等标准，稳步实施企业职工基本养老保险省级统筹制度，保障各地特别是困难市县养老金按时足额发放。推动各项社会救助政策的有效衔接，防止社会救助制度进一步碎片化。三是集中财力补齐教育发展短板。保障各项学生资助政策的落实，扩充学前教育资源，促进义务教育均衡发展，提高职业教育发展质量，吸引高水平院校来豫办学，助力高等教育高端突破。四是加强公共卫生体系建设。支持完善疫情应急管理体系和防控救治体系，加强省级重大疫情救治基地建设。完善城乡基本医疗保险制度和大病保险制度，全面推进和完善城乡居民基本医保门诊统筹制度，深入推进医保支付方式改革。五是推进养老服务体系建设。统筹用好各类财政资金，通过贷款贴息、税费优惠、补贴等手段激发社会资本投资养老服务活力，支持养老院、光荣院等养老服务设施、社区嵌入式养老机构、智慧健康养老服务应用平台等的建设，提高养老服务设施有效供给。

（五）支持乡村振兴战略实施

把支持实施乡村振兴战略作为财政支农工作总抓手，加快推进农业农村现代化。一是强化财政投入保障，确保财政支农投入力度不断增大、总量持续增加。研究出台提高土地出让收入用于农业农村比例的意见。利用政府专项债券支持有一定收益的农业农村产业项目建设。二是持续巩固脱贫攻坚成果。在实施乡村振兴战略过程中接续推进扶贫开发工作，建立监测机制和帮扶机制，完善社会保障兜底和社会临时救助政策，提高群众抵御风险能力，着力解决相对贫困问题。三是支持农业高质量发展。以农业供给侧结构性改革为主线，以“四优四化”为重点，加大财政资金统筹整合力度，集中支

持农业高质量发展重大工程项目建设，推进农业发展质量变革、效率变革、动力变革。四是推进农村基础设施建设。发挥财政资金“四两拨千斤”作用，建立健全多元投入机制，加快农村交通运输、农田水利、农村饮水、乡村物流、宽带网络等基础设施建设，尽快补齐农村基础设施短板。五是积极应对粮食安全挑战。进一步扛稳粮食安全重任，深入实施“藏粮于地、藏粮于技”战略，加强高标准农田和水利设施建设，稳定粮食播种面积。落实粮食主产区利益补偿机制，缓解产粮大县财政困难。运用贴息、奖补等方式，支持粮食加工企业原料收购、促进粮食相关企业持续健康发展。

（六）深入推进财税体制改革

加快建立完善中国特色社会主义现代财政制度，推进国家治理体系和治理能力现代化。一是优化政府间事权和财权划分。落实完善财政事权与支出责任划分制度，出台分领域财政事权和支出责任划分改革方案，加快推进实施基本公共服务领域省与市县支出划转基数核定等配套政策，完善转移支付制度，形成稳定的各级政府事权、支出责任和财力相适应的财政体制，支持地方创造性开展工作。二是持续完善预算管理体制。深入实施预算绩效管理，完善绩效管理工作考核机制，不断提高财政资金配置效率。继续深化部门预算改革，实行零基预算，探索建立“能增能减”“有保有压”“能上能下”的预算安排机制。三是全面实施预算绩效管理。深入开展重点项目和部门整体绩效评价，推动绩效评价工作提质增效。强化绩效评价结果挂钩机制，健全绩效管理发现问题整改落实机制，大力削减低效无效支出，提高财政资源配置效率和使用效益。四是不断完善地方税体系。根据国家税制改革进程，结合河南实际，进一步完善增值税制度、消费税征收环节后移等相关制度和政策，逐步健全地方税体系，完善调节城乡、区域、不同群体间的分配关系。五是推进国资国企管理改革。进一步完善国有资本监管政策体系，确保国有资本运营安全。深化国有资本投资运营公司改革。推动投资集团加快探索打造河南国有资本运营公司示范标杆，适时探索推进其他企业改组或组建国有资本投资运营公司。六是推进其他改革任务。开展财政支持深化民营和小微企业金融服务综合改革、持续深化“放管服”改革、着力打造“数字财政”和“智慧财政”等。

参考文献

[1] 河南省财政厅：《2020年8月简要分析》。

[2] 河南省统计局网站：《8月份全省经济运行情况》。

B.9
2020~2021年河南省物流业运行分析与展望*

毕国海　李　鹏　秦华侨**

摘　要：2020年以来，面对新冠肺炎疫情、经济下行和国际贸易摩擦等多重因素影响，国家和省委省政府出台了一系列针对物流领域的纾困解难和减税降费政策，促使物流需求总体平稳，物流运行效率不断提升，高质量发展趋势不断加强。2021年，随着物流业高质量发展的持续深入，降本增效综合改革试点建设将不断加快，“通道＋枢纽＋网络”的现代物流运行体系将不断完善，物流发展环境将不断优化，物流业对国内国际“双循环”新发展格局的支撑作用将不断加强。

关键词：物流业　高质量发展　河南省

2020年是全面建成小康社会和“十三五”规划收官之年，也是“十四五”规划定调之年，更是河南加快物流业转型攻坚、建设现代国际物流中心和全产业链现代物流强省的关键之年。2020年上半年，面对突如其来

---

* ①文中部分数据因四舍五入的原因，存在总计与分项合计不等的情况。②公路货物运输量、公路货物运输周转量根据交通运输部专项调查，调整统计口径，相关联数据与上年不可直接比较。

** 毕国海，中国物流学会兼职副会长、河南省物流学会会长、河南省物流与采购联合会副会长，主要研究方向为流通经济；李鹏，河南省物流与采购联合会秘书长，河南省物流学会副秘书长，高级经济师，主要研究方向为流通经济；秦华侨，河南省物流与采购联合会现代物流信息中心副主任，主要研究方向为流通经济。

的新冠肺炎疫情冲击和复杂多变的国内外环境，全省上下坚决贯彻落实党中央、国务院和省委省政府决策部署，统筹抓好疫情防控和经济社会发展各项工作，全省物流业运行延续总体平稳、稳中有进、进中提质的发展态势。

一　2020年上半年河南省物流业总体运行态势

（一）物流需求稳步提升，需求结构不断优化

2020 年上半年，全省社会物流总需求呈复苏态势，社会物流总额达近 7 万亿元，按可比价格计算，增长 1.2%（见图 1），较一季度上升 9.1 个百分点，高于全国平均增速 1.7 个百分点。

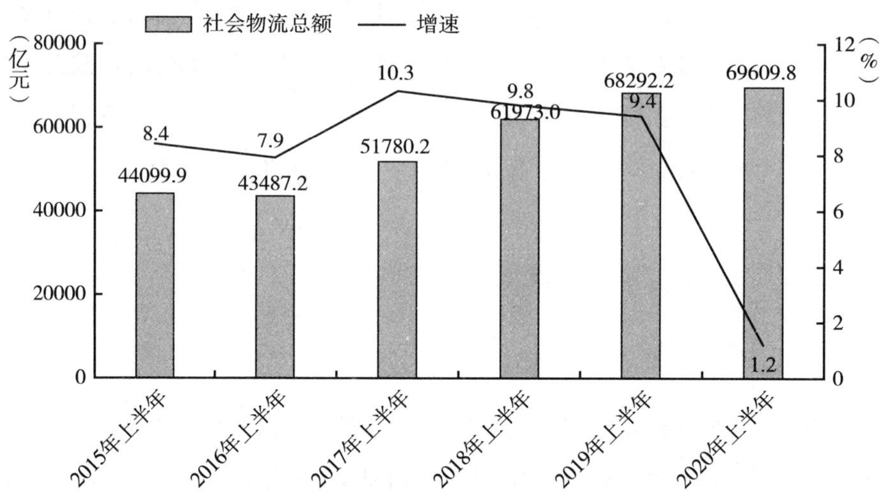

图 1　2015 年上半年至 2020 年上半年河南省社会物流总额及增速

资料来源：河南省物流与采购联合会：《河南省 2020 年上半年物流运行情况通报》。

从需求变化来看，单位与居民物品物流总额、进口货物物流总额保持快速增长；工业品物流总额稳健增长；农产品物流总额、再生资源物流总额和外省流入物品物流总额降幅收窄。从需求结构来看，工业品物流总额占社会

物流总额的84.9%，同比上升0.1个百分点；农产品物流总额占社会物流总额的5.4%，同比上升0.2个百分点；单位与居民物品物流总额占社会物流总额的0.5%，同比上升0.1个百分点；外省流入物品物流总额占社会物流总额的8.0%，同比下降0.6个百分点；进口货物物流总额增长23.1%，增速较上年同期上升32.7个百分点，占社会物流总额的1.2%，同比上升0.2个百分点（见表1）。

表1　2020年上半年河南省社会物流总额情况

单位：亿元，%

指标名称	2020年上半年	增速	占比
社会物流总额	69609.8	1.2	100
其中：农产品物流总额	3746.5	-1.4	5.4
工业品物流总额	59099.7	1.0	84.9
进口货物物流总额	814.4	23.1	1.2
再生资源物流总额	55.3	-4.2	0.1
单位与居民物品物流总额	344.3	33.5	0.5
外省流入物品物流总额	5549.6	-3.9	8.0

资料来源：河南省物流与采购联合会：《河南省2020年上半年物流运行情况通报》。

（二）物流运行质量提升，降本增效进展显著

随着国家和全省一系列针对物流领域的纾困解难和减税降费政策的落地实施，社会物流成本持续回落，成本结构不断优化，物流业降本增效取得显著进展。全省社会物流总费用为3497.4亿元，社会物流总费用占GDP的比例为13.7%，单位GDP所消耗的社会物流总费用持续回落（见图2）。

从物流各环节的费用看，运输费用占比最大，保管费用占比提升最多。运输费用占总费用的56.0%，同比下降3.7个百分点；保管费用占总费用的31.5%，同比上升2.6个百分点；管理费用占总费用的12.5%，同比上升1.1个百分点（见表2）。

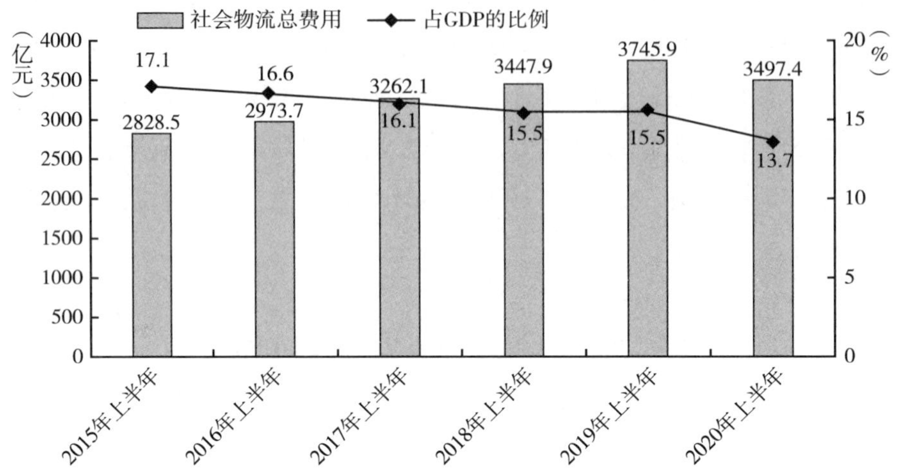

图2　2015年上半年至2020年上半年河南省社会物流总费用及其占GDP的比例变化

资料来源：河南省物流与采购联合会：《河南省2020年上半年物流运行情况通报》。

表2　2020年上半年河南省社会物流总费用及构成

单位：亿元，%

指标名称	2020年上半年	占比
社会物流总费用	3497.4	100.0
其中:运输费用	1959.4	56.0
保管费用	1102.2	31.5
管理费用	435.8	12.5

资料来源：河南省物流与采购联合会：《河南省2020年上半年物流运行情况通报》。

（三）物流规模不断壮大，产业支持作用不断增强

2020年上半年，全省物流业营业收入2950.2亿元，增长1.0%，比一季度上升13.4个百分点；全省共有A级及以上物流企业191家，新增加21家（见图3），其中3A级及以上物流企业181家，新增加18家，5A级物流企业12家，新增加1家。2019年，双汇物流、华夏易通等9家企业入选全国冷链物流百强企业名单（见图4）；中原大易科技有限公司获评5A级网络货运平台企业，河南省脱颖实业有限公司获评3A级网络货运平台企业。

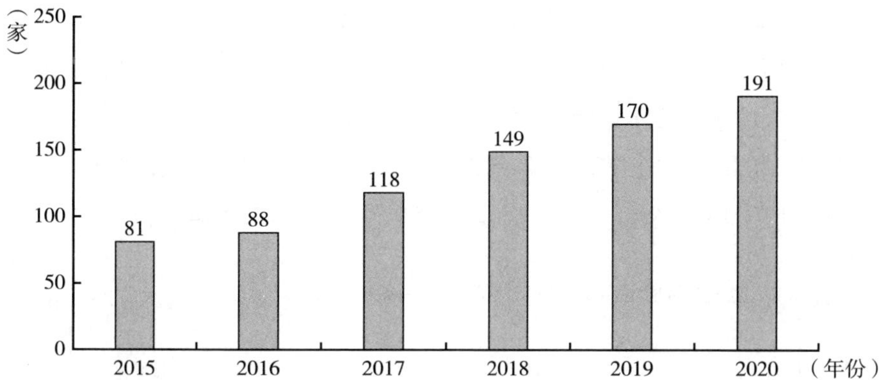

图3　2015~2020年河南省A级及以上物流企业数量

资料来源：中国物流与采购联合会：《关于发布第三十批A级物流企业名单的通告》（物联评估字〔2020〕97号）。

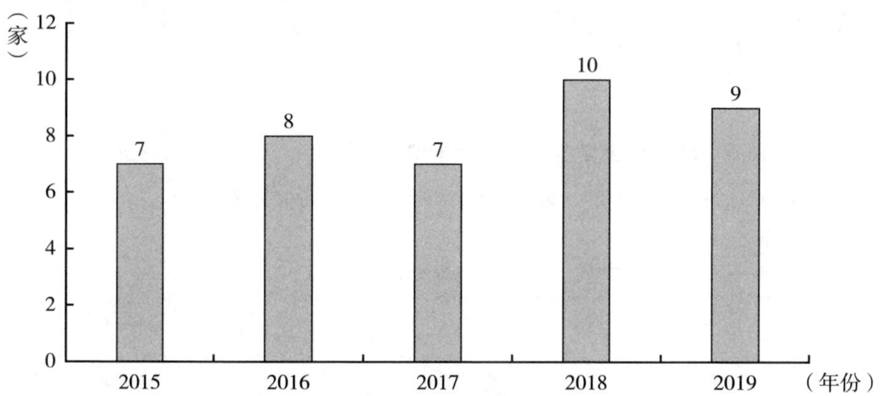

图4　2015~2019年河南省入围全国冷链物流百强企业数量

资料来源：中国物流与采购联合会：《中国冷链物流发展报告（2020）》。

（四）专业特色不断加强，转型升级态势明显

全省物流产业结构不断优化，快递物流、电商物流等重点领域加快发展。一是跨境电商。全省跨境电商（含快递包裹）进出口交易额760.2亿元，同比下降4.6%；全省跨境电商零售进出口清单完成9779.7万单、货值105.7亿元，分别增长80.1%、50.7%，其中出口清单6537.5万单、货

值57.9亿元，分别增长351%、343.2%，出口清单占全部进出口清单的67%，半年度出口业务历史上首次超过进口。二是快递物流。全省快递业务量累计完成12.02亿件，增长35.3%，较一季度上升23.3个百分点，居全国第8位、中部六省第1位；业务收入累计完成106.39亿元，增长27.8%，较一季度上升18.2个百分点，居全国第9位、中部六省第1位。

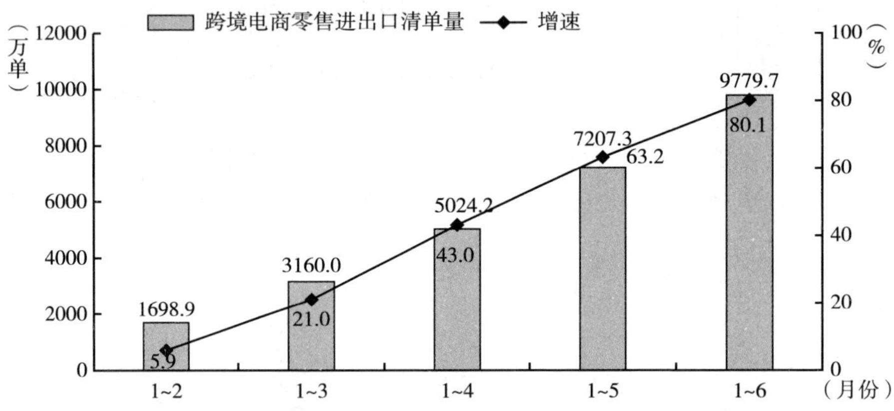

图5　2020年上半年河南省跨境电商零售进出口清单量及增速

资料来源：河南省商务厅：《2020年上半年全省商务运行情况分析》。

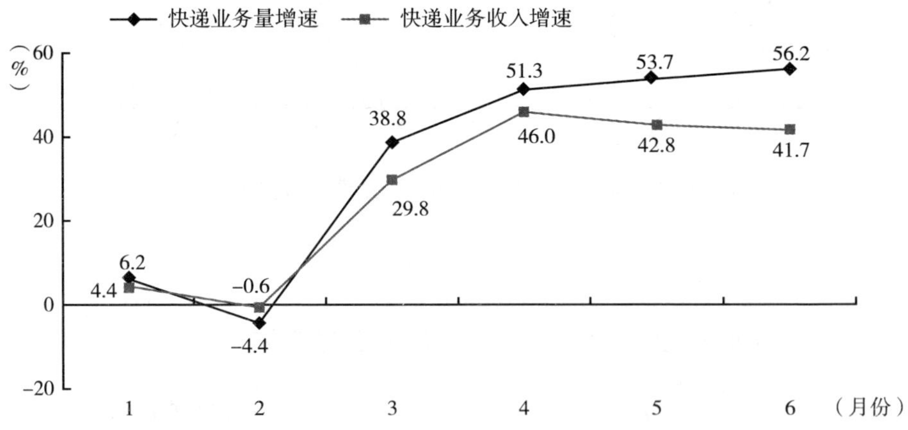

图6　2020年上半年各月份河南省快递业务量和业务收入增长趋势

资料来源：河南省邮政管理局：《2020年上半年河南省邮政行业运行情况》。

（五）物流基础设施健全，投资结构不断优化

2020 年上半年，全省亿元以上在建（续建、新建）和新签约物流项目 205 个，计划投资 290.1 亿元，已完成投资 51.3 亿元；全省 1800 个乡镇共设立快递网点 3195 个，平均每个乡镇拥有快递网点 1.78 个，快递网点乡镇覆盖率连续 3 年保持 100%，全省快递进村通达率已达到 71.61%；全省交通运输、仓储和邮政业固定资产投资同比增长 9.9%，较上年同期上升 5.6 个百分点，高于全省固定资产投资增速 7.3 个百分点，高于第三产业固定资产投资增速 7.1 个百分点（见图 7）。

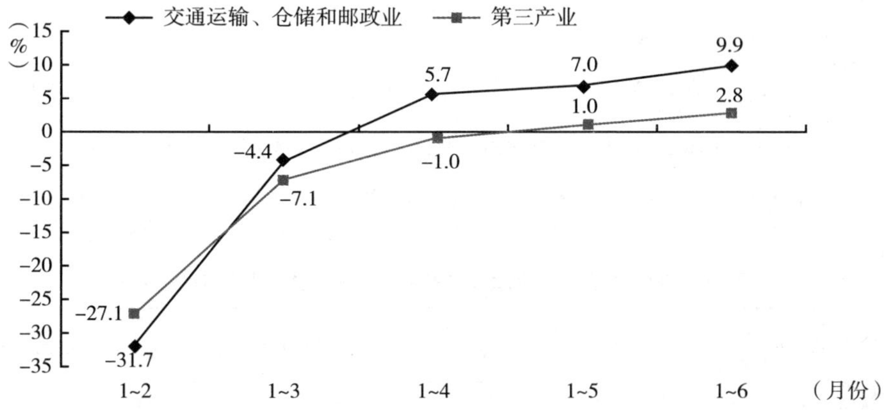

图 7　2020 年上半年河南省交通运输、仓储和邮政业与第三产业固定资产投资增速

资料来源：河南省统计局：《河南省第三产业统计月报》，2020 年 1 ~6 月。

（六）货运规模持续扩张，运输结构不断优化

上半年，全省货物运输量 9.1 亿吨，下降 3.1%，降幅比一季度收窄 12.0 个百分点；货物周转量 3705.1 亿吨公里，下降 3.9%，降幅比一季度收窄 8.6 个百分点。其中，铁路货物运输量占总货物运输量的 5.4%，同比上升 1.2 个百分点，货物周转量占总货物周转量的 25.4%，同比上升 2.6 个百分点；公路货物运输量占总货物运输量的 87.8%，同比下降 1.2 个百分

点，货物周转量占总货物周转量的62.4%，同比下降1.3个百分点；水路货物运输量和货物周转量分别占总货物运输量和总货物周转量的6.8%和12.1%，同比分别下降0.1个和1.3个百分点（见表3）。

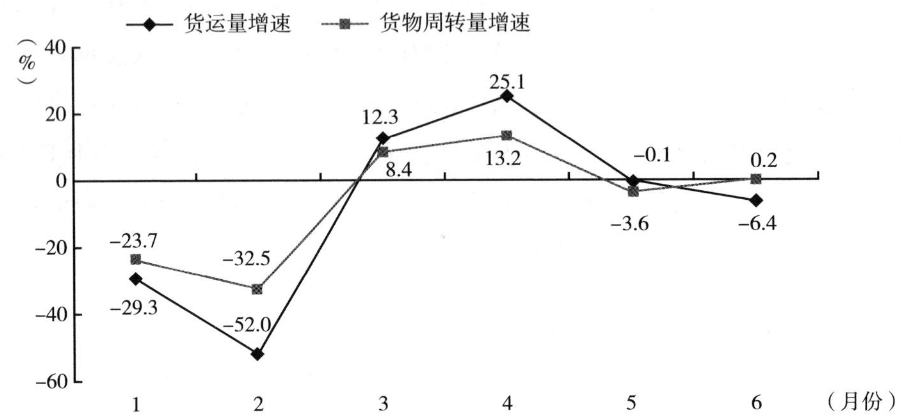

图8　2020年上半年各月河南省货物运输量、货物周转量增速走势

资料来源：河南省物流与采购联合会：《河南省2020年上半年物流运行情况通报》。

表3　2020年上半年河南省货物运输量和货物周转量情况

运输方式	货物运输量（亿吨）	增速（%）	占比（%）	货物周转量（亿吨公里）	增速（%）	占比（%）
铁路	0.49	3.9	5.4	942.45	-4.7	25.4
公路	8.01	-1.4	87.8	2313.51	1.3	62.4
水路	0.62	-24.5	6.8	447.30	-22.9	12.1
航空	0.001	21.1	-	1.87	20.4	0.1
总计	9.12	-3.10	100	3705.12	-3.90	100

资料来源：河南省物流与采购联合会：《河南省2020年上半年物流运行情况通报》。

（七）中欧班列（郑州）提质增效，辐射范围不断扩大

2020年上半年，河南“班列+跨境电商”“班列+国际邮件”等“集拼集运”业务快速发展，中欧班列（郑州）实现每周去程14班、回程10班多线路开行，郑州获批建设唯一的中欧班列集结中心。中欧班列（郑州）

累计开行 439 班（285 班去程，154 班回程）（见图 9），货值 17.69 亿美元，同比增长 6.32%，货重 27.72 万吨，同比增长 17.46%；其中“菜鸟号”跨境电商出口班列 34 班、清单 1256.0 万单、货值 1.7 亿元；中欧班列（郑州）运邮集装箱 71 个，邮件 2.8 万袋，重量 454.5 吨。

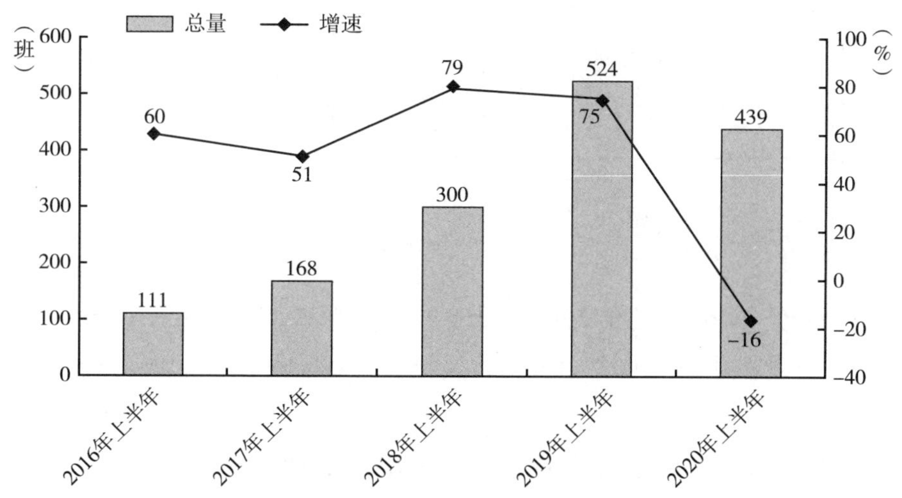

图 9　2016 年上半年至 2020 年上半年中欧班列（郑州）开行情况

资料来源：河南省物流与采购联合会：《河南省 2020 年上半年物流运行情况通报》。

（八）航空货运持续领先，枢纽建设不断加快

受新冠肺炎疫情和国际贸易摩擦等多重因素影响，郑州机场发挥自身航空货物操作和全货机保障能力优势，统筹调配货站资源，积极吸引航空公司、货代企业加大运力投放，增开航班航线，推动全省机场货邮吞吐量迅猛增长。上半年，全省机场货邮吞吐量达 25.6 万吨，增长 21.1%（见图 10），客货吞吐量居中部六省第 1 位。其中，郑州机场货邮吞吐量 25.5 万吨，增长 21.4%；6 月郑州新郑机场货邮吞吐量 5.4 万吨，增长 42.5%，增速居全国第 1 位，且 4～6 月连续 3 个月单月货物运输量增速排名居全国第 1；洛阳机场货邮吞吐量 277.2 吨，下降 54.5%；南阳机场货邮吞吐量 349.9 吨，下降 32.3%。

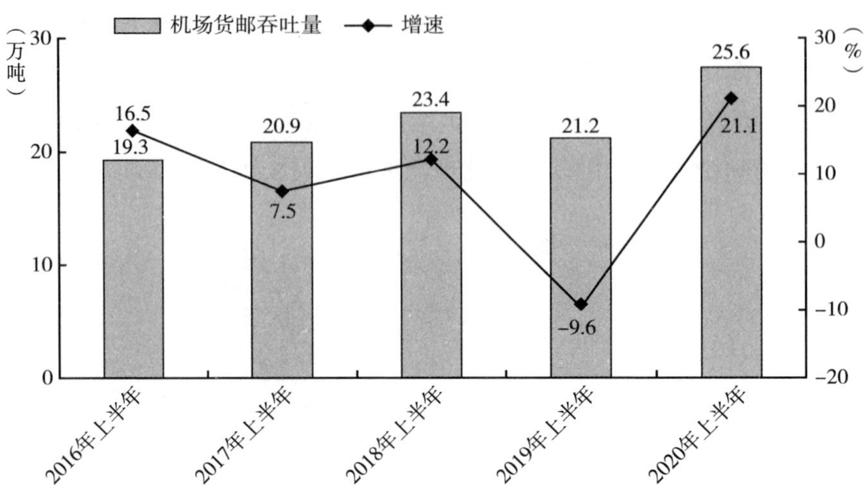

图10　2016年上半年至2020年上半年河南省机场货邮吞吐量及其增速

资料来源：河南省物流与采购联合会：《河南省2020年上半年物流运行情况通报》。

（九）口岸功能不断丰富，服务能级加速提升

河南省是内陆地区口岸数量最多、种类最全的省份，已经获批了药品、国际邮件、进境粮食、进境冰鲜水产品等10个进口指定口岸。2020年上半年，进境水果、食用水生动物口岸扭转上年业务低迷局面，进口樱桃、榴梿、山竹等水果568.9吨，进口食用水生动物129.9吨，分别增长25倍和3.5倍。肉类口岸恢复进口业务，进口肉类产品4365.5吨。邮政、粮食口岸分别完成进出境邮件2441.9万件、进口绿豆5214.2吨，郑州药品口岸在郑州机场完成首单进口测试。

（十）物流活动保持活跃，行业发展稳中向好

2020年上半年，全省物流业景气指数（LPI）平均值为49%，低于正常水平1个百分点，低于上年同期水平7.1个百分点，但业务活动预期指数平均值为56.5%，高于正常水平6.5个百分点，位于50%以上扩张区间，这说明随着疫情持续好转，物流业未来将继续保持平稳增长态势（见图11）。

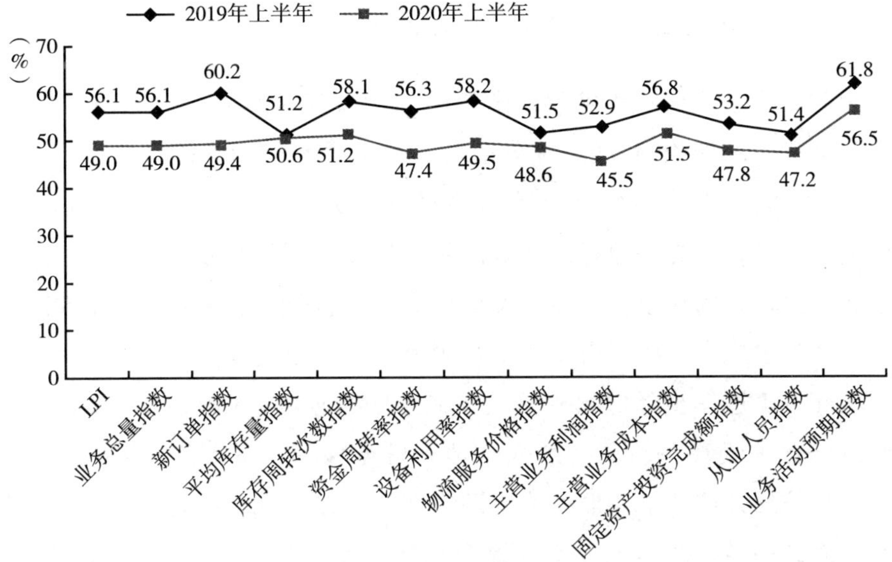

图 11　2019 年上半年与 2020 年上半年物流业景气指数（LPI）及各指标平均值

资料来源：河南省物流与采购联合会：《河南省 2020 年上半年物流运行情况通报》。

二　2021年河南省物流业运行分析预测

2021 年及今后一段时期，河南省物流运行的宏观经济环境总体向好，河南省物流业面临诸多发展机遇，具体将呈现以下几方面特点。

（一）物流需求稳定增长

2020 年以来，受新冠肺炎疫情、经济下行和国际贸易摩擦等因素影响，全省社会物流需求增速较上年同期放缓，物流业吸纳就业和赢利能力减弱。国家和河南省及各省辖市政府积极采取相应措施，出台了一系列减税降费政策措施，推进物流业复工复产，初步预计 2020 年全省社会物流总额将达到 15. 6 万亿元，增长 6% 左右；2021 年全省社会物流总额将达到 16. 7 万亿元，增长 7% 左右。

（二）物流降本增效改革持续深化

为推动物流业高质量发展，破解制约物流降本增效的“难点、堵点、痛点”问题，2020 年 1 月，河南省发展改革委和交通运输厅联合印发了《河南省物流降本增效综合改革试点建设实施方案》（豫发改服务业〔2020〕8 号），着力构建降本增效的长效机制、便捷高效的现代物流服务体系和审慎包容的新业态新模式发展生态，完善物流业管理体制机制，降低制度性交易成本。2020 年 5 月，《国务院办公厅转发国家发展改革委交通运输部关于进一步降低物流成本实施意见的通知》（国办发〔2020〕10 号）从深化关键环节改革、加强土地和资金保障、深入落实减税降费措施、加强信息开放共享、推动物流设施高效衔接、推动综合物流业提质增效等方面进一步降低物流成本、提升物流效率。预计 2020 年，全省社会物流总费用约 7700 亿元，增长 5% 左右；2021 年全省社会物流总费用约 8300 亿元，增长 7% 左右。

（三）冷链物流提质增效

2020 年 3 月 16 日，国家发展改革委办公厅印发《关于开展首批国家骨干冷链物流基地建设工作的通知》，提出以构建国家层面的骨干冷链物流基础设施网络为目标，以整合存量冷链物流资源为主线，重点在高附加值生鲜农产品（包括果蔬、畜禽、奶制品、水产品、花卉等）优势产区和集散地，依托存量冷链物流基础设施群建设一批国家骨干冷链物流基地。经过积极申报，郑州市入选 2020 年 17 个国家骨干冷链物流基地建设名单，成为河南省首批入选城市。随着《河南省物流业转型发展规划（2018 ~2020 年）》持续推进，到 2020 年末河南省“全链条、网络化、严标准、可追溯、新模式、高效率”的现代冷链物流体系以及“郑州国际冷链物流中心 + 区域性冷链物流基地 + 城乡冷链物流网络”的冷链物流空间网络布局将基本形成，肉类、速冻食品、果蔬及特色农产品、乳制品、医药等重点产业全程冷链体系将基本健全，冷链物流标准化水

平将大幅提升，冷链物流领军企业将快速崛起，新业态新模式将持续创新发展，冷链物流发展水平将稳居全国前列。

（四）物流枢纽布局建设稳步推进

2019 年首批获批建设的 23 个国家物流枢纽在推动提高物流组织化、规模化、网络化水平方面发挥了重要的骨干引领作用，并在枢纽经济发展等方面做出有益探索，国家层面正在研究制定 2021～2025 年国家物流枢纽建设实施方案。2020 年 2 月，国家发展改革委和交通运输部联合开展了 2020 年度国家物流枢纽建设工作，河南省积极申报生产服务型、商贸服务型和陆港型国家物流枢纽。同时，河南省发展改革委和交通运输厅联合开展了区域物流枢纽布局建设工作，评选出首批 18 个区域物流枢纽，极大地推动了国家物流枢纽、区域物流枢纽和重要物流节点有机衔接的现代物流枢纽系统建设。此外，国家发展改革委、自然资源部和中国物流与采购联合会共同开展了第三批国家级示范物流园区评选工作；河南省发展改革委、邮政管理局、商务厅、财政厅联合开展了第二批省级冷链、快递、电商物流示范园区评选工作。随着新一批的物流枢纽和示范园区获批建设，河南省连通境内外、辐射东中西的物流枢纽通道地位将更加凸显。

（五）多式联运体系不断完善

2020 年 7 月，国家发展改革委下达中央预算内投资 2 亿元，支持郑州、重庆、成都等 5 个区位条件优越、设施基础良好、运营规范有潜力的中欧班列枢纽节点城市开展中欧班列集结中心示范工程建设，郑州以创新能力、高质量开行、信息化应用水平、运营规范、区位优势、枢纽效应及市场化程度等综合评分第 1 名的成绩，成为中东部地区唯一获批建设中欧班列集结中心的城市。郑州获批中欧班列集结中心将促进中欧班列开行由“点对点”向“枢纽对枢纽”转变，加快形成“干支结合、枢纽集散”的高效集疏运体系，对推动河南内陆开放高地建设、助推河南在新一轮开放中抢占制高点发挥有力的支撑作用。2020 年，河南省发展改革委和交通运输厅联合评选出

10 个第二批省级多式联运示范工程项目，至此河南省共评选出 22 个省级多式联运示范工程项目，推动了河南省多式联运标准规范不断完善、标准化运载单元推广应用、先进运输组织形式创新发展、多式联运信息开放共享、货运枢纽功能不断提升。下一步，河南省将推动组建省级多式联运平台，制定多式联运标准规范，推行国际物流全程“一单制”和标准化运输，构建多式联运发展运行服务体系，加快多式联运转型升级。

（六）智慧物流创新发展

2020 年“政府工作报告”要求加强新型基础设施建设，发展新一代信息网络，拓展 5G 应用，建设数据中心，增加充电桩、换电站等设施。“新基建”上升到国家层面将有力推动物流行业的数字化、智能化转型升级，提升供应链整合和物流服务水平，加速物流装备制造业从单点、局部的信息技术应用向全面数字化、网络化和智能化转变。河南省发展改革委印发了《2020 年河南省数字经济发展工作方案》，提出推进物流行业数字化转型，鼓励建设 5G 智能物流园区，培育一批智能无人仓储和无人分拣应用试点，推广应用标准化物流运输载具，新建、改造提升一批物流公共服务信息平台，争创国家智能化仓储物流示范基地。河南省“新基建”和物流数字化建设进程的不断加快，将推动智慧化物流配送体系加快构建、数字化设备加快推广应用、物流业数字化平台加快建设、物流业数字化服务体系不断完善，不断提升物流运行效率。

（七）物流融合发展趋势不断加强

物流业衔接生产与消费，既是生产环节的参与者和供给侧，又是消费环节的承担者和需求侧，对需求和供给的平衡协调、互动发展有着很大的影响，是推动经济国内国际“双循环”发展的有力支撑。8 月，国家发展改革委等 14 部门联合印发了《推动物流业制造业深度融合创新发展实施方案》，探索建立符合我国国情的物流业制造业融合发展模式，统筹推动物流业降本增效提质和制造业转型升级，促进物流业制造业协同联动和跨界融合，延伸产业链，稳定供应链，提升价值链，为实体经济高质量发展和现代化经济体系建设奠定坚实基础。河南省政府下发《河南省人民政府关于明确政府工作报告提出的2020年重点工作责任单位的通知》，提出推进先进制造业和现代服务业深度融合，推动以国内大循环为主体、国内国际双循环相互促进的新发展格局加快形成。

参考文献

［1］河南省物流与采购联合会：《河南省2020年上半年物流运行情况通报》。

［2］《河南省人民政府办公厅关于印发〈河南省物流业转型发展规划（2018～2020年）〉的通知》（豫政办〔2017〕109号）。

［3］尹弘：《政府工作报告》，《河南日报》2020年1月10日，第1版。

［4］中国物流信息中心：《2019年物流运行情况分析与2020年展望》。

［5］《河南省人民政府关于明确政府工作报告提出的2020年重点工作责任单位的通知》（豫政〔2020〕7号）。

［6］河南省发展改革委、河南省交通运输厅：《河南省物流降本增效综合改革试点建设实施方案》（豫发改服务业〔2020〕8号）。

［7］《国务院办公厅转发国家发展改革委　交通运输部关于进一步降低物流成本实施意见的通知》（国办发〔2020〕10号）。

［8］国家发展改革委等：《关于印发〈推动物流业制造业深度融合创新发展实施方案〉的通知》（发改经贸〔2020〕1315号）。

［9］交通运输部：《关于推动交通运输领域新型基础设施建设的指导意见》（交规划发〔2020〕75号）。

B.10
2020～2021年河南省居民消费价格走势分析

袁金星*

摘　要：　2020年1～8月，受国内外经济形势以及新冠肺炎疫情影响，全省CPI整体呈现高位下降态势，同比上涨3.8%。本轮CPI上涨结构性特征十分明显，食品类尤其是猪肉价格上涨是核心推动力，初步判断2020年全省CPI涨幅在3.5%左右。总体预计2021年河南省CPI呈现先高后低走势，同比涨幅不会超过3.0%，物价总水平将回归正常轨道。最后，本文提出了加强农副产品疫病防治及监管、加强"菜篮子"价格监测和反馈体系的建设、着力推进乡村产业振兴等政策建议，以促进居民消费价格平稳运行。

关键词：　居民消费价格指数　猪肉价格　河南省

居民消费价格指数（Consumer Price Index，简称CPI）是居民生活消费品和服务价格水平随着时间变动的相对数，综合反映居民购买的生活消费品和服务价格水平的变动情况。居民消费价格统计调查涵盖城乡居民生活消费的食品烟酒、衣着、居住、生活用品及服务、交通和通信、教育文化和娱乐、医疗保健、其他用品和服务等八大类262个基本分类的商品与服务价

* 袁金星，河南省社会科学院经济研究所副研究员，主要研究方向为国民经济、科技经济。

格。通过掌握CPI变动走势，可以了解价格变动的基本情况，分析研究价格变动对经济社会的影响，为政府制定政策和计划、进行宏观调控等提供重要参考依据。同时，CPI变动情况与居民生活密切相关，公众关注度也比较高。因此，对全省CPI变动展开年度分析及预测十分重要、十分必要。

一　2020年1～8月河南省居民消费价格总体情况

2020年初以来，国际形势复杂多变，国际贸易摩擦加剧，突如其来的新冠肺炎疫情又使中国经济停摆百日之多，至今其影响仍未完全消除。国内经济下行压力持续增大，面对诸多不利因素，在以习近平同志为核心的党中央的坚强领导下，河南省委省政府认真贯彻落实中央关于保稳物价的系列政策措施，深入推进复工复产、复市复业，推动市场回归稳健运行的成效不断彰显。1～8月，河南省居民消费价格指数（CPI）同比上涨3.8%，较一季度及上半年分别收窄1.7个和0.3个百分点，涨幅呈持续收窄的运行态势，价格水平整体正在加速回归正常运行期间值。

（一）CPI同比上行压力趋缓

疫情暴发期间，河南省委省政府积极调控，全省各地各类居民生活必需品供应充足，但因处非常时期，一季度居民消费价格累计上涨幅度较大，二季度以来，疫情趋缓，随着各行业复工复产，全省社会生活趋于正常，1～8月，河南省CPI比上年同期上涨3.8%，高于全国（3.5%）0.3个百分点。1～8月，全省CPI累计分别同比上涨5.8%、5.8%、5.5%、4.9%、4.4%、4.1%、3.9%、3.8%，呈逐步下降态势（见图1）。

1～8月，河南省CPI由高到低降位运行，与全国趋势基本一致。1月，因春节节日及翘尾因素影响，食品类价格涨幅较大，带动CPI同比涨幅扩大；2月受翘尾因素及疫情影响，CPI同比涨幅达到5.8%；3月随着疫情得到有效控制，全省各地逐步复工复产，食品类价格下降拉动CPI同比大幅下降。4～8月，社会生活趋于正常，CPI同比归于正常。

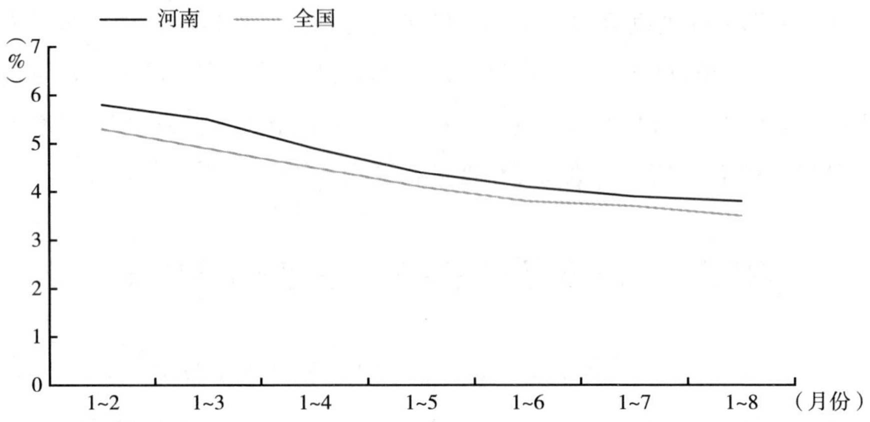

图1　2020 年 1 ~ 8 月河南与全国居民消费价格指数运行趋势

资料来源：河南省统计局、国家统计局河南调查总队：《河南统计月报》。

（二）CPI 环比总体呈下降态势，三季度有所回升

一季度，全省 CPI 环比呈下降态势，1 ~ 3 月 CPI 环比涨幅分别为 1.6%、0.9%、-1.1%。1 月受春节节日因素影响 CPI 环比涨幅扩大；2 月疫情防控态势紧张，人工、物流、仓储等各运输环节均受到不同程度的影响，使得成本增加，鲜菜、猪肉价格不降反涨，持续高位运行；3 月，随着国内疫情防控成效不断显现，物资流通、企业复工复产、供给逐步增加，鲜菜价格明显下降，猪肉价格小幅下降，拉动 CPI 环比下降。二季度，复工复产、复市复业继续推进，各地区各部门认真贯彻落实中央关于保供稳价的系列政策措施，市场运行总体平稳。4 月、5 月、6 月全省 CPI 环比涨幅分别是 -1.1%、-1.3%、-0.1%。进入三季度，CPI 环比涨幅有所回升，7 月、8 月 CPI 环比涨幅分别是 0.6%、0.6%。其中，仍受食品价格上涨影响较大。随着餐饮服务等逐步恢复，猪肉消费需求持续增加，而多地洪涝灾害对生猪调运产生了一定影响，供给仍然偏紧，猪肉价格出现了明显上涨；与此同时，受不利天气影响，鲜菜生产和储运受到影响，价格同比涨幅扩大，但是总的来看，由于蔬菜的生产周期较短，对价

格的影响不具可持续性，主要是短期影响等，综合这些因素，三季度全省CPI出现了小幅回升（见图2）。

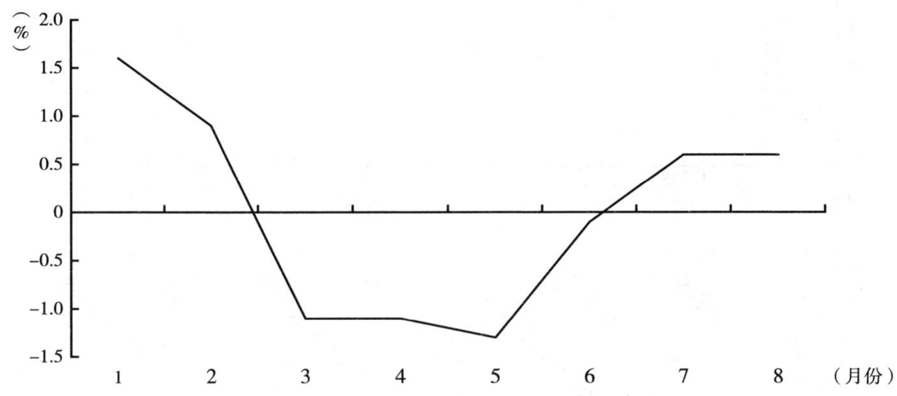

图2　2020年1~8月河南省居民消费价格指数环比变化趋势

资料来源：河南省统计局、国家统计局河南调查总队：《河南统计月报》。

（三）八大类商品及服务价格“四升四降”

1~8月，全省八大类商品及服务价格累计呈“四升四降”态势。其中，食品烟酒类价格累计上涨12.4%，其他用品及服务类价格累计上涨8.8%，医疗保健类价格累计上涨3.3%，教育文化和娱乐类价格累计上涨0.5%；生活用品及服务类价格累计下降0.1%，居住类价格累计下降0.3%，衣着类价格累计下降1.1%，交通和通信类价格累计下降4.4%（见图3）。

（四）与全国相比，河南八大类商品及服务价格“三高四低一平”

1~8月，河南八大类商品及服务价格与全国平均水平相比呈“三高四低一平”特征。食品烟酒类、医疗保健类、其他用品和服务类累计价格涨幅分别高于全国平均水平0.9个、1.3个和3.7个百分点，衣着类、生活用品及服务类、交通和通信类、教育文化和娱乐类累计价格涨幅分别低于全国平均水平0.9个、0.2个、1.0个和1.0个百分点，而居住类累计价格涨幅与全国持平，为-0.3%（见图4）。

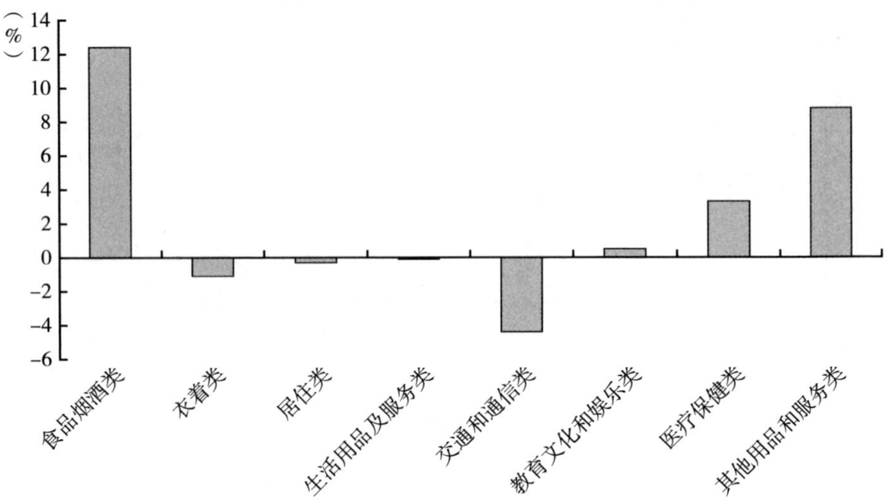

图 3　2020 年 1～8 月河南省八大类商品及服务价格累计变动情况

资料来源：河南省统计局、国家统计局河南调查总队：《河南统计月报》。

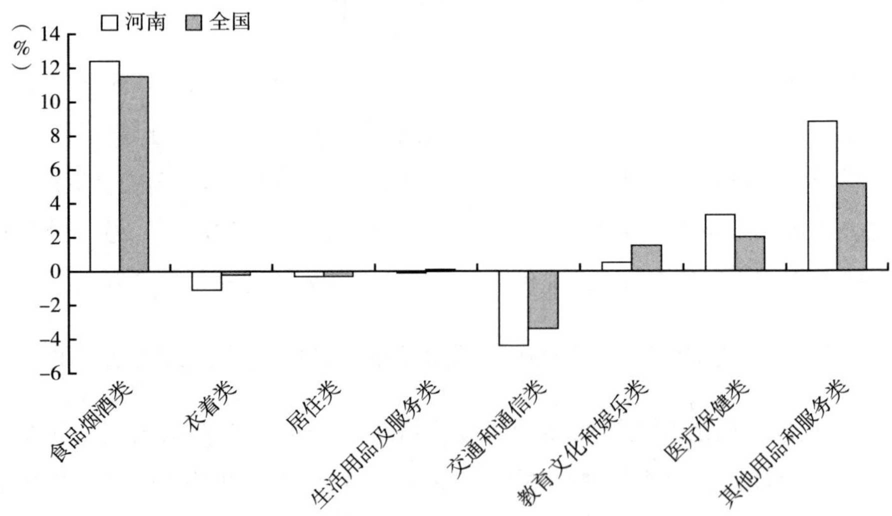

图 4　2020 年 1～8 月河南省与全国八大类商品及服务价格累计变动情况对比

资料来源：河南省统计局、国家统计局河南调查总队：《河南统计月报》。

（五）分月度同比看，总体呈先高后低走势

2020 年 1 ~8 月，河南 CPI 当月同比分别上涨 5.8%、5.9%、4.8%、3.4%、2.3%、2.5%、2.9%、2.7%（见图 5）。可知，1 ~4 月，河南 CPI 持续高位运行，均超过 3%警戒线，但同比涨幅在不断收窄，逐步进入下降通道。自 5 月开始，河南 CPI 开始低于 3%警戒线，但仍出现小幅波动，表现在 6 月、7 月出现了小幅上升情况，8 月再次出现小幅下降。整体而言，呈先高后低走势，疫情等因素对消费价格的影响正在逐步减弱。

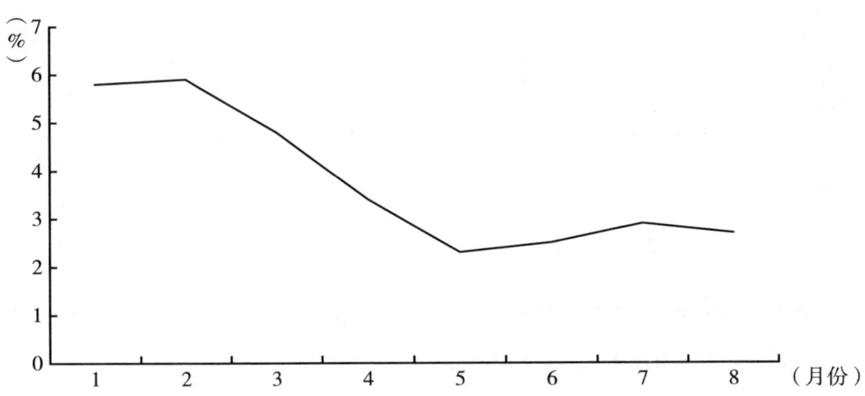

图 5　2020 年 1 ~8 月河南省居民消费价格指数月度同比变动趋势

资料来源：河南省统计局、国家统计局河南调查总队：《河南统计月报》。

二　2020年1~8月河南省居民消费价格上涨结构分析

（一）食品类价格上涨在 CPI 上涨结构中占据主导地位

2020 年 1 ~8 月，全省食品及烟酒类价格同比上涨 12.4%，涨幅较上年同期扩大 7.9 个百分点，较上半年回落 1 个百分点，畜肉是食品价格上涨的主要推手。由图 6 可知，较上年同期比，六大类食品消费价格指数中，除了蛋类、鲜果类价格指数回落外，其余四大类价格指数均上涨。其中，畜肉类价格上涨73.6%。CPI由食品项和非食品项构成，食品项在CPI篮子中总比重约为20%。CPI非食品项虽然权重高，但因其价格相对平稳，对CPI波动的影响相对较小。而CPI食品项虽然权重较小，但其价格波动较大，对CPI的影响往往相对较大。所以2020年以来物价的持续上涨，食品类的价格上涨是主要推动力。

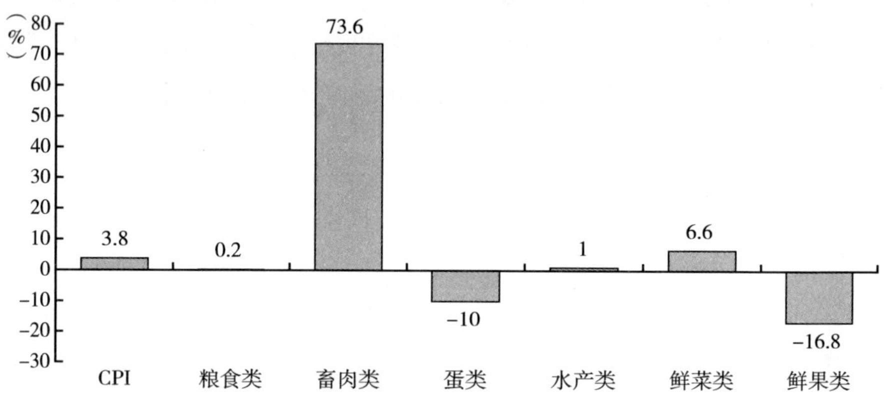

图6　2020年1~8月河南省CPI及食品类居民消费价格指数同比涨幅

资料来源：河南省统计局、国家统计局河南调查总队：《河南统计月报》。

（二）畜肉价格保持高位波动运行

食品类中，猪肉是中国最主要的肉类消费品，猪肉价格权重最高并且波动幅度最大，是CPI食品项价格最重要的影响因素。从历史数据看，我国猪肉价格波动和CPI波动高度相关，2008年至今，猪肉价格和CPI的相关系数达到0.82，远高于CPI篮子中的其他商品。由图7可知，2020年1~8月，畜肉类价格整体仍处于高位。从这个角度看，畜肉类价格特别是猪肉价格的上涨是2020年CPI上涨的核心因素。2020年1~8月，河南各月畜肉类价格环比涨幅分别为6.9%、6.8%、-4.1%、-6.4%、-7.1%、2.8%、7.6%、1.6%，波动态势明显。

一季度猪肉价格上涨的原因，从供应端来看，一是自2018年下半年以

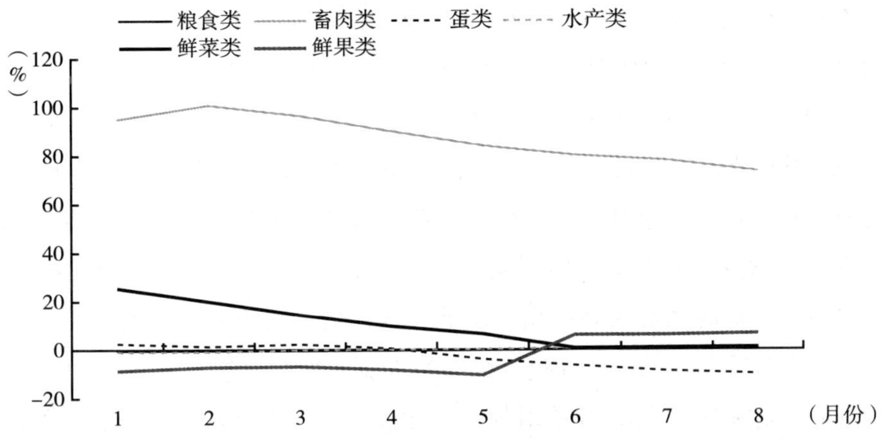

图7　2020 年 1 ~8 月食品类居民消费价格指数月度同比涨幅

资料来源：河南省统计局、国家统计局河南调查总队：《河南统计月报》。

来，生猪养殖遭受了非洲猪瘟疫情的打击，再加之污染防治力度加大，生猪的养殖、屠宰产能迅速下降；二是受到“猪周期”和非洲猪瘟影响，养殖户积极性受损，补栏谨慎，生猪产业要恢复到非洲猪瘟之前的产能尚需时日；三是受新冠肺炎疫情的影响，人工、物流、仓储成本增加并均有一定程度的缓滞。从消费端来看，一是春节期间本就属于猪肉消费旺季，居民的需求量较其他时间段有所增长；二是猪肉本就在居民“餐桌”上占比较大，其他替代性消费肉类尚无法取代猪肉在居民消费肉类中的主导地位。3 月开始，春节影响消退，猪肉价格开始有所下降，非洲猪瘟影响渐弱，养殖户补栏效益开始显现，随着新冠肺炎疫情逐渐得到控制，交通物流行业复工复产，猪肉生产成本有所降低，猪肉价格开始下降。6 月以来，在产能恢复的状态下，经济社会生产和居民生活秩序逐渐恢复，市场需求增加，客观上使得猪肉价格环比上涨，畜肉价格有所回升。预计四季度，猪肉价格将继续下降，但降幅不会很大，或许还会偶有回升。

（三）鲜菜价格总体小幅上涨

1 ~8 月，全省鲜菜价格累计上涨 6.6%，各月同比涨幅分别为 25.5%、

15.4%、3.8%、-5.1%、-9.4%、3.9%、5.5%、11.4%，各月环比涨幅分别为22.8%、10.1%、-13.8%、-14.1%、-17.5%、1.1%、6.6%、9.6%，总体呈小幅上涨态势。

1月因春节节日因素影响，蔬菜需求量增加；2月鲜菜价格本应在春节后有所回落，但受新冠肺炎疫情影响，各集贸市场暂时关停，各市县间实施交通管制，物流、人工均受到不同程度的影响，鲜菜运输受阻，成本增高，供应量下降，同时居民为减少出门次数，选择批量囤积蔬菜，双重因素叠加导致鲜菜价格高位运行；3月随着全省物资流通恢复、复工复产，物流运输成本下降，春季时令菜上市量增加，鲜菜价格环比降幅扩大；第二季度开始，天气转暖，菜品菜量增加，鲜菜价格下降，因5月鲜菜价格下降过多，加之6月周边局部地区出现疫情，鲜菜调拨，致6月鲜菜价格有所回升；7月、8月鲜菜价格的变化，主要还是一些地区的汛情，导致生产和储运受到影响，鲜菜价格同比涨幅扩大。但是总的来看，由于鲜菜的生产周期较短，对价格的影响不具可持续性，主要是短期影响。预计四季度天气渐凉，节日到来，鲜菜价格将有上涨。

（四）蛋类价格总体下降

1~8月，蛋类价格累计下降10.0%，各月同比涨幅分别为2.6%、0、4.0%、-4.6%、-20.4%、-19.5%、-21.4%、-17.6%，各月环比涨幅分别为-1.9%、-10.6%、-5.8%、-2.1%、-7.8%、-4.3%、5.4%、12.6%。

疫情期间，蛋类价格下降主要受交通管制的影响，外运受到影响，本地市场蛋类供应充足，又因疫情期间停工停产，学校、工厂等蛋类高消费群体需求量有所下降。第二季度，疫情得控，天气转暖，产蛋量增加，复工复产，外运量回升，价格呈下降态势。第三季度由于蛋鸡存栏减少，夏季产蛋率有所下降，鸡蛋价格有所上涨。预计四季度天气渐凉，节日到来，价格将有上涨。

整体而言，2020年前期受春节和新冠肺炎疫情因素影响，物价出现了

较大的波动，食品价格上涨带来的结构性上涨特征明显。随着市场经济的逐渐恢复，餐饮业复业进程还将持续推进，猪肉需求也会进一步上升，猪肉价格或还有一定上涨空间，但总体物价的稳定仍然有比较好的基础。预计第四季度 CPI 涨幅会小幅回落，全年 CPI 会呈现前高后低的态势，物价运行总体将保持在 3.5% 左右。

三　2021年重要商品（服务）价格走势预测

在不考虑突发涨价因素影响的基础上，结合近期相关品类价格走势，初步预计 2021 年相关商品（服务）价格走势如下。

（一）猪肉价格先涨后跌是大概率事件

一是非洲猪瘟和新冠肺炎疫情的影响并未完全消除，生猪养殖规模大幅下滑的局面短期内难以改变，更何况我国是生猪养殖大国，也是猪肉消费大国，导致猪肉供给端整体偏紧的预期依然存在。二是近年来国家推动规模化养殖策略，鼓励养殖场扩大产能，同时不断缩小普通养殖户规模，但是由于散户养殖占比过高，向规模化养殖转移较慢，生猪产能恢复较慢。三是由于散户养殖的大量退出，生猪价格由屠宰企业和规模化养殖企业联手主导，出于赚取更高利润的需要，短期内形成较高的价格预期。四是现在粮食价格在不断攀升，生猪养殖的成本在不断增加，加上 2020 年洪涝灾害的发生，使得养猪的困难度有所增加。以上都形成了 2021 年生猪价格上涨的预期，但是进入下半年，预计生猪产能将有明显恢复，生猪价格将有明显下降，总体上将呈先涨后跌走势。

（二）鲜菜价格回落，天气是主要不确定因素

一是全国包括河南蔬菜的大环境还是供过于求，总体种植面积及规模非常大。二是省内各地进行农产品种植结构调整，扩大蔬菜种植面积是很重要的方面，可以说，蔬菜种植增量依旧是扩大趋势。三是设施农业不断发展，

产量不断增大，灾害防御能力不断加强，全国及河南蔬菜产量还是非常大的。如果2021年不出现大范围极端天气，预计鲜菜价格总体上将继续保持稳中略降态势。

（三）居住类价格稳中趋降

一是居民用燃气供求形势较为稳定，但受国际油气价格波动影响，预计将保持低位运行走势。二是受经济下行压力加大的影响，居民将形成对2021年居住类价格下降的预期，在市场需求相对不够活跃的情况下，预计2021年自有住房估算租金的价格较2020年将进一步下降。

（四）交通和通信类价格低位运行

在全球疫情防控背景下，出行受到抑制，线下消费人流偏弱格局仍将持续，油价、交通工具、通信工具等消费需求持续承压，预计2021年相关产品价格仍将保持低位运行态势。

总之，食品类价格特别是猪肉价格是影响河南CPI涨跌的主要因素，随着一系列稳定生猪生产的政策不断出台，生猪生产恢复积极因素增多，形势有望好转，加上非食品价格整体涨幅回落和翘尾因素影响减弱，在没有突发性新涨价因素影响的前提下，预计2021年河南CPI同比涨幅在3.0%左右，物价总水平仍将温和可控。

四　促进河南省居民消费价格平稳运行的建议

（一）加强农副产品疫病防治及监管

在非洲猪瘟的影响尚未消除的情况下，既要加强科技宣传和加大帮扶力度，帮助养殖户积极进行疫病防治，还要持续加强生猪调运管理，严防问题猪及其产品流入河南市场，避免疫病蔓延扩散。既要持续保持疫病信息透明度，加大安全消费宣传力度，避免居民产生恐慌情绪，又要加大查处力度，防止问题农副产品流入市场和餐桌。在疫情防控、养殖方式方面，加强专业指导，充实防疫队伍，恢复养殖户信心，千方百计促进生猪生产，努力缓解生猪供应不足状况。

（二）加强“菜篮子”价格监测和反馈体系的建设

在疫情将较长时间存在的不利形势下，既要有针对性地加强信息反馈和加大市场引导力度，帮助养殖户规划合理的出栏时间，以尽量使养殖户减少不必要的经济损失，也要提振养殖户的生产信心，积极引导养殖户适时补栏，在危机中抓住时机提高养殖收入。

（三）着力推进乡村产业振兴

积极探索、开发和发展“产业兴旺”的新模式、新路径，进一步将乡村产业振兴和农民致富增收有机结合起来，加大对绿色生态产业项目的支持力度，通过培育和发展一批农户有深度利益联结关系的种养殖基地、专业合作社等规模化、现代化、生态化的现代产业实体，努力形成乡村产业得到振兴发展、乡村居民收入得到稳固支撑的双赢格局。

参考文献

［1］河南省统计局：《8 月份全省经济运行情况》，http：//www. ha. stats. gov. cn/2020/09 - 17/1768282. html。

［2］崔理想：《2018 ~2019 年河南居民消费价格走势分析》，载谷建全、完世伟主编《河南经济发展报告（2019）》，社会科学文献出版社，2019。

［3］袁金星：《2019 ~2020 年河南省居民消费价格指数走势分析》，载谷建全、完世伟主编《河南经济发展报告（2020）》，社会科学文献出版社，2019。

［4］林火灿：《当前物价通胀压力并不明显》，《经济日报》2019 年 7 月 11 日。

［5］河南省统计局、国家统计局河南调查总队：《河南统计月报》，2020 年 8 月。

专题报告

Special Reports

B.11
河南省"十三五"时期经济社会发展成就与经验

李守辉*

摘　要："十三五"时期，是全面建成小康社会的决胜阶段，是经济增长模式转换的攻坚期。面对世界百年未有之大变局，为破解不平衡不充分的发展难题，河南省委省政府在习近平新时代中国特色社会主义思想的指导下，团结和带领全省人民，突出改革推动、开放带动、创新驱动，奋力开创高质量发展新局面，有效应对新冠肺炎疫情冲击，即将完成"十三五"经济社会发展的各项目标任务，如期实现全面建成小康社会奋斗目标。

* 李守辉，河南省宏观经济研究院高级经济师，主要研究方向为区域经济。

关键词：“十三五”时期　发展成就　河南省

“十三五”时期，是全面建成小康社会的决胜期，是“四个全面”战略布局加快落实的推进期，是经济增长模式转换的克难期，是经济实现高质量发展的窗口期。面对世界百年未有之大变局，为破解不平衡不充分的发展难题，河南省委省政府团结和带领全省上下，以习近平新时代中国特色社会主义思想为指导，深入贯彻习近平总书记关于河南发展的重要讲话、重要指示、重要批示精神，坚持稳中求进工作总基调，坚持五大新发展理念，深入推动供给侧结构性改革，统筹推进“四个着力”、打好“四张牌”、做好“三个起来”战略部署，奋力夺取新冠肺炎疫情防控和实现经济社会发展目标“双胜利”，全省经济社会保持持续健康发展势头，“十三五”经济社会发展目标任务即将完成，全面建成小康社会目标胜利在望，河南在全国发展大局中的地位和作用更加凸显。

一　河南省“十三五”经济社会发展主要成就

“十三五”以来，河南省经济社会发展成效显著，取得了一系列标志性成就，实现了一系列重要跨越，使得中原大地面貌发生了前所未有的变化，为开启全面建设社会主义河南新征程、谱写新时代中原更加出彩绚丽新篇章奠定了坚实的发展基础。

（一）经济综合实力大幅跃升

全省国民生产总值五年内连续跨过 4 万亿元、5 万亿元两大台阶，总量稳居全国第 5 位、中西部首位，年均增速高于全国 1 个百分点以上。人均地区生产总值达到 6.06 万元，是 2000 年的 11.1 倍。粮食生产核心区建设成效显著，粮食年产量分别跨越 1200 亿斤、1300 亿斤两个台阶，占全国的

1/10。财政总收入突破5800亿元，年均增长近10%，一般公共预算收入突破4000亿元。固定资产投资年均增长10%，社会消费品零售总额2.5万亿元，增速连续20年保持在10%以上，年均金融机构人民币各项存款余额达70000亿元左右。

（二）转型升级步伐加快

供给侧结构性改革“三去一降一补”主要任务有效落实，五年累计压减240万吨钢铁产能，退出5225万吨煤炭产能，关停210.7万千瓦煤电机组，取缔全部22家“地条钢”制售企业，降成本举措累计为企业降低成本近3000亿元。产业结构持续优化，三次产业结构实现由“二三一”到“三二一”的历史性转变。农业“四优四化”深入推进，建成高标准粮田6163万亩，粮食总产量稳定在1300亿斤左右，优质专用小麦、优质花生种植面积分别发展到1204万亩、2200万亩。制造业绿色、智能、技术三大改造积极推进，装备、食品等五大主导产业占规模以上工业增加值的比重超过45%，高技术产业、战略新兴产业增加值占规模以上工业增加值比重分别提高到9%和20%，实现了由传统农业大省向先进制造业大省的转变。服务业发展势头强劲，年均增速达到9.4%，对全省经济增长贡献率超过50%，枢纽经济、数字经济、共享经济、平台经济等新业态新模式快速发展。新产业、新经济得到加快培育和发展，“互联网+”、人工智能创新发展和数字经济试点等重大工程积极推进，5G商用进程全面加快，龙子湖智慧岛累计落地华为、海康威视、甲骨文等150家大数据企业。创新驱动持续强化，科技创新能力全面提升，实施了“十百千”转型升级创新专项。2019年，全省5G、大数据、人工智能、云计算等新兴信息产业加快集聚，以“Huanghe”本土品牌为引领的鲲鹏计算产业规模不断壮大，国家超级计算郑州中心、国家农机装备制造业创新中心相继落户，新获批2家国家重点实验室，国家级创新平台达到167家，新增高新技术企业1400家以上，实现数量翻两番，有效发明专利数量达到2015年的2倍左右，技术合同成交额年均增长近50%。

（三）三大攻坚战稳步推进

脱贫攻坚取得决定性进展，53 个贫困县提前一年全部摘帽，现行标准下贫困人口全面脱贫，易地扶贫搬迁和规划内黄河滩区居民迁建任务全面如期按质完成，“三山一滩”区域性连片贫困问题基本解决。蓝天、碧水、净土三大保卫战扎实推进。城市空气质量逐步好转，2015 年以来 PM2. 5、PM10 平均浓度分别下降 26%、28. 9%，化学需氧量、氨氮、二氧化硫、氮氧化物等四大空气污染物排放量分别下降 16. 4%、14. 8%、26. 4%、22. 4%，单位生产总值能耗累计下降 27% 左右，可再生能源装机占比突破 25%，优良天数比例持续提高；全面推行河长制、湖长制，开展河道采砂综合治理，实施“四水同治”（“四水”即水资源、水生态、水环境、水灾害），重点流域水污染治理初显成效，水体质量改善幅度高于全国平均水平。开展土壤污染治理与修复试点，土壤环境质量总体保持稳定。制定实施国土绿化提速行动，有序推进“三纵五横”等主要廊道绿化工程，加快实施沿黄河南北两岸生态带建设工程。金融、地方政府债务等得到风险有效化解，守住了不发生系统区域性风险的底线。

（四）战略支撑显著增强

黄河流域生态保护和高质量发展、推动中部地区崛起两大国家战略全面实施，郑州航空港经济综合实验区开放引领作用显著增强，中国（郑州）跨境电子商务综合试验区、郑洛新国家自主创新示范区、中国（河南）自由贸易试验区、国家大数据综合试验区等平台成功获批，战略叠加优势更加凸显。现代综合交通体系持续加密拓展，郑州机场二期工程建成投用，郑州机场旅客、货邮年吞吐量 2019 年分别达到 2912 万人次、52. 2 万吨，多年一直稳居中部地区“双第一”；“米”字形高速铁路网大格局基本形成，郑渝高铁郑襄段、郑阜高铁、京港高铁商合段开通运营，太焦高铁、郑济高铁加快建设，铁路营业里程达到 6470 公里，其中高速铁路突破 1936 公里；高速公路网连通所有县城，通车里程达到 6967 公里，所有县（市）实现 15 分钟上高速，普通干线二级及以上公路占比达到 66. 5%，农村公路实现

“县县畅、乡乡联、村村通”。信息基础设施水平持续提升，县以上城区5G试点全覆盖，50M以上带宽用户占比居全国首位、手机上网流量居全国第3位。现代能源支撑不断增强，率先在全国建成省级特高压交直流混联电网，“青电入豫”工程开工建设，濮阳文23储气库一期工程建成投产，电力装机突破9000万千瓦，天然气长输管道突破6000公里，天然气供给量突破120亿立方米。水利支持能力持续增强，出山店水库建成蓄水，前坪水库基本建成，引江济淮、小浪底南北岸灌区等十大水利工程加快建设，重点流域引调水和城市生态水系建设稳步推进。“全光网河南”全面升级，全省城市中县城以上中心城区实现5G网络全覆盖，全省农村20户以上自然村实现光纤接入和4G全覆盖。

（五）城乡实现跨越式发展

农业转移人口市民化有序推进，累计近1200万农业转移人口进城落户，常住人口城镇化率达到54.7%，年均增幅高于全国0.5个百分点，城乡结构实现了由乡村型社会向城市型社会的重大历史性转变。省会郑州顺利实现GDP突破1万亿元、常住人口突破1000万人、人均生产总值突破10万元，正式跨入超大城市行列，成为国家中心城市。郑州、洛阳两大都市圈加快建设，城镇协同发展区重点工程有序实施，重要区域中心城市和主要节点城市辐射带动能力不断增强。郑开双创走廊、许港、开港等重点产业带和沿黄生态带建设全面展开，中原城市群上升为全国新兴增长极。全国百强县数量位居中西部首位，县域治理“三起来”示范县（市）建设成效显著，产业集聚区“二次创业”全面展开。百城建设提质全面推进，城镇老旧小区和棚户区改造累计完成200万套以上，城市人居环境品质大幅改善。乡村振兴战略有力实施，“五大振兴”统筹推进，饮水安全问题全面解决，城乡融合发展体制机制加快构建。

（六）开放优势充分彰显

空中、陆上、网上、海上四条丝绸之路协同并进，郑州机场货运年吞

吐量跻身全球机场50强、保持中部六省“双第一”，中欧班列（郑州）近4年累计开行2760班，目前中欧班列（郑州）保持每周“18去11回”高频次往返开行，综合指标居全国第一方阵；首创跨境电商“1210网购保税进口”通关模式，海铁高效联运线路已开通9条，陆海货运通道日益畅通。郑州航空港经济综合实验区成为首批国家物流枢纽建设名单中唯一的空港型物流枢纽，河南省中国公民签证申请受理便利化平台投入运营，中国（河南）自由贸易试验区政务、监管、金融、法律、多式联运五大服务体系加快建设。新增郑州经开综合保税区、洛阳综合保税区，国际地区客货实现“7×24”小时通关，河南成为全国功能性口岸数量最多、种类最全的内陆省份。外商投资备案手续办理时间、人员出入境通关时间和进出口贸易整体通关时间大幅压缩，国际贸易“单一窗口”功能和效益不断改善，开放领域不断拓宽、开放环境持续优化。五年全省实际吸收外资900亿美元左右，引进省外资金超过3.6万亿元，预计进出口总额近6000亿元，稳居中部地区首位，开放型经济发展呈现较好势头，实现了由内陆腹地向开放高地的转变。

（七）重点改革不断深化

“放管服”改革持续推进，基本实现了“连、通、办”，省、市、县三级审批服务事项网上可办率超过98%，“一网通办”前提下“最多跑一次”比例超过90%；企业投资项目承诺制、容缺办理等创新模式在全省得到推广，清理省级行政审批304项，投资项目审批事项目前已精简到36项。省属国企改革三年攻坚任务顺利完成，国有企业产权、组织和治理结构改革向纵深推进，1124家“僵尸企业”分类处置完成。“引金入豫”“金融豫军”工程深入扎实推进，12家全国性股份制商业银行全部入驻。省、市、县政府机构改革任务全面完成，财税、价格、电力、教育、医疗、社会保障、生态文明等领域改革取得积极进展。营商环境评价在全省域展开，社会信用体系建设走在全国前列，全面建成运行覆盖省辖市、省直管县（市）的一体化信用平台网站。

（八）人民福祉持续增进

持续办好民生实事，民生支出累计超过3.3万亿元。居民收入不断增加，全省居民人均可支配收入超过2.5万元，实现比2010年翻一番以上。就业创业深入推进，农村劳动力转移就业规模超过3000万，居全国第一，城镇新增就业人数超过670万，占全国比例超过1/10。社会事业加快发展，九年义务教育巩固率达到95.2%，郑州大学、河南大学“双一流”高等教育建设加快推进，中高职业教育规模和质量走在全国前列，义务教育学校超大班额现象基本消除。国家区域医疗中心加快建设，县县均有综合医院、中医院和妇幼保健院，乡镇卫生院、行政村卫生院实现全覆盖，城乡居民基本养老保险、基本医疗保险实现制度和人群全覆盖，人均预期寿命达77岁。长城、大运河、长征国家文化公园启动建设，二里头夏都遗址博物馆等标志性项目建成投用，覆盖城乡的公共文化服务体系初步建立。依法治省全面推进，社会治理体系更加健全，基层基础全面加强，安全生产形势持续好转，社会大局保持稳定。

二　河南省“十三五”经济社会发展经验启示

“十三五”时期河南省经济社会发展取得突出成就，是全省干部群众坚持和贯彻落实习近平新时代中国特色社会主义思想的结果，是全省干部群众坚持和践行习近平总书记关于河南工作的重要讲话和指示批示精神的结果，是全省干部群众团结奋进、开拓进取的结果。回顾这一时期，“五个始终”宝贵经验值得认真总结和持续发扬。

（一）始终把习近平总书记关于河南工作的重要讲话和指示批示精神作为河南省发展进步的行动指南

习近平总书记关于河南发展的重要讲话和指示批示精神是习近平新时代中国特色社会主义思想在河南的具体体现，是活化的党的指导思想。“十三

五”时期，河南取得一系列发展成就均与省委省政府始终坚守这个根本遵循紧密相连。今后，要树牢“四个意识”，坚定“四个自信”，做到“两个维护”，深入落实“四个着力”，持续打好“四张牌”，推动县域治理“三起来”、乡镇工作“三结合”，统筹推进乡村振兴、经济高质量发展、黄河保护治理等，坚决听从习近平总书记指挥、听从党中央号令，确保各项工作朝着习近平总书记指引的方向扎实推进。

（二）始终把以新发展理念引领高质量发展作为河南省发展进步的主题主线

思想是行动的先导，理念是思想的结晶，社会主义的伟大丰富实践都来源于伟大的习近平新时代中国特色社会主义思想，体现于五大新发展理念中。“十三五”时期，面对新时代新形势新阶段新任务新要求，河南省委省政府始终把创新、协调、绿色、开放、共享五大发展理念作为根本遵循，始终把其贯穿于经济社会发展各领域各环节，集中力量破解河南省新时代发展不平衡不充分突出矛盾问题，补齐了一系列短板，厚植了发展优势。进入高质量发展新阶段，下一步河南省要持续加快调的节奏、加大转的力度、加强创新的能力，找准高质量发展的支撑点、突破点、发力点，坚决扛稳粮食安全重任，挺起先进制造业脊梁，厚植“四路协同”优势，统筹中心城市龙头带动和县域经济底盘支撑，高标准建设黄河生态廊道，以打好打赢脱贫攻坚战带动民生全面改善，走好富有河南特色的高质量发展路子。

（三）始终把融入重大国家战略更加出彩作为河南省发展进步的根本出发点

在国家发展大局中有担当、有贡献，是局部服从整体、地方服从中央的基本要求，更是局部实现高效发展、地方实现跨越式发展的前提条件。“十三五”时期，河南省委省政府服从国家发展大局，立足河南、站位全国，主动承担黄河流域生态保护和高质量发展、推动中部地区崛起等新时代历史使命，取得了一系列新跨越、新进步。进入新阶段，河南省要抓好用好黄河流域生态保护和高质量发展、推动中部地区崛起、郑州上升为国家中心城市、大运河文化带建设等国家机遇，以沿黄地区发展引领全省高质量发展，通过传承弘扬黄河文化、大运河文化促进中原文化繁荣兴盛，发挥产业基础、区位交通、开放通道等综合优势，在中部地区崛起中奋勇争先，始终与时代同频共振，在服务全国大局中不断提升位势。

（四）始终把满足人民对美好生活的向往作为河南省发展进步的奋斗目标

经济社会发展的出发点和落脚点都是为人民群众服务，最大限度地增进民生福祉也是我们党和政府坚守的初衷和使命。“十三五”时期，以民生实事为基础的民生福祉不断增进，人民群众的整体获得感幸福感安全感持续增强，社会更加和谐、更加稳定，社会现代化治理体系和治理能力进一步完善和提升，特别是在全球新冠肺炎疫情的暴发、后持续蔓延时期，以习近平同志为核心的党中央始终把人民群众的生命安全和身体健康放在首位，切实把疫情防控举措做到群众心坎上，以鲜明的旗帜、坚决的态度、有力的行动、生动的实践诠释人民至上，彰显了中国共产党的领导和中国特色社会主义制度的显著优势，坚定了战胜前进道路上一切艰难险阻的信心和决心，凝聚了全省上下同心共筑中国梦、奋勇争先谋出彩的磅礴力量。进入新阶段，要牢固树立以人民为中心的发展思路，持续在幼有所育、学有所教、劳有所得、病有所医、老有所养、住有所居、弱有所扶上用力，做到发展为了人民、发展依靠人民、发展成果由人民共享，不断增强全省人民的获得感幸福感安全感。

（五）始终坚持以党的建设高质量推动经济发展作为河南省发展进步的工作方向

坚持党对一切工作的领导是中国特色社会主义制度、中国特色现代化治理体系的最大优势，是战胜当前今后可能遇到的一切困难和风险挑战的“硬核法宝”。今后，河南要深入贯彻新时代党的建设总要求，全面加强党对经济工作的领导，建立健全不忘初心、牢记使命的制度，持续营造学的氛围、严的氛围、干的氛围，大力弘扬焦裕禄同志的“三股劲”精神，坚持大抓基层、大抓基础，凝聚争先进位谋出彩的强大能量。

参考文献

[1] 河南省统计局:《2019年河南省国民经济和社会发展统计公报》，2020年3月10日。
[2] 王国生:《同心共筑中国梦　争先进位谋出彩——在河南省第十三届人民代表大会第二次会议闭幕时的讲话》，2019年1月20日。
[3] 王国生:《谱写新时代中原更加出彩的绚丽篇章——在省十三届人大三次会议的讲话》，2020年1月10日。
[4] 尹弘:《政府工作报告》，《河南日报》2020年1月10日，第1版。
[5] 王国生、尹弘:《河南省县域经济高质量发展工作会议讲话》，2020年4月30日。

B.12

河南省“十四五”时期经济社会发展环境与阶段性特征

弋伟伟*

摘　要：　“十四五”时期，世界面临百年未有之大变局，国内处于“两个一百年”奋斗目标的历史交会期，河南发展环境日趋复杂，挑战前所未有，机遇前所未有。综合判断，“十四五”时期，全省经济内在向上的基本趋势不会改变，内生动力、市场潜力和要素支撑能力依然强劲，黄河流域生态保护和高质量发展、推动中部地区崛起两大国家战略叠加，河南经济增长主动力转变加速突破、产业体系蝶变跃升、城乡深度融合发展、对外开放优势重塑、生态文明建设深度攻坚和社会治理体系拓展提升的阶段性特征明显。

关键词：　“十四五”时期　发展环境　阶段性特征　河南省

“十四五”时期，世界面临百年未有之大变局，国内处于“两个一百年”奋斗目标的历史交会期，进入由全面建成小康社会向基本实现社会主义现代化迈进的关键时期，河南发展面临日趋复杂的国际环境和深刻转型的国内环境，挑战前所未有，机遇前所未有。

---

* 弋伟伟，河南省宏观经济研究院高级经济师，主要研究方向为宏观经济。

一　国际环境发生重大变化

近年来，国际形势风云变幻，地区冲突不断升级，“黑天鹅”“灰犀牛”事件迭出，贸易保护主义、单边主义、民粹主义等逆全球化暗流涌动，世界政治经济版图、全球化进程、科技革命与产业变革、国际安全形势等都正面临“百年未有之大变局”，成为“十四五”时期的最大国际背景。当前，在新冠肺炎疫情全球大流行冲击下，世界经济、国际秩序、全球治理体系和各国政治生态将发生深刻变化，呈现力量格局重构、经贸规则重建、竞争优势重塑的叠加态势。

（一）中美战略博弈持续升级

一是贸易摩擦。从 2018 年初开始，美国单方面通过加征关税、限制进口等方式挑起了中美贸易摩擦，我国也采取了必要的反击措施，中美经贸摩擦一时间成为我国发展的首要外部挑战。二是科技战。美国通过出口管制、安全审查、交流限制等方式对我国科技创新、产业升级实施重点打压，目的就是维护其全球科技创新主导者的地位。三是政治打压。美国等国家外长发表所谓“声明”，对香港国家安全立法妄加评论，粗暴干涉中国内政。2020 年 7 月以来，美国两个航母战斗群在南海军演，并计划对日益紧张的南海局势发表声明。2020 年 8 月 9 日，美国卫生与公共服务部部长率领代表团抵达台湾，他们是六年来首次来台的白宫内阁官员，也是 1979 年以来来台层级最高的白宫内阁成员。同时，美国等西方一些国家戴着有色眼镜看待疫情，把中国抗击疫情的努力污名化。

（二）全球经济困境可能将持续较长时间

当前疫情仍在全球蔓延，造成的影响兼具了 1918 年大流感、1929 ~ 1933 年大萧条和 2008 年国际金融危机所造成影响的部分特征，给世界经济造成长期的、严重的、难以逆转的损害。为对冲疫情冲击，各主要经济体出台了一系列规模空前的刺激和救助政策，疫情后全球产业链供应链的重新接续存在巨大摩擦成本，给全球经济带来中长期扰动，使全球经济延续高债务、低利率、低增长态势，我国外需面临较大的不稳定性和不确定性。

（三）经济全球化遭遇强劲逆风

疫情进一步加速了逆全球化思潮的泛起，对现有的“以美国等发达经济体为主要市场、以中国等新兴市场经济体为生产制造中心、以资源富集国为资源供给地”的世界经济“三角循环”造成严重冲击。一是逆全球化暗流涌动。主要有两股力量，一股是来自欧洲的力量，另一股是来自美国的力量。二是欧洲的逆全球化主要反欧盟和排斥外国移民，并不完全主张搞保护主义、单边主义和贸易摩擦。美国的逆全球化，是试图通过采取提高关税搞重商主义、单边主义和挑起贸易摩擦等措施，解决国内就业和贫富差距拉大的问题。三是“自主可控”重要性抬升。疫情推动了全球产业链的进一步调整，部分产业整合趋势加剧，各国开始强调“自主可控”，涉及民生以及国家命脉的战略产业重要性提升。有分析认为，美国、德国、日本作为我国制造业 86 种短板产品的最大供应方，供应的短板产品分别有 26 种、19 种和 15 种。疫情过后，控制产业链核心环节的国家将考虑通过产业纵向整合缩短供应链条，并在本土或周边国家配置预备产能或加大库存，对我国稳定产业链供应链构成严峻挑战。四是对国际贸易格局产生深远的负面效应。新冠肺炎疫情暴发后，各国内部化倾向明显上升，国际经济循环区域化、碎片化特征凸显，国际经贸规则主导权之争更趋激烈，多边贸易规则门槛提高。比如贸易限制显著加强，各国通过罚款、暂扣物资、拒绝收货等手段限制货物进出口，国际物流循环多处受阻，我国外贸产品普遍面临“进不去”的难题。

（四）新一轮科技革命和产业变革深刻影响大国竞争格局

全球科技革命呈现出智能化主导、融合式聚变、多点突破应用的态势，这将使生产生活方式发生前所未有的变革，围绕颠覆性技术抢占科技制高点

的竞争空前激烈，并深刻改变国家间比较优势和发展位势。复杂严峻的国际环境给河南省持续扩大对外开放、参与国际产业链分工、保持经济稳定发展带来新的挑战，也倒逼河南省在优化开放格局、提升创新能力、加速转型升级上积极攻坚。

二　国内发展呈现新特征

我国已进入高质量发展阶段，动力结构、供需结构、社会结构正在发生一系列新的变化，影响持续健康发展的问题将逐步得到解决，支撑高质量发展的条件将不断改善，更多新的增长动力正在加快形成并不断蓄积力量，特别是由于具有党的坚强领导和中国特色社会主义制度的显著优势，经济稳中向好、长期向好的基本面不会发生改变。为有效应对外部环境变化、战胜各种风险挑战，国家将进一步完善战略全局，调整宏观导向和发展着力点。

（一）更加注重实施扩大内需战略

扩大内需具有稳定性、持久性，是经济持续发展最重要的“基本盘”，既是对冲世界经济下行压力的必然选择，也是应对各种风险挑战的战略基点。我国正处于新型工业化、信息化、新型城镇化、农业现代化快速发展阶段，内生动力强、发展活力强、调控能力强，投资需求潜力巨大。“十四五”时期，把满足国内需求作为发展的出发点和落脚点，加快构建完整的内需体系，深化供给侧结构性改革，推动生产、分配、流通、消费各环节更多依靠国内市场实现良性循环，加大重点领域补短板投资力度，着力构建以国内大循环为主体、国内国际双循环相互促进的新发展格局，有利于河南省全面激活上亿人口的内需潜力，培育新形势下河南省参与竞争合作的新优势。

（二）更加注重优化和稳定产业链供应链

面对疫情下的全球产业链重构，稳定产业链供应链不仅是应对风险挑战的关键之举，更是着眼长远、赢得发展主动权的重要手段。伴随当前供应链区域化、本地化、多元化、数字化转型的新趋势，“十四五”时期，我国劳动力成本、供应链成本、营商环境等优势将更加凸显，我国将进一步健全产业链，完善产业链配套设施，壮大产业链集群。加快实施产业基础再造和产业链提升工程，巩固传统产业优势，强化优势产业领先地位，加快布局战略性新兴产业、未来产业，着力打造自主可控、安全可靠的产业链供应链，有利于河南省发挥产业基础和区位交通等优势，积极承接集聚先进生产要素，加速传统产业升级和新兴产业培育，进一步提升自身在国内产业链供应链中的地位。

（三）更加注重完善城镇化战略

2019 年我国城镇化率提升至 60.6%，按照城镇化发展规律，城镇化率达到 70% 左右就会稳定下来，并出现城市人口流向农村的逆城市化现象。未来十年是我国城镇化推进的关键时期，城市化进程放缓和出现逆城市化将是大概率事件，我国将进入城市有机更新和城乡人口双向流动的时期。提高城市生活质量、社会保障水平和城市管理水平将成为我国城镇化面临的核心问题。同时，人口大规模进城所带来的就业、基础设施和公共服务压力将增加城市经营风险，城镇化将从注重人口转移规模向注重人口转移质量提升转变，城市治理将由粗放式、行政式向精细化、人性化转变，要素将进一步向城市群、都市圈和大城市集聚，区域集中化、网络化程度将进一步提升。“十四五”时期，我国将突出打造宜居城市、韧性城市、智能城市，提高城市容量和承载弹性，推动大城市组团式、郊区化发展，推动城市群多中心、多层次、多节点网络化发展，支持中西部省份培育多个中心城市，支持条件好的县城重点发展，这有利于河南激发城镇化蕴藏的巨大动力潜力，进一步优化城镇体系，统筹中心城市、都市圈和县域经济发展，提升中原城市群的竞争力和影响力。

（四）更加注重改革开放创新协同发力

随着前期改革红利的减少，“十四五”期间全面深化改革将进入啃硬骨头的攻坚期和精准发力、推进落实的关键期。开放倒逼改革的力度、广度、深度将进一步加大，社会治理、市场化改革、对外开放等重要领域将取得突破性进展。社会治理现代化进入全面推进期，加快社会治理法治化进程，提高社会治理法治化水平至关重要。市场化改革进入基于法律和规则的制度完善期，只有提升要素配置效率，培育经济增长的新动力，才能激发经济社会发展的潜能。对外开放进入以“一带一路”为载体的潜力挖掘期。我国将坚持以开放促改革、促发展、促创新，加快完善要素市场化配置体制机制，加强制度型开放、主动开放和扩大进口，优化科技资源和基础研究布局，构建关键核心技术攻关新型举国体制和自由灵活的科技创新机制，这有利于河南巩固提升开放通道和战略平台叠加优势，补齐高水平科教资源短板，加快推进治理能力现代化，全面激发内生动力活力。

（五）更加注重人与自然和谐共生

近年来，我国生态文明建设成效卓著，初步遏制住了生态环境恶化的势头，单位 GDP 能耗持续下降，但与发达国家相比还有差距，且人均二氧化碳排放量不断提升，生态环境形势依然严峻，加上生态问题积重难返、背后利益盘根错节、经济下行压力加大等，稍有放松就会前功尽弃。“十四五”时期，我国将进入生态环境保护修复与破坏恶化的胶着期，国家将在继续实行能源和水资源消耗、建设用地等总量和强度双控行动的同时，强化不同主体功能区的分工协作，放活政策和环境容量指标调剂。顺应人口、资源等要素向中心城市、都市圈集中的规律，将生态环境保护这个紧箍咒始终束于头顶，以生态环境保护倒逼各地绿色、生态、可持续、高质量发展，坚持以节约优先、保护优先、自然恢复为主的方针，加大山水林田湖草系统保护力度，着力解决突出环境问题，落实好主体功能区战略，在空间上对经济活动进行合理限定，形成绿色生产生活方式，这有利于河南以黄河流域生态保护和高质量发展为统领，实施重要生态系统保护、修复重大工程，加快推进绿色转型发展。

（六）更加注重安全发展

“十四五”时期我国将突出以保障人民生命安全和身体健康为前提，综合考虑生产、生活、生态和安全的需要，坚持总体国家安全观，建立健全经济社会重大风险研判、防控协同、防范化解机制，完善城市平战综合防护体系，优化应急物资品种和储备布局，筑牢粮食、能源、金融、网络、生物等重点领域安全底板，全面提升抵御风险冲击的大国韧性，这有利于河南推进新时期国家粮食生产核心区建设，加快发展网络安全产业，争取全国性粮食、能源、应急物资储备中心布局。

三　河南省发展进入新阶段

河南拥有综合实力、区位交通、市场空间、人力资源、开放平台等方面的诸多优势，是黄河流域生态保护和高质量发展、中部地区崛起两大国家战略的叠加区域，是强化中心城市和城市群带动作用、实施乡村振兴战略的重要区域，是国家现代化产业体系的重要支撑，是促进区域协调发展的重点板块，是打造强大国内市场的潜力源泉，是国家防范化解重大风险的基础保障，在全国发展大局中的地位作用和竞争优势日益凸显。河南经济总量虽连续多年稳居全国第五，但主要人均指标位次靠后，高质量发展水平与先进地区相比差距较大。随着我国区域格局加速分化和经济重心进一步南移，河南面临的“标兵渐远、追兵渐近”压力空前加大，迫切需要牢牢抓住黄河流域生态保护和高质量发展、推动中部地区崛起两大国家战略机遇，不断巩固传统优势，积极争创先行优势，提升在全国发展大局中的地位。

（一）经济增长主动力处于要素投入向创新驱动转变的加速突破期

河南依靠低成本要素投入的发展模式快速提升了经济实力，但在一定程度上形成了路径依赖，动能转换与沿海发达地区和周边省份相比明显滞后。随着要素投入和投资驱动的边际效应持续减弱，科技创新和数字牵引将日益成为经济发展的核心动力，更加显著地成为地区增强核心竞争力的关键因子和产业转型升级的首要动能。一方面，新一轮科技和产业革命开始进入规模化的成果转化期，如果不在自主创新能力建设上有所突破，我

国就会在新一轮竞争格局中面临被边缘化的风险；另一方面，国家之间竞合关系进一步深化，发达国家对我国头部企业实施“长臂管辖”，对我国技术升级进行定向打压，如果不在“卡脖子”的关键技术创新上力求突破，我国就会在国际技术竞争中面临被抑制“锁死”的风险。“十四五”时期，河南迫切需要加快由要素驱动向创新驱动转变，把创新摆在发展全局的突出位置，深入实施创新驱动发展战略，强化产业链、创新链深度融合，加快科技、产品、模式、管理等全方位的创新能力建设，将劳动力资源优势转化为人力资本优势，将市场规模优势转化为新经济场景优势，推动科技创新全面提速、数字全面赋能，有效应对内部传统动能失速、外部技术创新霸凌的双重倒逼挑战。

（二）产业体系处于加快转型升级、奠定未来格局的蝶变跃升期

河南当前仍处于工业化中后期阶段，“十四五”时期，河南市场需求和要素条件将发生显著变化，产业结构层次低、要素集聚能力低和活力弱、竞争力弱的“两低两弱”问题将更加凸显，劳动密集型产业、资源加工型产业和原材料产业占比偏大，传统产业发展遭遇“天花板”，新兴产业依然处在“孕育期”，面临新旧产业“断档”风险。同时，以大数据、5G、人工智能为代表的第四次工业革命大概率在“十四五”期间会取得突破，引发全球产业链、价值链大调整，各地都在抢先布局，抢抓这一重要的时间窗口期。河南应紧紧抓住这一战略机遇，坚持“增量崛起”和“存量变革”并重，打好产业基础高级化和产业链现代化攻坚战，打造高能级产业载体，推动产业链式布局、数字化转型、集群化发展，形成数字经济牵引有力、先进制造业和现代服务业深度融合的发展格局，这将决定未来一个时期河南产业发展水平在我国区域格局中的层次和地位，关系着河南省中长期的经济发展潜力。

（三）城乡关系处于乡村振兴和城市提质并举、生产要素双向流动平等交换的深度融合期

“十四五”时期，河南常住人口城镇化率将突破 60%，进入城镇化中

后期阶段。一方面，城镇化进程仍将持续，由于中央明确提出要增强中心城市和城市群等经济发展优势区域的经济和人口承载能力，郑州大都市区、洛阳都市圈“双核”及区域中心城市将加速集聚人口和产业，城市发展主要模式将从建设扩张转向品质提升。另一方面，在实施乡村振兴战略的背景下，在促进城乡融合发展、要素双向流动和平等交换方面将有更多突破性的制度政策设计，有利于引导城市人才、技术、资本等要素进入乡村。作为农业和人口大省，河南必须统筹新型城镇化和乡村振兴，把握中心城市和城市群正在成为承载发展要素主要空间形式的新趋势，在构建“主副引领、两圈带动、三区协同、多点支撑”的高质量发展动力系统的同时，促进农业农村现代化、坚持农业农村优先发展，统筹推进产业、人才、文化、生态、组织“五个振兴”，将工业与农业、城市与乡村、城镇居民与农村居民作为一个整体纳入现代化建设全过程，打破城乡二元壁垒，疏通城乡融通渠道，加快形成工农互促、城乡互补、全面融合、共同繁荣的新型工农城乡关系，为全国城乡融合发展探索路径。

（四）对外开放处于集成放大优势、拓展广度深度的优势重塑期

近年来河南统筹推进开放通道、开放平台、开放环境建设，继中原经济区、郑州航空港经济综合实验区获批建设之后，“十三五”期间，中国（河南）自由贸易试验区、中国（郑州）和中国（洛阳）跨境电子商务综合试验区等国家级战略平台相继落户河南，逐步由对外开放的跟跑者变成内陆开放高地建设的先行者。然而，河南开放型经济体制机制尚不完善，平台联动效能发挥仍不充分，特别是在外部环境深刻变化的背景下，巩固拓展开放格局的难度加大。进入“十四五”，随着“一带一路”建设的纵深推进、黄河流域生态保护和高质量发展战略的全面展开、新时代推动中部地区崛起战略的深入实施，河南作为内陆开放的重要区域，将在全国发展格局中发挥更大作用、获得更多支持。河南省需要抓住机遇，实施更加积极主动的开放带动战略，通过推进“四路协同”和实施“五区联动”，构建融合聚合的开放通道和平台格局。同时，加速融入国际国内市场大循环，加快构建开放型经济

新体制，增强战略叠加和政策集成优势，在拓展开放通道、提升开放平台水平、优化开放环境等方面取得突破，打造更具竞争力的内陆开放高地，实现更大范围、更宽领域、更深层次的全面开放。

（五）生态文明建设处于系统性提升、趋势性好转的深度攻坚期

“十三五”以来，河南通过打响污染防治攻坚战，全面启动蓝天、碧水、净土保卫战，有效遏制了生态环境恶化的趋势，为生态文明建设打下了坚实的思想、物质和制度基础，生态环境质量持续好转，但资源能源消耗总量还将进一步增长、污染排放总量依然较大、生态环境保护历史欠账较多、雾霾、水源枯竭和污染、土壤重金属污染等生态问题仍较突出，迫切需要加快推动发展方式绿色转型。“十四五”时期，“绿水青山就是金山银山”的理念将更加深入人心，以“绿色发展”作为经济建设活动的前置要求将进一步强化，污染防治将在“十三五”治标成效的基础上，更多采取调整经济结构、完善制度体系等治本举措。特别是推动黄河流域生态保护和高质量发展上升为重大国家战略，必将引领推进河南生态保护系统化、环境治理精细化、资源利用高效化，构建更加完善的生态系统，促进区域生态环境保护修复和经济结构转型，形成绿色生产生活方式，协同推进经济高质量发展和生态环境高水平保护，推动美丽河南建设跑出“加速度”。

（六）社会治理体系处于适应性调整、现代化转型的拓展提升期

河南全面深化改革深入推进，各方面制度逐步成熟定型，有效保障了经济持续健康发展和社会大局稳定，成功应对了新冠肺炎疫情等重大风险考验，但在经济下行压力加大的情况下，一些长期积累的深层次矛盾逐渐显现，人口、就业、教育、医疗、社会管理等领域出现许多新的特点和变化，影响社会稳定的风险源增多、燃点降低。“十四五”时期，河南迫切需要以更大力度全面深化改革，实施好以增进群众福祉为核心的共享发展战略，加快推进治理体系和治理能力现代化；就业在总量压力不减的同时，结构性矛盾更加凸显，加之贸易环境变化等不稳定不确定影响因素增

多，因此河南必须把就业摆在更加突出的位置；人口老龄化程度持续加深，人口出生率逐年下降，这要求河南加强人口再平衡规划，构建更加符合人口发展规律的人口和计划生育政策体系；随着城镇化推进和乡村振兴战略实施，河南在教育、医疗领域需要进一步优化布局建设和加强资源均衡配置；需认真总结新冠肺炎疫情防控经验，提升公共卫生突发事件应急响应与防控能力；在实现贫困人口全部脱贫的基础上，针对降低贫困发生率、防止返贫问题，河南要研究制定后续配套措施。同时，河南还需要下更大力气解决社会治安、安全生产等事关社会稳定的民生问题。

综合判断，“十四五”时期，河南面临的改革发展稳定任务之重前所未有、矛盾风险挑战之多前所未有、治理能力考验之大前所未有，但经济内在向上的基本趋势不会改变，内生动力、市场潜力和要素支撑能力依然强劲。河南拥有1亿人口的强大内需市场、深度工业化城镇化的巨大潜力、全国最大规模的劳动力资源、连通世界的开放通道枢纽，特别是习近平总书记亲自谋划、亲自部署、亲自推动的黄河流域生态保护和高质量发展重大国家战略与推动中部地区崛起国家战略在河南的叠加，将为奋力谱写新时代中原更加出彩的绚丽篇章提供有力支撑。

参考文献

［1］国务院发展研究中心宏观经济研究部：《“十四五”时期经济社会发展的十大趋势》，新宏观，2020年8月31日。

［2］清华大学国情研究院：《“十四五”时期系列研究之经济社会发展基本思路》，2019年12月7日。

［3］王国生：《同心共筑中国梦　争先进位谋出彩——在河南省第十三届人民代表大会第二次会议闭幕时的讲话》，2019年1月20日。

［4］尹弘：《政府工作报告》，《河南日报》2020年1月10日，第1版。

［5］张占仓：《贯彻新发展理念　实现高质量发展——对我省“十四五”规划的几点建议》，2020年6月10日。

B.13
河南省“十四五”时期经济社会发展基本思路与重大举措

高　璇*

摘　要：“十四五”时期，是我国全面建成小康社会、实现第一个百年奋斗目标之后，乘势而上开启全面建设社会主义现代化国家新征程、向第二个百年奋斗目标进军的第一个五年，也是河南省加快由大到强转变、全面开启社会主义现代化河南建设、谱写新时代中原更加出彩绚丽篇章的关键时期。面对新时期、新阶段，“十四五”时期河南应围绕高质量发展这一总要求，以现代产业体系构建、创新体系建设、内需潜力挖掘、新型城镇化建设、乡村振兴战略推进、现代化基础设施体系建设、一流营商环境营造、内陆开放高地打造、生态河南建设、文化河南建设、公共服务质量提升等为重点，推动河南向更高质量发展迈进。

关键词：“十四五”时期　高质量发展　河南省

“十四五”时期，是河南育新机开新局迈进新时代的第一个五年，是乘势而上开启全面建设社会主义现代化国家新征程的第一个五年，是主动作为应对“百年未有之大变局”的第一个五年，也是河南省实现跨越式发展的

---

* 高璇，经济学博士，河南省社会科学院经济研究所研究员，主要研究方向为新经济。

关键五年。面对新的历史时期，谋划河南省“十四五”时期经济社会发展思路与举措使命重大。

一 “十四五”时期河南经济社会发展的基本思路

（一）指导思想

以习近平新时代中国特色社会主义思想为指导，深入贯彻落实习近平总书记关于河南工作的重要讲话和指示批示精神，坚持稳中求进工作总基调，坚定不移贯彻新发展理念，以推动高质量发展为主题，以深化供给侧结构性改革为主线，以改革开放创新为根本动力，牢牢把握扩大内需战略基点，加快建设现代化经济体系，统筹发展和安全，推进治理体系和治理能力现代化，持续以党的建设高质量推动经济发展，为河南在中部地区崛起中奋勇争先、谱写新时代中原更加出彩的绚丽篇章做出更大贡献。

（二）基本原则

坚持党的领导。必须坚持和完善党的领导，自觉在思想上政治上行动上同以习近平同志为核心的党中央保持高度一致，把党的领导落实到河南工作各方面各环节，提高各级党委把方向、谋大局、定决策、促改革的能力，为实现高质量发展提供根本保证。

坚持以人民为中心。必须始终做到发展为了人民、发展依靠人民、发展成果由人民共享，坚持尽力而为、量力而行，持续办好群众所急、所需、所盼的民生实事，不断实现人民对美好生活的向往。

坚持新发展理念。必须把新发展理念贯穿发展全过程和各领域，坚持结构调整的战略方向，更多依靠科技创新，推动经济发展量的合理增长和质的稳步提升，实现更高质量、更有效率、更加公平、更可持续、更为安全的发展。

坚持改革开放。必须坚定不移推进改革，继续扩大开放，深挖内需潜力

和制度活力，巩固内陆开放高地优势，主动融入以国内大循环为主体、国内国际双循环相互促进的新发展格局，持续增强发展动力和活力。

（三）发展目标

经济发展质量更高。主要经济指标年均增速高于全国平均水平，更加注重发展质量和效率，将经济发展与生态环境同步起来、经济发展与社会民生统一起来、经济发展与科技创新融合起来，不断提升河南经济发展质量。

对外开放能级更高。围绕多层次开放平台体系建设，大力推动航空港经济综合实验区建设、河南自贸试验区建设，使航空港经济综合实验区对外开放门户功能显著增强，“四路协同”发展水平显著提升，自贸试验区制度创新走在全国前列，开放型经济体制基本形成，营商环境重点领域进入全国第一方阵。

社会文明程度更高。社会主义核心价值观普遍践行，全民素质和社会文明程度明显提升，黄河文化影响力和号召力显著增强，中原优秀传统文化、红色革命文化、社会主义先进文化得到进一步弘扬，文化事业和文化产业进一步蓬勃发展。

绿色发展水平更高。进一步践行“绿水青山就是金山银山”的发展理念，使资源利用效率进一步提高，生态环境质量进一步改善，生态文明制度体系基本建成，生态屏障和生态廊道功能进一步增强，力争生态保护和环境治理走在黄河流域前列。

人民生活品质更高。教育强省建设进一步推进，健康中原建设向更高质量迈进，中原人科学文化素养和健康素质进一步提升，人力资源优势更加凸显，公共服务体系和社会保障体系更加完善。

二　“十四五”时期河南促进经济社会发展的重大举措

“十四五”时期，要进一步强基础、补短板、增优势，推动河南向更高质量发展迈进。

（一）围绕高质量经济强省建设，完善构建现代产业体系

积极推动制造业高质量发展。进一步推进产业链现代化。围绕做强优势产业、做优传统产业、做大新兴产业，着力优化供应链、完善产业链、提升价值链，形成一批万亿千亿级产业集群和具有更强创新力、更高附加值的产业链。进一步补齐产业基础短板。积极对接国家重大专项和产业链布局，突破一批基础零部件、基础材料、基础工艺、产业技术基础等短板。把智能制造作为新一代信息技术和制造业融合发展的主攻方向，健全智能化改造服务体系，打造标杆性智能车间和智能工厂；深入推进绿色制造，开展绿色工厂、绿色园区、绿色供应链管理企业创建，积极发展绿色产业和高端再制造；推进先进制造业与现代服务业融合发展试点，推广服务型制造新模式，加快补齐工业设计、研发外包、检验检测等生产性服务业短板，推动制造业向价值链高端延伸。

积极推动服务经济提质增效。加快服务内容和业态模式创新，重点培育现代物流、文化旅游、健康养老优势产业，打响河南服务品牌。以建设物流通道、物流枢纽和物流服务网络为重点，加快构建“通道 + 枢纽 + 网络”的现代物流运行体系；加快黄河文化旅游带和郑汴洛国际文化旅游目的地建设，做优太行山、伏牛山、大别山自然生态和红色旅游景区，建设文化旅游强省；推进多元办医和医养结合，打造全链条健康养老产业；培育多元化金融体系，扩大直接融资规模，提高金融服务实体经济能力；积极发展商务、科技、人力资源、文化创意等新兴服务业。

积极推动数字经济发展。充分发挥国家大数据综合试验区战略平台作用，全面推进数字产业化、产业数字化和城市数字化“三化融合”，打造引领全省高质量发展的新引擎；加快发展5G、鲲鹏计算、物联网、新一代人工智能、区块链、量子通信等数字经济核心产业，引进培育优势企业，争创国家新一代人工智能创新发展试验区，构建以郑开科创走廊为核心、郑州都市圈为引领、省级大数据产业园为支撑的产业发展格局；加快推进新型智慧城市建设，促进城市数据资源深度开发利用，提升政府治理和政府服务现代化水平。

（二）围绕中西部创新高地建设，完善构建创新体系

进一步集聚高端创新资源。抓住国家优化科技资源布局机遇，在现代农业、网络安全、高端装备、黄河保护开发等领域，积极争取国家实验室、重大科技基础设施、产业创新中心等高端创新平台落地；完善基础研究和应用基础研究布局，高标准谋划建设国内一流研究型大学，力争国家级创新平台数量进入全国第一方阵，成为国家创新网络重要节点；推动国内外知名企业、高校院所在河南设立分支机构和研发中心，加快集聚培育一批新型研发机构；实施重点领域高层次急需紧缺人才引进培养工程，完善柔性引才机制和高层次人才特殊支持政策，持续举办招才引智创新发展大会、开放创新暨跨国技术转移大会，探索建设国际人才社区、海外人才离岸创新创业基地。

进一步打造多层次区域创新载体。高标准建设郑洛新国家自主创新示范区核心载体，实施创新引领型产业集群专项，搭建重点产业领域共性关键技术创新转化平台，加强科技成果转化、科技金融、高端人才引进等政策创新和机制改革并在全省复制推广；加快建设郑开科创走廊、中原科技城等重大创新载体，推进创新要素融通共享，建设全国重要的科技创新策源地；推动高新区创新提质发展，建设具有重要影响力的高科技园区和创新型特色园区。

进一步激发市场主体创新活力。建立持续稳定的财政科技投入增长机制，优化投入方向和重点，加大基础研究和前沿科技研发投入力度，加强重大创新平台运行保障，在同等条件下政府采购要优先购买创新产品；全面落实高新技术企业所得税优惠、研发费用加计扣除等普惠性政策，实施更大力度的企业研发投入财政奖补政策，推动科技创新券政策省辖市全覆盖，引导企业加大研发投入；完善创新型企业培育机制，培育形成一批创新龙头企业、“瞪羚”企业；完善科技金融支持体系，深化政府基金管理机制改革，提高基金投资效率和失败容忍度，积极引进国内外知名风险投资机构，加快发展天使投资、创业投资和产业投资基金。

进一步加强关键技术研发攻关。围绕新兴产业培育和传统产业升级，瞄准颠覆性技术、紧盯前沿引领技术、突出关键共性技术、强化现代工程技术，持续实施“十百千”转型升级创新专项等重大科技攻关工程，在先进制造、新材料、新一代信息技术、生物医药、生命健康、现代农业、环境治理、防灾减灾等领域突破一批关键核心技术和“卡脖子”技术，形成一批前瞻性引领性原创成果；建立市场导向的科研项目立项及评价机制，实行重大创新需求公开征集定期发布制度，提高科技攻关效率；统筹军地科技创新资源，健全军民融合科技创新体系，深化军民融合协同创新和双向转化。

进一步优化创新创业发展环境。推进科技与金融、军工与民用、国家与地方、产业与院所“四个融合”，加快构建政产学研用金一体协同、大中小企业和各类主体融通发展的创新生态；加强科技人才队伍建设，完善人才发现、培养、激励机制，建立以创新能力、实际贡献为导向的人才评价体系，推行代表作评价制度；弘扬新时代科学家精神，加强科研诚信建设；完善知识产权保护、应用和服务体系，建立健全知识产权司法保护、行政执法及纠纷多元解决等机制，探索引入侵权惩罚性赔偿制度。

（三）围绕构建国内大循环，着力挖掘内需潜力

着力扩大合理有效投资。充分发挥发展规划、产业政策、行业准入标准和信息服务对投资活动的引导作用，加大基础设施、公共服务、科技创新、产业转型升级、生态环境保护等领域的补短板投资力度，保持合理有效投资稳定增长；加强政府投资统筹管理，优化政府投资方向和安排方式，规范有序推广政府和社会资本合作模式，推进政府投融资公司市场化转型，盘活基础设施存量资产，形成投资良性循环；深化投融资体制机制改革，建立合理回报机制，引导民间资本进入基础设施和公共服务等重点领域，扩大股权和债权融资规模。

着力激活潜在消费。为适应消费数字化、品质化、个性化、多元化趋势，加速“互联网＋”向传统消费领域渗透，不断拓展丰富消费场景、经营方式和业态模式；完善数字消费生态体系，推动传统零售、传统服务和渠

道电商资源整合，大力发展无接触配送、无人零售、直播消费等消费新模式；加强消费品和服务质量标准建设，建设品牌强省。

着力优化消费环境。清理取消限制消费政策措施，完善促进消费体制机制；强化市场秩序监管，严厉打击各种侵犯知识产权和制售伪劣商品等违法犯罪活动，完善产品质量安全追溯和服务责任追溯机制，加强消费领域信用建设，畅通消费金融创新渠道，规范发展消费信贷。

（四）围绕高质量建设，深入推进新型城镇化

加快中心城市建设。加快郑州国家中心城市建设，使郑州坚持国际化、现代化、生态化方向，积极承接承载国家重大生产力布局，参照副省级城市赋予郑州更大经济社会管理权限，增强郑州经济实力、发展活力、城市魅力和国际影响力，推动郑州打造集聚高端资源、参与全球竞争的战略平台；以全方位对外开放引领洛阳中原城市群副中心城市建设，强化洛阳高端制造创新、综合交通枢纽、国际人文交往等功能，叠加放大洛阳文化旅游、生态资源等优势，增强洛阳经济资源要素集聚和辐射能力。

加快重要节点城市发展。提升南阳豫鄂陕省际区域中心城市功能，推进信阳大别山革命老区宜游宜居城市、驻马店国际农都建设，建设南部高效生态经济示范区；巩固提升商丘豫皖省际区域中心城市地位，推进周口新兴临港经济城市、漯河国际食品城建设，建设东部承接产业转移示范区；发挥安阳豫晋冀省际区域中心城市带动作用，加快鹤壁高质量发展城市、濮阳新型化工基地建设，建设北部跨区域协同发展示范区；深化洛阳与平顶山、三门峡、焦作的协作联动作用。

筑牢县域经济底盘支撑。以县域治理“三起来”为根本遵循，以强县富民为主线、改革发展为动力、城乡贯通为途径，探索各具特色的县域经济新路子；突出产城融合和功能复合，加快县城扩容提质，开展县城新型城镇化建设示范；规范发展特色小镇和特色小城镇，培育壮大一批重点镇，打造县域发展的次级支撑。

提高新型城镇化发展质量。加快推动农业转移人口市民化和区域人口合

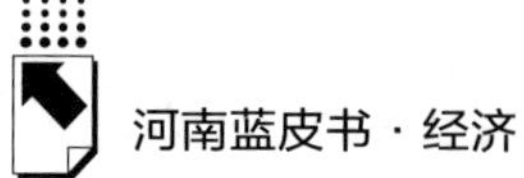

理有序流动，提高城市规划、建设和管理水平，塑造高品质城市生活；全面放开郑州落户限制，试行以经常居住地登记户口制度；坚持推进宜居城市、韧性城市、智能城市、人文城市建设；加快推进老旧小区和棚户区改造；坚持“房住不炒”，促进房地产市场平稳健康发展。

（五）围绕农业农村现代化，深入推进乡村振兴战略

扛稳粮食安全重任。推进新时期国家粮食生产核心区建设，深入实施“藏粮于地、藏粮于技”战略，持续推进优质粮食工程，推动粮食产业链、价值链、供应链“三链同构”；严格落实永久基本农田新建与提质并重，持续改善农田水利、气象等基础设施，不断提升农业现代化水平和抗风险能力。

大力发展乡村产业。聚焦产业兴旺，深化农业供给侧结构性改革，促进农村一、二、三产业融合发展，拓宽农民增收渠道；做强特色优势产业，以优势特色农业为重点，实施高效种养发展行动，调整种养结构，优化品种、提升品质，推进优势特色农产品基地建设；做强农产品精深加工业，加快推进绿色食品产业转型升级，重点发展面、肉、油脂、乳、果蔬五大产业，高标准建设国家、省、市现代农业产业园体系；做活乡村新兴产业，大力发展设施农业、休闲农业、乡村精品旅游和乡土特色产业，推进国家农村产业融合发展试点示范县或园区建设。

继续发展美丽乡村。全面改善农村人居环境，完善农村生活垃圾收运处置体系，扎实推进农村“厕所革命”，梯次推进生活污水处理，持续开展“千万工程”示范创建；全面改善农村生产生活条件，优化完善农村路网、电网、光纤宽带网和农村饮用水保障体系；加强传统村落保护利用，传承振兴农村优秀民间文化。

（六）围绕构建现代化基础设施体系，加强基础设施建设

构建便捷畅通的综合交通体系。着力构建多层次综合枢纽。加快郑州南站、小李庄火车站铁路枢纽建设，形成“四主多辅”铁路枢纽格局；加快

郑州国际航空枢纽、国际邮政快递枢纽建设，打造以空陆双港为核心、多式联运的郑州国际交通门户枢纽。着力畅通立体化骨干通道。加快布局新增宁洛通道、北沿黄通道，打造“米＋井＋人”字形综合运输通道；加快郑州机场三期建设，推动洛阳、南阳、信阳机场改扩建，构建形成中原机场群；加快推进“两环三山六通道”高速公路建设；推动淮河、沙颍河、唐河等内河航道和大运河河南段文化保护传承利用旅游航道建设。

构建低碳高效的能源支撑体系。着力强化能源输配网络。完善以郑州都市圈内外双环为中心、连通四方的主干电网，加快构建全国先进的城乡配电网；进一步推进“两纵四横”省级天然气干线网络建设。着力优化升级省内能源。有序发展风电、光电、地热供暖，扩大生物质能梯级利用规模，建设沿黄绿色能源廊道；加快推进煤炭安全绿色智能开采，有序释放优质产能。着力提升能源安全储备能力。积极开展储能示范工程，改善电力系统调峰性能；完善天然气储运体系，实施中原储气库群项目。

加快新型基础设施建设。着力完善新一代高速光纤网络。加快推进5G网络全覆盖和千兆宽带城市建设，建成中国移动网络云郑州大区节点和中国联通5G核心网中部大区中心，建设国内一流的现代信息通信枢纽。着力统筹布局智能计算设施。积极融入国家一体化大数据中心体系，加快建设国家超级计算郑州中心；推进量子通信城域网和省干网网络建设，开展人工智能计算平台、区块链网络布局。着力加快工业互联网基础设施建设。推动企业内外网改造升级，加快5G、IPv6、NB－IoT、智能传感设施等在工厂内的商用部署和规模化发展。着力推动融合基础设施发展。推进传统基础设施与互联网、大数据、人工智能等技术融合升级，加快物联感知体系建设，提升传统基础设施智慧化管理和运营水平。

（七）围绕打造一流营商环境，全面深化改革

强化市场主体地位。以混合所有制改革为突破口牵引带动国资国企改革，支持民营企业改革发展，培育更多充满活力的市场主体；健全以管资本为主的国有资产监管体制，改革国有资本授权经营体制，完善国有资本投

资、运营公司功能；完善支持民营企业改革创新发展的政策体系，增加面向小微企业的融资增信和直接融资支持，切实减轻民营企业负担；支持个体工商户发展，提供更直接更有效的政策帮扶。

营造公平竞争市场环境。全面实施市场准入负面清单制度，进一步放开基础设施、社会事业、服务业等重点领域市场准入，推动“非禁即入”的普遍落实；完善构建亲清政商关系的政策体系，建立健全规范化机制化政企沟通渠道和涉企政策制定执行机制；激发弘扬优秀企业家精神和新时代豫商精神，更好发挥企业家作用。

营造便捷高效的政务环境。深入推进“放管服”改革，最大限度地减少政府对市场资源的直接配置和对微观经济活动的直接干预；全面推进权责清单制度，加快数字政府建设，深化“一网通办”前提下“最多跑一次”改革，实现最大限度地利企便民；加强政务诚信建设，建立政府诚信履约机制，推进政务诚信监测治理。

营造开放便利的投资贸易环境。实施具有较强市场竞争力的开放政策，建立健全与国际标准市场规则相衔接的地方法规和规章体系，打造稳定公平透明可预期的开放环境；进一步缩减进出口环节审批事项，规范降低通关费用，推动国际贸易“单一窗口”功能全链条覆盖，实施通关、物流并联作业，压缩口岸整体通关时间，提升贸易便利化水平。

（八）围绕打造内陆开放高地，实施更加积极主动的开放战略

巩固提升开放通道优势。充分发挥河南省“空、陆、网、海”四条丝绸之路建设优势，以“四路协同”和功能提升高水平建设国际物流通道枢纽。巩固提升郑州航空港内陆空港型枢纽功能，深化郑州－卢森堡等航空双枢纽合作，加快构建东联西进、贯通全球的航线网络，推动国内外大型物流集成商设立区域分拨中心和运营基地；加快建设中欧班列集结中心，推动中欧班列（郑州）运贸一体化发展，拓展多方向国际干线物流通道；构建完整的跨境电商、跨国采购生态圈和产业链，打造覆盖全国的进出口商品集散地，实现“买全球、卖全球”。

强化航空港经济开放引领功能。全面提升郑州航空港战略优势。围绕“枢纽+口岸+物流+制造”，加快建设交通大枢纽、开放大门户、航空大都市，打造国际航空枢纽经济引领区。加快发展临空经济。依托临空经济区和航空产业园区，统筹推进航空物流、电子信息、生物医药、飞机租赁、高端服务等产业提质扩量，构建现代化临空经济产业体系。

打造高能级开放平台体系。增强自贸试验区制度型开放引领作用。围绕“两体系一枢纽”战略定位，持续开展首创性、集成性、差异化改革探索。优化提升口岸和海关特殊监管区域功能。提升航空、铁路口岸货运吞吐能力，加快邮政枢纽口岸建设，健全功能型口岸运营机制，强化口岸安全风险防控；拓展完善海关特殊监管区域功能和产业配套。谋划建设河南“空中丝绸之路”开放试验区。

拓展开放合作空间。加大开放招商力度。创新市场化、专业化、精细化招商引资机制，大力发展“基金招商”；全面深化与京、沪等地的战略合作，大力承接优质产业产能转移。培育贸易竞争新优势。加快构建覆盖全国的进口商品采购分拨体系；积极推进服务贸易创新发展，持续推进服务外包示范城市建设和申建，培育壮大一批服务外包企业和产业集群。

（九）围绕打造生态河南，全面推进生态文明建设

协同推进黄河流域生态保护治理。坚持重在保护、要在治理，因地制宜、分类施策，统筹谋划上下游、干支流、左右岸，打造沿黄生态保护示范区。

全面改善环境质量。实施最严格的环境保护制度，科学、精准打好升级版污染防治持久战，持续减少主要污染物排放总量，推动控制质量明显改善，基本消除劣Ⅴ类水体，持续提升土壤环境质量，不断提升生态环境综合治理能力。

加快形成绿色发展方式。优化调整产业结构、能源结构、运输结构、用地结构和农业投入结构，从源头减少能耗、物耗和污染物排放；广泛开展绿色生活创建行动，实行积极的绿色消费政策，倡导和践行简约适度、绿色低

碳的生活理念和生活方式；探索构建统一高效的环境产权交易体系，深入推进排污权、用能权、水权、碳排放权交易。

（十）围绕打造文化河南，推动文化繁荣兴盛

讲好新时代“黄河故事”。切实扛起保护传承弘扬黄河文化的历史责任，以黄河文化串联整合大运河文化、红色文化、根亲文化、汉字文化、功夫文化等资源，构筑华夏儿女精神家园和心灵故乡；加快三门峡－洛阳－郑州－开封－安阳世界级大遗址公园走廊建设，打造郑州、开封、洛阳黄河历史文化主地标城市，全面提升黄河文化国际传播力和影响力。

提升文化产业竞争力。加快文化资源创新利用，促进文化与科技、旅游、体育、康养等产业深度融合，推进广播影视、新闻出版、文娱演艺、文化产品制造等产业转型升级，培育发展新兴文化业态，打造具有中原地域特色的文化品牌；推进文化产业示范园区、基地建设，提升改造历史文化街区，鼓励利用老旧厂房、工业遗址、历史遗迹、商业楼宇建设文化创意空间和城市文化综合体。

丰富人民精神文化生活。完善公共文化服务体系，深入实施文化惠民活动，提升多层次公共文化供给能力；推进文化基础设施升级和公共文化服务标准化均等化，推进河南博物院新馆、河南美术馆新馆等重大文化设施建设，全面提升市县“三馆”、综合文化服务中心和乡村公共文化设施服务功能，形成主城区和中心镇15分钟、一般村镇20分钟的公共文化服务圈。

提升全民文明素养。弘扬正能量，培育出彩河南人，深入践行社会主义核心价值观，加强爱国主义、集体主义、社会主义教育，推进新时代文明实践中心建设，持续开展文明城市、文明村镇、文明单位、文明家庭、文明校园、文明景区创建活动；全面推进社会公德、职业道德、家庭美德、个人品德建设，传承弘扬中华传统美德，深化未成年人思想道德建设，推进诚信建设和志愿服务制度化，精心选树时代楷模、道德模范等先进典型，激励人们向上向善、孝老爱亲。

（十一）围绕增进民生福祉，不断提升公共服务质量

加快推进更高质量充分就业。千方百计增加就业岗位。把扩内需与稳就业、项目投资与岗位创造紧密结合，建立就业影响评估机制，提升投资和产业的带动就业能力。加大就业扶持力度。完善自主创业和灵活就业支持政策，加大对小微企业和新就业形态的扶持；动态调整就业困难人员认定标准，持续开展就业援助帮扶，确保零就业家庭动态清零。加强失业风险防范。完善规模裁员和失业风险预警机制，做好化解失业风险的政策储备和应对预案。

加快推进健康中原建设。健全公共卫生体系。改革完善疾病预防控制体系，完善传染病疫情和突发公共卫生事件监测系统，建立健全多渠道监测预警机制；加强省级重大疫情救治基地、城市传染病救治网络、县级医院救治能力及平战结合公共设施建设，提升应急医疗救治储备能力。提高全民健康素养。推动将健康融入所有政策，把握好全生命周期健康管理理念。

加快推进教育现代化。着力构建优质均等化的基础教育体系。接续实施学前教育行动计划，加快学前三年教育普及普惠发展；实施义务教育优质均衡行动计划，推进城镇义务教育资源供给与常住人口相匹配；改善普通高中办学条件，全面提高普通高中教育质量。构建更具竞争力的高等教育体系。加快郑州大学、河南大学“双一流”建设，实施特色骨干大学和特色骨干学科建设计划，积极引进国内外高水平大学、科研院所来豫办学。构建符合经济转型需求的职业教育体系。实施高水平职业院校建设行动计划和中等职业学校标准化建设工程，开展职业教育产教融合发展行动。构建终身学习教育体系。加强继续教育统筹管理，完善质量保障机制，搭建全民终身学习的“立交桥”。

完善覆盖全民的社会保障体系。完善基本养老保险制度，规范省级统筹制度，大力发展企业年金、职业年金、个人储蓄性和商业养老保险等补充养老保险。构建以基本医疗保险为主体，医疗救助为托底，补充医疗保险、商业健康保险、慈善捐赠、医疗互助共同发展的医疗保障制度体系。统筹完善社会救助、社会福利、慈善事业、优抚安置等制度。加快建立多主体供给、多渠道保障、租购并举的住房制度。

参考文献

[1] 中国社会科学院宏观经济研究中心课题组：《未来 15 年中国经济增长潜力与“十四五”时期经济社会发展主要目标及指标研究》，《中国工业经济》2020 年第 4 期。

[2] 胡鞍钢等：《“十四五”时期中国经济社会发展的基本思路》，《求索》2019 年第6 期。

[3] 贾坤：《从国际比较预判我国到 2035 年经济增长的可达目标与支柱性政策》，《管理世界》2020 年第 1 期。

[4] 段亚男：《浙江“十四五”高质量发展的战略重点》，《浙江经济》2019 年第 24 期。

B.14

河南做好“六稳”“六保”工作的重点难点研究

王　芳*

摘　要：“六稳”“六保”既是积极应对当前形势变化的有效举措，也是维护经济社会发展大局稳定、确保实现全面建成小康社会目标的重要部署。河南做好“六稳”“六保”工作，必须明确重点难点，着力在扩大内需、稳就业保民生、激发市场主体活力、稳定产业链供应链、深化改革开放、抓牢粮食能源安全几方面寻求突破，同时还要注意坚持底线思维、积极进取、结合实际、补短板堵漏洞等问题。

关键词：“六稳”　“六保”　河南省

2018年7月31日，中共中央政治局会议首次提出“六稳”，即稳就业、稳金融、稳外贸、稳外资、稳投资、稳预期。2020年以来，面对新冠肺炎疫情的严重冲击以及国内外的复杂严峻形势，中央要求在扎实做好“六稳”工作的同时，落实“六保”任务，即保居民就业、保基本民生、保市场主体、保粮食能源安全、保产业链供应链稳定、保基层运转。“六稳”“六保”涉及经济社会发展的方方面面，既是积极应对当前形势变化的有效举措，也是维护经济社会发展大局稳定、确保实现全面建成小康社会目标的重要部

* 王芳，河南省社会科学院经济研究所副研究员，主要研究方向为区域经济、区域金融。

署。“六保”与“六稳”相互统一，相辅相成，河南必须采取得力措施，明确重点难点，把握关键环节，以关键环节、重点领域的有效突破，实现“六稳”“六保”各项目标，为保持经济持续平稳发展、维护社会大局稳定、奋力实现全面建成小康社会目标奠定扎实基础。

一　河南做好“六稳”“六保”工作的重要意义

（一）以人民为中心的发展思想的具体体现

突如其来的新冠肺炎疫情给河南经济社会发展带来了严峻挑战。当前，疫情虽然在国内得到有效遏制，全省统筹推进疫情防控和经济社会发展工作也取得了显著成效，但值得注意的是，疫情对民生领域强烈的冲击效应尚在持续。习近平总书记明确要求在疫情防控中“切实保障基本民生”，强调“越是发生疫情，越要注意做好保障和改善民生工作”。做好“六稳”“六保”工作，就是要兜住最困难群体，保住人民最基本的生活，把疫情对民生的影响降到最低，在疫情防控中保持民生温度，让人民群众拥有更多获得感、幸福感和安全感。“六稳”“六保”始终坚持人民的利益高于一切，体现出一切发展为了人民，同时也能够充分激发人民群众的主观能动性，为战胜我们面临的困难和挑战汇聚起更多、更强大的智慧和力量。

（二）加快恢复生产生活秩序的现实需要

2020 年，在新冠肺炎疫情冲击及外部不确定性持续上升的大环境下，全省经济增速大幅放缓，外部需求明显萎缩，投资、消费、进出口也明显呈下行态势。受疫情的影响，企业、家庭及政府部门都受到严重冲击，企业经营压力加大，陷入现金流危机；家庭收入下降，就业问题突出；政府部分支出上升，财政收入下滑，使得债务累积、赤字增加。同时，疫情冲击导致企业、居民收入下降乃至破产，这种影响也会传导至金融机构，造成逾期及不良贷款激增，进而影响整体金融稳定。“六稳”“六保”涉及面广，影响力大，做

好“六稳”“六保”工作，就是要在抓好常态化疫情防控的同时，进一步打通“大动脉”、畅通“微循环”、破解“中梗阻”，推动全省复工复产复商复市全面提速，加快恢复生产生活秩序，为奋力实现全年经济社会发展目标奠定基础。

（三）稳住经济基本盘的必然要求

当前和今后一个时期，新冠肺炎疫情和经贸形势不确定性影响依然很大，河南经济发展面临前所未有的风险挑战。稳住经济基本盘，就是稳住大局，就是在确保疫情不反弹的基础上全面恢复正常经济社会秩序，就是在稳的基础上开拓进取，挖掘培育新的经济增长点，努力实现高质量发展。各类市场主体既是国民经济发展的主要力量，也是承载居民就业的主要领域，只有稳住了市场主体才能稳住就业、稳住经济基本盘。做好“六稳”“六保”工作，重点就是要全力保市场主体，切实为企业纾困解难，提高中小企业生存和发展能力，同时激发企业活力，深挖内部潜力，以技术创新拉长产业链，增添发展新动能，为稳住经济基本盘、加快实现高质量发展蓄势蓄力。

（四）牢牢把握发展主动权的关键举措

面对严峻复杂的外部环境和艰巨繁重的任务，做好“六稳”“六保”工作，体现了坚持底线思维的思想，就是要对可能遭遇的各类问题、风险及不确定性做到充分估计、心有准备，同时还要积极进取、主动作为，深化供给侧结构性改革，提升产业链供应链的稳定性和竞争力，着力扩大内需，稳定居民就业，帮助中小微企业共克时艰，努力将疫情及外部影响降到最低程度，以完善的准备、得力的措施应对复杂多变的发展环境，在牢牢把握发展主动权的基础上逆势图强。

二　河南做好“六稳”“六保”工作的重点难点

（一）着力扩大内需，持续稳固增长基础

深入实施扩大内需战略，是河南应对严峻复杂的外部形势、加强国内循

环、做好“六稳”“六保”工作的战略选择。一要切实扩大有效投资。加快“两新一重”建设，重点围绕新一代信息网络、5G应用拓展、充电柱建设、新能源汽车推广等新型基础设施以及智慧城市、轨道交通、水利建设等领域加速推进重大项目建设，扩大有效投资，支撑经济回暖。二要优化项目服务强招商。抓好事关全省长远发展的重大项目谋划储备，做实做细项目前期工作，强化项目跟踪服务，及时协调解决问题，确保项目顺利落地、快速见效；用足用好国家抗疫特别国债、地方政府专项债，让资金、土地等要素跟着项目走，从而形成更多实物工作量；创新招商引资方式，依托互联网平台不断创新网上招商模式，积极探索资本招商、“飞地”招商、链式招商等新模式；完善市场化投融资机制，发挥政府资金导向作用，支持民间资本参与新型基础设施等重点领域项目建设，激发民间资本投资热情。三要全面挖掘和激发消费潜力。支持老字号国货品牌利用先进技术改进工艺流程，不断提升品质；通过大数据、云计算、人工智能、虚拟现实等新一代信息技术，积极培育体验消费、定制消费；充分发挥汽车等大宗商品消费带动作用，通过发放消费券和消费补贴、引导企业打折让利、跨行业互动共促等方式提振消费信心、促进消费回暖；积极培育“首店经济”“小店经济”“夜经济”等新消费热点，鼓励直播带货、短视频销售等新模式，推动数字乡村建设，加快发展农村电商，充分释放乡村消费潜能。

（二）着力稳就业保民生，兜牢民生底线

做好民生保障、兜牢民生底线是“六稳”“六保”工作的重要政策目标。一要做好高校毕业生就业工作。在尽快落实各项招生政策的基础上，增加公务员招考中面向应届高校毕业生的职位数量，加大事业单位对应届高校毕业生的招聘力度；围绕“互联网+”、数字经济、平台经济等新业态发展加强引导，不断拓展高校毕业生就业空间；强化高校毕业生就业支持政策，鼓励高校毕业生自主创业，通过政策支持、技能培训、典型宣传等有效措施，营造鼓励高校毕业生自主创业的良好氛围。二要抓好农民工和困难人员就业。突出农村创新创业带头人的示范带动作用，加强对农民工新知识新技

能的教育培训，支持农民工通过农村电商、自主创业等形式实现就地就近就业；要特别关注困难群体的就业，对符合条件的困难人员实行托底安置，确保零就业家庭动态清零。三要坚决打赢脱贫攻坚战。要围绕脱贫任务重的县村全力做好剩余脱贫工作，对因为疫情、疾病等突发原因而返贫致贫的人群要进行针对性帮扶；强化易地扶贫搬迁就业帮扶、社区治理、美丽社区建设等，切实落实脱贫攻坚各类税费优惠政策，对部分不能正常运转的地方扶贫车间、扶贫企业要加强动态帮扶和监测，持之以恒地抓好产业扶贫，巩固提升脱贫质量。四要增大社会保障力度。以此次疫情防控为契机，建立健全涵盖省、市、县三级的公共卫生、疾病预防以及疾病救治体系，不断提升河南省公共卫生防疫救治能力和水平；全面落实国家关于提高基本养老金相关政策，扩大失业保险、阶段性失业补助、低保等社会救助范围，保障困难群体的基本生活。

（三）着力激发市场主体活力，稳住经济基本盘

保市场主体是做好“六稳”“六保”工作的关键一环，对于稳住经济基本盘意义重大。一要抓好援企稳企政策落实工作。切实加强疫情防控下有关增值税、企业所得税、社保费用等各类优惠政策的落实工作，减轻企业经营发展负担；科学筹划、用足用好各类转移支付及专项资金，确保资金直达企业基层，提高资金使用效率，同时开展政策效果评估，定期通报落实情况，适时调整完善相关政策。二要畅通金融支持渠道。加快落实主办银行机制，扩大中长期贷款投放力度；持续优化省级金融服务共享平台功能，提升金融服务能力；用好地方专项债券支持中小银行补充资本金政策，增强金融服务中小微企业的能力；完善中小微企业征信服务，增强市县政府性担保机构能力，放大增信支持效应。三要持续深化“放管服”改革。完善提升省政务服务平台功能，继续推动政务服务事项“一网通办”“一窗通办”，以及“一网通办”前提下的“最多跑一次”改革；继续推进“证照分离”改革，深化投资审批改革，减少企业申报不必要的流程与环节，切实提高政务服务效率。四要打造一流营商环境。构建非诉讼纠纷

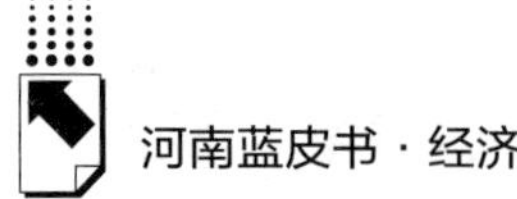

的民营企业诉求响应平台，建立健全高效便捷的响应处理工作机制，切实帮助企业解决生产经营过程中的各类困难与问题；健全企业信用监管体系，加快建立大数据监管平台，注重对大数据的收集、整理、分析及应用，推进市场监管领域各项业务数据大集中、大融合、大应用，提高风险预判和防控能力，实现有效监管。

（四）着力稳定产业链供应链，提升发展竞争力

稳定和提升产业链和供应链，提升产业基础高级化和产业链现代化水平，是做好“六稳”“六保”工作的一项重要内容。一要提升产业链现代化水平。根据深化供给侧结构性改革和构建“双循环”新发展格局的战略要求，聚焦现代装备、电子信息、汽车及零部件、现代纺织等传统优势产业，实施产业强链固链行动，重点支持产业链中的龙头企业强化产业协同和技术合作攻关，加强关键环节和关键产品技术成果的开发与应用转化，促进产业基础能力高级化。二要加快培育新兴产业。重点围绕5G、新一代人工智能、信息软件服务、新能源新材料等加快培育发展战略性新兴产业，壮大新兴产业规模，积极开展数字化转型行动，着力发展新产业、新业态和新模式，不断挖掘和培育新增长点。同时，要创新完善跨区域产业合作机制，突出“高精尖缺”导向，强化柔性引才，积极与长三角、粤港澳大湾区等开展区域合作。三要加强产业链供应链协同联动。主动融入“双循环”新发展格局，注重突出产业链中龙头企业的带动作用，建立健全产业链协同机制，引导支持产业链上下游相关企业分工合作、协同发展，为大中小企业创造更大的发展空间，实现良性循环发展。

（五）着力深化改革开放，增强发展动力活力

做好“六稳”“六保”工作，必须坚持用改革开放的办法破解难题，寻求突破。一要持续深化重点领域改革。聚焦促进工业企稳回升、促进投资、促进消费、保障和改善民生谋划推进改革，重点围绕要素市场化配置、“放管服”、国资国企、财税金融、社会治理、公共卫生等关键领域

推进改革纵深发展，使改革更加符合统筹推进疫情防控和经济社会发展的形势需要，依靠改革补短板，增强发展后劲。二要提升对外开放水平。围绕积极融入“一带一路”建设，发挥河南空中、陆上、网上和海上四条丝绸之路建设优势，以“空中丝绸之路”为引领，强化“四路协同”和功能提升，建设高水平的国际物流通道枢纽；推动中欧班列（郑州）运贸一体化发展，拓展多方向国际干线物流通道，打造中欧班列内陆枢纽核心节点。推动郑州航空港经济综合实验区、中国（河南）自由贸易试验区以及中国（郑州）跨境电子商务综合试验区等加快建设，完善开放载体功能，加强制度创新和政策集成，放大国家战略平台的叠加联动效应，加快形成更具竞争力的多层次开放平台优势。三要继续加大招商引资力度。不断创新招商方式，围绕创新链布局产业链，着力引进技术水平高、投资规模大、投入产出效益好、引领产业上层次、辐射带动力强的优质项目，抢抓国家放宽汽车、证券、期货、寿险等行业外资股比限制的机遇，积极引进外商投资项目。扎实做好项目招引“后半篇文章”，切实优化营商环境，着力提高招商项目落地率，推动项目早落地、早开工、早投产、早见效，增强经济发展动力。

（六）着力抓牢粮食能源安全，夯实发展“压舱石”

粮食安全和能源安全是经济社会发展的生命线，是落实“六稳”“六保”工作的基础和前提。一要加快农田建设立法，落实最严格的耕地保护制度和最严格的节约集约用地制度，提高农田建设立法对粮食安全的保障作用；压紧压实粮食生产目标任务，稳定粮食种植面积与产量。二要深入实施“藏粮于地、藏粮于技”战略，加快高标准农田建设，综合运用灌溉与排水工程、田间道路综合治理改造工程，加快补齐农业基础设施短板，提高农业综合生产能力。三要完善粮食应急保障体系，增强粮食收储政策宣传，建设改造一批粮食仓储物流设施，加强粮食生产、库存、仓容等情况调查，加大粮食质量监测和粮食执法力度，确保丰产之年更丰收。四要加快恢复生猪生产，加大生猪养殖扶持力度，落实种猪场和规模猪场贷款贴息及能繁母猪、育肥猪保险等相关政策，提高对种猪场、规模养殖场（户）洗消中心建设的财政支持力度；开展畜禽养殖技术培训，持续抓好对非洲猪瘟的常态化防控，引导科学规范养殖。五要加强能源运行保障，围绕加快推进安全高效、清洁低碳的能源体系建设，多渠道拓展清洁能源消纳能力，同时加强石油天然气储备能力建设，继续扩大在石油储备、管输等基础设施方面的投入，提高能源储备能力；加强对煤电油气等各个领域的供应能力、需求状况、存在问题的跟踪分析，在加强能源安全生产的基础上优化能源配置体系，确保能源供应总体稳定。

三 河南做好“六稳”“六保”工作应注意的问题

（一）做好“六稳”“六保”工作，要保持底线思维

新冠肺炎疫情的全面暴发给全省经济发展带来了严重冲击，虽然目前疫情在国内得到有效控制，但仍然在全球范围内蔓延，依然充满了不确定性。加之全球投资贸易格局、科技创新格局、金融货币格局等出现深刻变革，“黑天鹅”、“灰犀牛”事件迭出，国内经济转型升级，长期积累的矛盾与新问题新挑战交织，全省经济发展面临着复杂严峻的国内外形势，经济下行压力加大。做好“六稳”“六保”工作，要坚持底线思维，要在彻底摸清底线与风险的基础上做好应对最坏局面的准备，化被动为主动，在不确定性中寻找确定性、可控性，助推经济社会生产生活秩序全面恢复。

（二）做好“六稳”“六保”工作，要坚持积极进取

做好“六稳”“六保”工作，要保持底线思维，但守底线不是目的，朝好的方向努力、争取最好的结果才是目的，要在“稳”和“保”的基础上积极进取。因此，要充分发挥宏观政策协调机制作用，既立足当下又着眼长远，在做好“六稳”“六保”的同时，抢抓当前扩大内需、新基建布局、内外开放联动以及黄河保护治理的发展机遇，持续深化供给侧结构性改革，积

极挖掘培育新的经济增长点，更大程度地激发市场主体活力和社会创造力，增强经济发展新动能，努力在危机中开拓新空间、实现新发展。

（三）做好“六稳”“六保”工作，要结合实际突出重点

“六稳”和“六保”彼此关联，各有侧重，做好“六稳”“六保”工作，要把中央的顶层政策设计与河南省实际结合起来，紧紧围绕“保”“稳”“进”“蓄”的经济运行大路径来把握工作重点和方向，突出重点，统筹推进。要把住“保”的基本盘、打好“稳”的前进基础、确保“进”的发展方向、做好“蓄”的蓄势赋能，突出重点，保居民就业、保基本民生、保市场主体、保粮食能源安全、保产业链供应链稳定、保基层运转，确保各项决策部署落地生根，落实好民生硬任务、掌握好发展主动权。

（四）做好“六稳”“六保”工作，要着力补短板堵漏洞

突如其来的新冠肺炎疫情在给全省经济带来巨大冲击的同时，也是一次“压力测试”，一些经济社会发展中长期积累的问题与矛盾越发凸显，不少领域的风险隐患逐渐暴露。做好“六稳”“六保”工作，还要及时抓住疫情倒逼改革的“机会窗口”，把落实“六保”任务与全面深化改革结合起来，重点围绕全面扩大开放、自主创新能力提升、生态文明建设、中小微企业发展、营商环境优化等领域深入推进改革，通过改革补短板、堵漏洞、强弱项，同时进一步优化政府职能，切实发挥市场在资源配置中的基础性作用，为全省经济的健康可持续发展增添动力与活力。

参考文献

［1］王一鸣：《落实“六保任务”　稳住经济基本盘》，《理论导报》2020 年第 7 期。

［2］金世斌：《筑牢“六保”底线　把握发展主动权》，《群众》2020 年第 15 期。

［3］蒲实：《“六稳”“六保”齐发力，掌握发展主动权》，《光明日报》2020 年 6

月 16 日。
[4] 大河网：《要突出重点任务，抓实“六稳”“六保”》，http://newpaper.dahe.cn/dhb/html/2020-07/10/content_429641.htm，2020 年 7 月 10 日。
[5]《河南省做好“六稳”工作落实“六保”任务若干政策措施》，《河南日报》2020 年 7 月 20 日。

B.15

河南省促进国际国内“双循环”的思路与对策研究

汪萌萌 *

摘　要：　“加快形成以国内大循环为主体、国内国际双循环相互促进的新发展格局”是党中央根据国内国际形势发展的新变化、新特点、新挑战提出的重大战略部署，为河南在后疫情时代统筹国内国际两个大局，做好经济社会发展工作指明了方向，提供了根本遵循。促进国内国际双循环，河南具有良好的基础和环境，但也存在不少制约和挑战。要顺应河南经济社会发展趋势，立足实际，沿着激发内生动力、优化传导路径、拓展发展空间和夯实生态基础的思路，提速省内循环、支撑国内循环、畅通国际循环，在加快构建国内国际双循环新格局中做出河南贡献，实现中原更加出彩。

关键词：　双循环　内生动力　高水平开放　河南省

一　河南促进国内国际双循环的重大意义

（一）顺应世界经济深度调整、依从中国经济发展潮流的战略安排

当前新冠肺炎疫情持续蔓延，“逆全球化”思潮迭起，全球资源配置效

* 汪萌萌，河南省社会科学院经济研究所研究实习员，主要研究方向为开放经济、产业经济。

率下降，产业链、供应链循环受阻，经济衰退阴云笼罩，世界格局正处于深度调整的关键时期。从中国的发展现实来看，2020 年全国经济运行呈现出深"V"形恢复变化态势，三大产业中，就业、投资、消费等各项经济指标都出现了增速反弹、降幅明显甚至大幅度收窄的特点。中国经济正从这次短期冲击中逐步恢复过来，但面临的形势仍然复杂严峻，内外需低迷，凸显了畅通国内循环的紧迫性。中国经济发展所处的环境和阶段要求我们以国内的经济循环为主，以更好地满足国内消费和发展作为重要落脚点。从河南的发展现实看，河南省的贸易依存度从 2006 年的 6.7% 上升到 2019 年的 10.53%，正处在开放型经济加速发展的时期，河南的发展离不开国际大市场，参与国际循环是河南坚持开放带动战略的必然选择。随着欧美国家陆续重启经济，河南保持外贸产业链供应链特别是医疗和个人防护物资供应链循环畅通，对协助其他国家抗击疫情和主要经济体恢复生产生活至关重要。同时，河南维护好与这些国家或地区的经贸往来和经济循环，对全省经济重启和恢复具有助推器作用。因此，在立足国内省内大循环的基础上，谋求更高水平更高质量的开放发展、联通国际大循环也应该是河南长期发展规划的题中之义。

（二）推动河南经济高质量发展与服务全国发展大局的必然选择

作为全国重要的经济、人口大省，河南经济基础稳固、比较优势突出，政策红利持续释放。当前，河南面临的疫情防控和经贸形势严峻，投资消费复苏乏力，中小微企业困难凸显，重点领域风险有所集聚，产业链供应链不畅、对外贸易结构性不平衡、核心技术缺失、产业基础薄弱，这些成为全省经济循环的关键堵点。比如在投资方面，2020 年在主要领域投资均实现正增长的情况下，包括制造业在内的第二产业投资增长乏力，1~8 月第二产业投资增速为仅为 0.9%；在消费方面，1~8 月，全省社会消费品零售总额同比下降 8.4%，8 月增幅虽增大，但仍低于预期。内外需求疲软导致河南的内外经济循环受阻，不论是对做好"六稳"工作、落实"六保"任务，打好三大攻坚战、完成决胜全面建成小康社会，还是对河南加速中部崛起，

推动黄河流域生态保护和高质量发展，深化与共建“一带一路”国家经贸合作都形成巨大的现实障碍。因此，河南迫切需要发挥优势、抢抓机遇，找准路径、主动作为，在畅通生产、分配、流通、消费各环节的国内循环的基础上，向改革开放要空间、要动力、要合作，融入国际大循环，在推动全省经济高质量发展的同时，加快融入国家战略布局的步伐，提高服务全国发展大局的能力。

（三）加快培育国际竞争新优势的重大举措

在经济新常态的大背景下，河南开放型经济的发展处在从“要素驱动”和“投资驱动”向“创新驱动”转变的关键时期，面临原有优势日渐衰弱，新的优势不足以形成强力支撑的局面，创新要素数量不足、进出口结构不优，整合全球生产要素能力不强，思想观念以及体制机制约束等制约因素日益凸显。“双循环”新格局的提出为河南破解后疫情时代发展、开放难题，培育新的国际竞争优势提供了根本遵循，是缔结河南与全国、河南与共建“一带一路”国家经贸合作的新纽带。一方面，通过对接、融入国内大循环，河南以省域经济“内循环”为依托，激活内需市场，可以为区域经济提供持续而充沛的需求增量；另一方面，可以借助区域竞争，有针对性地补短板、锻长板，加速产业升级、优化河南在区域内的产业分工、提升全省产业竞争力。同时，通过持续推进高水平开放，沿着“河南－中部地区－黄河流域－全国”和“河南－‘一带一路’”内外开放双链条，加速河南企业“走出去”、“走上去”和“走进去”，从而改变河南参与国内国际产业竞争的形式、方式和途径，改变“两头在外、大进大出”的单循环格局，推动河南形成国内国际竞争新优势。

二　河南省促进国内国际双循环的现实基础和制约因素

目前，河南疫情防控常态化与全面复工复产相结合，显示出经济大省所固有的韧劲和活力，为构建双循环体系创造了有利条件。同时，由于国内外经济环境发生了错综复杂的变化，河南从原有的经济循环体系向双循环体系转变，在客观上还存在一系列现实约束。

（一）河南省促进国内国际双循环的基础条件

近年来，河南产业体系持续完善、生产能力不断提高。截至2020年6月底，全省实有各类市场主体735.84万户，位居全国第五、中部六省第一，有包括近3000万中等收入人口在内的1.1亿人口所形成的大规模内需市场，新型工业化、信息化、城镇化、农业现代化加速推进，投资消费需求潜力巨大，为河南促进国内国际双循环提供了有力支撑。

从需求侧来看，生产需求逐步改善。一是投资稳步增长。数据显示，2020年1~8月，河南固定资产投资（不含农户）同比增长3.1%，第一、三产业投资同比实现增长，增速分别为11.8%、3.7%，值得注意的是外资中除港澳台地区之外的外商投资增长9.9%，表明投资恢复性增长态势在持续拓展。二是消费潜力较大。2020年8月全省社会消费品零售总额同比增长1.5%，城乡消费规模持续扩大，乡村消费品零售总额降幅低于城镇消费品零售额总额2.6个百分点。三是外贸逆势上扬。1~6月，全省外贸进出口总额2280.4亿元，增速高于全国10.9个百分点，产品出口结构不断优化，外贸市场布局更加合理，跨境电商等贸易新业态新模式亮点突出，成为全省经济持续复苏的重要支撑力量。四是居民收入稳步增长。2020年上半年，全省居民人均可支配收入11429.60元，同比增长2.6%，其中农村居民可支配收入增速高于城镇居民可支配收入3.8个百分点，城乡收入结构不断优化。

从供给侧看，供给体系质量稳中有升。一是物资保障充分。2020年夏粮丰收，粮食储备充足，包括面、肉、油、乳、果蔬等重点农产品在内的现代农业全产业链已经形成。二是航空经济基础雄厚。2019年，河南航空经济发展的主要区域郑州航空港经济综合实验区GDP达到980.8亿元，外贸进出口总额占河南省的64.1%；得益于空中交通网络的持续拓展，河南跨境电商发展迅速，形成了电子信息、生物医药等优质产业集群，航空经济成

为内外互联、加速双循环的关键支撑。三是制造业“由链到圈”。门类齐全、总量靠前的制造业是河南经济的一块“长板”，占全省 GDP 的三成。作为“全球超级工厂”的重要组成部分，河南优良的制造业产业生态环境正在加速形成。四是数字产业基础扎实。河南省互联网用户规模持续扩大，信息网络、智能制造、智能交通、智慧医疗等示范工程和大数据示范产业园建设加速推进，为全省经济数字化转型提供了有力保障。五是制度环境持续优化。促进中部地区崛起、黄河流域生态保护和高质量发展两大重大国家战略在河南交会叠加，“四路协同”“五区联动”制度创新平台发展势头强劲，贯彻落实“两稳一促”“两新一重”等具体政策不断出台；“放管服”改革持续推进，营商环境显著优化，国际化、法治化、便利化的发展环境等正在成为河南新的竞争优势。

（二）河南促进国内国际双循环的现实约束

从国内循环角度看，河南对接、融入和促进国内循环的重要制约因素是供需失衡。一是内需结构性失衡，消费比重低。2020 年 1 ~ 8 月，河南社会消费品零售总额 13787.36 亿元，同比下降 8.4%，特别是商品零售和餐饮等基础服务业收入都大幅回落。在投资方面，1 ~ 8 月，河南主要领域和三大产业投资均实现正增长，特别是上半年全省新开工项目完成投资增长 38.5%，投资支撑全省经济恢复作用突出。在外需方面，前 6 个月，进口额呈两位数增长。省内消费受到疫情影响对经济造成的负面冲击更大，投资和外需反而在一定程度上起到了支撑作用。二是供给能力不足。从微观层面看，关键核心技术“卡脖子”问题突出，产业链供应链稳定性、安全性不足，流通体系现代化水平不高等，导致河南产品在生产、运输、消费环节存在堵点；从宏观层面来看，实体经济供给和需求不平衡，实体经济和金融业“冷热不均”，城市和农村双向流动机制尚未形成，也是制约循环新格局加快形成的重要障碍。

从国际循环角度看，河南参与国际循环最大的障碍是出口与进口商品高端要素含量差距明显。从目前进出口商品的种类来看，河南省出口产品中科技创新等高端要素含量仍然远低于进口产品，集成电路、精密仪器等高技术含量产品生产中的核心环节和要素主要依赖进口。以集成电路为例，2019年河南集成电路进口规模占进口总额的近36%，虽然河南出口产品中高科技产品总体所占比例较高，比较典型的如智能手机、电脑，但本地参与的主要是劳动和资源密集性环节，附加值较低。在表面上看，借助开放带动战略，内陆大省河南的出口产品，尤其是以富士康为代表的外商投资企业生产的出口品，实现了高科技产品对劳动密集型产品的替代，但在本质上没有改变河南借助劳动力、土地资源、优惠政策等传统比较优势参与国际贸易、融入国际产业链的实质，留在本地的仅仅是河南在生产制造环节中所投入的人力、土地和环境的价值。

从国内国际两个“循环”来看，河南开放型经济区域发展不平衡、引领型外向型企业数量不足，现代产业支撑薄弱，开放平台与通道的政策优势等没能充分转换为推进开放经济转型升级的内生动力，营商环境优化、区域合作制度和金融保障体系建设方面不协调不可持续的问题突出，成为阻碍河南促进国内国际双循环协同联动的“梗阻点”。

三　河南促进国内国际双循环的思路和对策建议

（一）河南促进国内国际双循环的思路

1. 以激发内生动力促进双循环

激发融入国内国际双循环新格局的内生动力是河南对接、融入和促进形成新格局的必由之路。一是要打造河南特色内生市场动力。依靠河南消费市场规模大、层次多，产业体系相对完善的优势，培育“消费＋进口＋投资”的组合型市场，打造独具河南特色的内生市场。二是增强双循环产业发展内生动力。提高河南自主创新能力，加快突破关键核心技术，以技术创新升级改造传统产业、壮大新兴产业；加速产业融合，特别是推动高级生产性服务业与制造业相融合，打造数字经济新业态、新模式，构建双循环新格局下现

代化产业体系。三是激发市场主体内生活力。扶持困难企业、突出优势企业、壮大龙头企业，提高企业国际化水平，培育企业主体地位，为企业营造一个开放有序、公平竞争的市场环境。

2. 以优化传导路径促进双循环

优化传导路径是河南主动对接、融入、促进形成双循环发展格局的必要条件。一是激活“点”。围绕郑州国家中心城市建设，充分发挥郑州“丝绸之路经济带”建设的重要支撑作用、洛阳副中心城市的作用，提升“五区”“四路”开放创新带动平台能级，进一步拓展国内外空间、资源和市场；依托“公、铁、空、水、网”多式联运，强化城市交通枢纽地位，打造一流的国际物流中心。二是理顺“线”。畅通要素流通线，坚持扩大内需、内外联动，加快打通“一枢纽－五平台－四通道”要素流通大动脉；畅通产业合作线，顺应国内国际各产业补链、固链、强链和维护产业链安全的大势，畅通实体经济在生产环节的融资渠道，巩固传统龙头产业链优势，提前布局战略性新兴产业、新基建，推进大数据、互联网、人工智能、区块链等新技术与重大基础设施深度融合，促进供给端和需求端的同步提升。三是织密流通网。聚焦基础设施硬联通，持续推进河南城乡间、大都市圈间交通、物流、通信一体化发展。突出体制机制软联通，依托“互联网＋政务服务”，加快推进“一网通办”“一码通”，简化政府工作程序、完善相关配套措施，推动省内城乡、跨区域间政务服务体系标准化、平台化和智能化。

3. 以拓展发展空间促进双循环

拓展河南融入双循环的发展空间是河南对接、融入、促进形成双循环发展格局的关键举措。一是要畅通市场循环。紧紧抓住流通体系建设这个关键点，打造覆盖全省、联通国内、辐射欧亚非的“海陆网空”现代化物流体系；突出供需平衡，坚持扩大内需，夯实居民消费基础，优化消费、投资环境，提高商品和服务质量，升级传统消费、激发新型消费和有效投资。提升供给配适性，发挥新的高水平供给对需求的创造效应、带动效应，突出“豫”品意识，走特色化、品牌化的路子，提升“河南制造”在双循环中的竞争力。二是畅通内外循环。加快省域融合，多方借力省内国家重大战略，壮大现有开放创新平台，布局创新开放试验区、延伸重要工程、连接重大项目。强化国际拓展，创新高水平开放机制，完善招商引资、内外开放合作机制，积极对接“一带一路”国际市场。以高能级开放创新平台为引力点，集聚全球制造业高端创新资源；突出“进”“出”平衡，支持河南优质企业“走出去”；通过外包、并购等市场化模式引进整合高端创新要素，补齐河南经济生产环节中的质量、效率短板。

4. 以夯实生态保障促进双循环

夯实河南生态保障是河南对接、融入和促进形成双循环新格局的必然选择。河南需要将黄河流域生态保护和高质量发展同促进双循环结合起来，协同共进。一是着力“治”。积极对接上、中、下游兄弟省份，强化与兄弟省份在水资源科学分配、生物节水、水土保持、水沙关系治理、重大水利工程建设、河道整治和危险废物跨境转移监管等方面的协同合作，防控重大灾害风险。二是聚力“建”。加快沿黄地区统一的生态环境监测、评估和预警网络平台的建设，统一布局、规划全面覆盖环境质量、重点污染源、生态状况的生态环境动态监测网络；高起点谋划黄河流域重大生态保护修复、防洪减灾、黄河水资源高效利用等重大工程，谋划实施引黄灌溉及调蓄，沿黄生态廊道、河道和滩区安全综合提升，重要支流治理等重大项目，做足生态增量。三是着力“调”，加速落后产能安全退出和产业迭代升级。

（二）河南促进国内国际双循环的对策建议

1. 突出扩大内需战略基点，促消费扩投资

一是全面激活市场消费潜力，精准掌握中等收入群体消费结构，提升供给体系的配适性，在硬件上着力改善城市商圈、特色商务区的基础设施，加快提升农村网络质量，提高消费者消费能力和消费意愿，形成以中高收入人群消费为引领、中低收入人群消费为基础并逐步提升的消费结构。二是进一步健全鼓励创业、促进就业的相关政策，加快形成以就业带动就业的新格局。三是以“两新一重”为着力点扩大有效投资，加快5G基站、大数据中心、高速铁路、老旧小区改造、黄河生态廊道和文化地标等项目建设，补齐

交通物流、生态保护、卫生保障、文化旅游等领域的短板，引导投资向医疗卫生、应急保障、交通运输、信息共享、智慧城市、乡村振兴等关键领域和薄弱环节倾斜，充分发挥有效投资的乘数效应。四是充分发挥政府在扩大内需、维护市场方面的作用，全面落实减税降费要求，及时出台解决民营企业融资难、融资贵问题的政策措施。五是要以建立健全政府采购政策落实机制为切入点，进一步发挥政府采购对扩大内需的促进作用、引导作用，提高和优化公共投资效率及结构。

2. 突出创新驱动根本动力，强产业链固供应链

一是着力提升科技创新能力，切实把提升制造业发展水平作为补链、强链、提升价值链的重中之重，整合人才、技术和管理等创新资源，与资本、政策和土地等要素结合起来，在促进传统制造业转型升级的同时，大力发展高端新兴产业，推动高端制造业和现代服务业融合发展。二是加快推进全省产业链数字化、信息化、智能化，以5G、大数据、人工智能等新科技赋能河南产业链、供应链。三是优化科技创新的制度环境和市场环境。推进科技成果使用权、处置权和收益权市场化改革，提高各类创新主体的主动性；打破科技创新要素市场流动的体制机制障碍，加速实现国际化高端人才、优质资本、数据信息等科创要素的自由流动。四是强化开放创新，构建多层次、多方参与的国际科技交流合作和分享平台，积极对接、融入全球科技创新网络，加快推进国内外市场技术、规则、标准和制度的相容和协调。五是培育更多新组织、新业态、新模式，鼓励企业、高校、科研机构独立或联合建立新型产业组织和创新机构。

3. 突出环境优化关键支撑，强基础畅路径

一是突出通道畅通，持续推进全省城乡间、与大都市圈间的交通、物流、通信一体化发展。补“断点”，通“堵点”，将交通运输、物流服务以及现代信息管理系统延伸到县域各类开发区、厂矿企业中，打通县域循环“最后一公里”。增强国家互联网骨干直联点流量疏通、辐射能力，提速县域新一代信息基础设施建设。二是坚持城乡协同，加速实现包括县域在内的高速光纤宽带网络和云计算大数据基础设施网络的全覆盖。充分发挥国家支

持“创新创业”的政策优势，围绕县域经济特色主导产业发展的核心技术和关键环节，完善对企业研发投入的激励保障机制。三是优化营商环境。以商事制度改革为主线持续深化“放管服”改革，全面建立负面清单管理制。四是加快推进第三方营商环境评价常态化，构建“亲”“清”新型政商关系。五是提升政府服务效率，依托“互联网+政务服务”，加快推进“一网通办”“一码通”，持续简化政府工作程序、完善相关配套措施，推动政务服务体系标准化、平台化和智能化。

4. 突出供给侧结构性改革这一主线，增活力强动力

一是营造便捷化、法治化的政务环境，加强依法行政、按规律办事的服务意识，主动与企业对接并为其提供高效便捷服务。完善“单一窗口”制度，优化部门办事流程，整合缩减审批材料，减少行政审批过程中不必要的环节，切实提升市场主体安全感和获得感。二是营造公平竞争的市场环境，全面实施市场准入负面清单制度，保障民营企业与国有企业依法平等参与市场竞争。三是强化市场主体地位，持续推动国资国企改革，提高对民营企业和个体工商户服务供给的针对性和配适性，实现各类市场主体公平、良性竞争。四是加大对小微型企业的扶持力度，全面贯彻落实减税降费政策，降低小微型企业的经营成本。五是精准识别传统行业可能会出现的产能“伪过剩”，通过适度调整政策、创造新的需求来释放“过剩”产能。

5. 突出高水平开放关键一招，强外贸促合作

一是坚持进口与出口并重。持续扩大出口，壮大一般贸易，提升加工贸易，加快服务贸易创新发展，促进货物贸易与服务贸易均衡协调；积极扩大进口，以服务业为重点扩大外资市场准入，吸引集聚更多高质量外资企业，持续融入“一带一路”高质量发展；统筹“五区联动”，强化“四路协同”，以“走出去”作为拓展国际合作的抓手，在河南有优势、沿线国家有需求的装备制造、食品、有色等领域以及家电等消费品领域，形成一批示范性国际产业园区合作项目，与相关国家之间形成合理分工和良性循环关系。二是持续增大招商引资力度，进一步扩大交通物流、文化旅游、教育培训等服务业的开放，吸引更多国内外配套企业落户河南、融入区域产业链集群。

三是大力发展外贸新业态、新模式，依托自贸区、跨境电子商务试验区等开放平台，推动跨境电商 B2B、B2C、B2C2C 等管理、监管、交易方式等方面的创新，鼓励有条件、有需求的外贸企业拓展跨境电商相关业务，推动河南外贸产业链做大做强。四是加快对接国际化市场规则，研究学习通用的产品标准，建立健全相配套的法规体系。

参考文献

［1］黄群慧：《畅通国内大循环　构建新发展格局》，《光明日报》2020 年 7 月 28 日。

［2］黄群慧：《从当前经济形势看我国“双循环”新发展格局》，《学习时报》2020 年 7 月 8 日。

［3］徐奇渊：《如何理解“双循环”》，http：//finance. sina. com. cn/zl/china/2020 - 08 - 04/zl - iivhuipn6701899. shtml？ tj = none。

［4］汤铎铎等：《全球经济大变局、中国潜在增长率与后疫情时期高质量发展》，《经济研究》2020 年第 8 期。

［5］黄强：《准确把握“双循环”的深刻内涵　推动河南在参与构建新发展格局中展现新作为》，《河南日报》2020 年 9 月 18 日。

B.16

河南省全面激活消费潜力的思考及建议*

林园春**

摘　要： 在当前国际疫情与世界经济形势严峻复杂的大背景下，经济社会发展面临全新的风险和挑战，推动消费回升、释放内需潜力是河南应对全球疫情冲击、世界经济衰退、国际贸易投资萎缩等风险挑战的关键举措，也是做好“六稳”“六保”工作的根本要求。新形势下，河南全面激活消费潜力仍面临新冠肺炎疫情影响明显、经济下行压力加大、区域竞争加剧等挑战，需通过提高居民消费能力、促进服务消费提质扩容、加快培育新型消费等举措，深度释放消费潜力。

关键词： 消费潜力　新型消费　河南省

党中央、国务院长期以来高度重视促进消费工作，特别是新冠肺炎疫情暴发后，习近平总书记多次强调，要加快释放国内市场需求，扩大居民消费。2020 年 5 月 22 日在第十三届全国人大第三次会议上，李克强总理在《政府工作报告》中指出：“实施扩大内需战略，推动经济发展方式加快转变”“要多措并举扩消费，适应群众多元化需求”。在当前国际疫情与世界经济形势严峻复杂的大背景下，经济社会发展面临全新的风险和挑战，推动消费回升、释放内需潜力是河南应对全球疫情冲击、世界经济衰退、国际贸易投资萎缩等

---

* 本文系“创新驱动河南经济高质量发展的重点难点及对策研究”（20A12）阶段性研究成果。

** 林园春，河南省社会科学院经济研究所副研究员，主要研究方向为区域经济。

风险挑战的关键举措，也是做好“六稳”“六保”工作的根本要求。2020 年河南《政府工作报告》中提到，2020 年，河南将激发消费潜力，促进消费升级，加快培育强大的消费市场。

一 河南省全面激活消费潜力的重要意义

（一）推动形成双循环发展新格局的应有之举

加快形成以国内大循环为主体、国内国际双循环相互促进的新发展格局，是以习近平同志为核心的党中央在全面统筹国内国际两个大局基础上做出的战略部署和科学决策。当今世界正经历百年未有之大变局，新冠肺炎疫情更使得变局加速变化，全球产业链供应链因非经济因素而面临冲击，外部竞争日趋激烈，不稳定性不确定性明显增强。河南面临的外部环境更加复杂，困难和挑战更加严峻。这种形势之下，必须坚持用辩证思维看待形势变化，通过形成国内大循环化危为机、危中寻机，变压力为动力，积极稳妥应对复杂局面，牢牢把握发展主动权。以国内大循环为主体，根本在于全面释放内需潜力、激活消费潜力，以消费带动国内大循环。特别是，“十四五”时期是新冠肺炎疫情深刻影响期和“两个一百年”奋斗目标的历史交会期，外部环境和内部环境更加复杂多变，全面激活消费潜力，推动形成双循环发展新格局是河南的必然选择。作为人口大省和消费大省，河南要想在新形势下掌握主动，实现中原更加出彩，便要落实党中央在全面统筹国内国际两个大局基础上做出的战略部署，全面激活消费潜力，进而推动河南经济行稳致远。

（二）顺应高质量发展新要求的现实举措

党的十九大报告指出“我国经济已由高速增长阶段转向高质量发展阶段”，要“增强消费对经济发展的基础性作用”。近年来支撑中国经济增长的“三驾马车”之一的消费已经成为引领经济增长的“领头羊”。特别是对人口总量过亿的河南而言，最终消费对 GDP 的贡献率已经超过了 50%，消费对经济发展的拉动性作用越来越大，开始引领经济增长。消费潜力的释放，必然会带来消费结构的优化升级，进而推动供给侧结构性改革，最终全面带动实现经济高质量发展。因此，在经济由粗放型向创新型转变阶段，河南立足全面激活消费潜力，通过消费市场升级引领产业高质量发展是不二法门。同时我们应该看到，河南一方面拥有超大规模人口和中等收入群体，另一方面拥有庞大的市场，激活消费潜力的可选择路径更多、后劲更足。因此，河南省全面激活消费潜力，既有利于在推动形成国际国内双循环发展新格局的背景下，统筹利用两个市场优势促进全省经济实现高质量发展，又有利于适应人民消费结构升级的需要，进而满足人民多元化需求和对美好生活的需要。

（三）培育河南发展新优势的最优选择

在经济下行与消费升级双重压力下，各省都在通过深度挖掘消费潜力寻找经济发展新的突破口。从区域发展来看，随着国家扩内需政策的调整，各省之间招商引资必将面临新一轮的激烈竞争；为迎接新一轮消费经济的到来，各省将争先抢占激活消费潜力的制高点，大刀阔斧进行体制机制改革。如上海市 2020 年 4 月 3 日出台了 12 条政策举措，通过举办大型购物节，拓展新兴消费、休闲消费、汽车消费、信息消费和家装消费等新兴消费领域，大力发展首发经济、夜间经济、品牌经济和免退税经济等新经济，全面激活消费潜力。陕西省 2020 年 6 月 2 日出台 20 条措施促消费，其中包括：鼓励购买新能源汽车，补贴购买智能家电，全面扩大网络消费，允许特定时间流动商贩占道经营等。这些地区出台的促消费政策都取得了良好的效果。在这种形势下，河南“不进则退、慢进也是退”，因此必须通过全面激活消费潜力来培育发展新优势。

二 河南省全面激活消费潜力面临的挑战

（一）新冠肺炎疫情影响明显

突如其来的新冠肺炎疫情对河南以及全国、全球经济社会发展都造成了

前所未有的严重影响。特别是 2020 年上半年严格封城、延长假期、减少出行等措施，对全省各行业都有明显冲击，特别是消费领域。大部分居民都减少了旅游、购物、餐饮、教育、娱乐等消费行为。受此影响，2020 年 1～8 月，河南省实现社会消费品零售总额 13787.36 亿元，同比名义下降了 8.4%。其中，实现限额以上单位消费品零售额 3716.86 亿元，下降 4.2%。1～8 月，城镇消费品零售额 3411.03 亿元，同比下降 4.6%；乡村消费品零售额 305.83 亿元，下降 0.2%。1～8 月，餐饮收入 193.04 亿元，同比下降 8.3%；商品零售 3523.82 亿元，下降 4.0%。2021 年，全球疫情防范控制效果仍然未知，是否有新一轮疫情影响仍不确定，在这种情况下，河南省全面激活消费潜力的挑战较大，亟须明确思路。

（二）经济下行压力加大

当前，国内外形势正在发生深刻复杂变化。从国际看，贸易保护主义暗流涌动，同时新一轮科技革命和产业革命席卷全球，全球投资贸易格局、产业发展格局等都面临前所未有之大变革，世界大变局加速演变的特征更趋明显，全球经济走向不确定性和风险显著增大。从国内看，进入高质量发展阶段，经济转型升级的新旧矛盾与问题交织交错，使得全国经济增速放缓。再加上疫情影响，全省经济下行压力加大，部分实体经济受挫，市场预期和信心受到影响，投资和消费市场急待恢复。比如房地产市场，全省商品房销售面积 7629.95 万平方米，同比下降 2.4%，商品房销售额 5036.23 亿元，下降 0.1%。同时受制于疫情所导致的外需不振，2020 年河南就业和收入增长都面临着较大困难，不同程度地形成了对深度释放消费潜力的制约。

（三）区域竞争加剧

正如上文所提到的，在经济下行与消费升级双重压力下，各地都在通过深度挖掘消费潜力寻找经济发展新的突破口。北京、上海、广东、浙江、江苏、陕西、福建等都在出台各种政策，争先抢占激活消费潜力的制高点。从全面激活消费潜力环境看，上海的“促消费 12 条”，浙江的《浙江省人民政府办公厅关于提振消费促进经济稳定增长的实施意见》、湖北的《湖北省人民政府办公厅关于印发应对疫情影响进一步促进商业消费若干措施的通知》、陕西的《陕西省人民政府办公厅关于促进市场消费积极应对新冠肺炎疫情影响若干措施的通知》等，力度之大前所未有，给我们提供了有益借鉴。河南与兄弟省份相比，全面激活消费潜力的政策措施力度存在较大差距，产业发展与居民消费升级需求匹配度偏低，投资效益和市场运行效率不高，思想认识和宣传力度都有待提升，需要进一步增强紧迫感和责任感，集中力量抓重点、补短板、强弱项，立足激活消费潜力统筹产业发展，下好高质量发展的“先手棋”。

三　河南省全面激活消费潜力的对策建议

（一）以提高居民消费能力作为根本点

稳就业、促增收，是确保居民消费意愿和消费能力稳定提升的前提和基础，是河南夺取疫情防控和经济社会发展双胜利的根本。

一方面，要通过稳定就业总量、提升就业质量等方式稳定就业形势。通过加大援企稳岗力度、降低企业生产经营成本、加大中小微企业金融支持、规范企业裁员行为等措施保证企业稳定岗位；通过合理扩大新基建投资和优化产业布局、加强新型城镇化建设拓展更多就业岗位；通过降低小微企业创业担保贷款申请条件、深入推进大众创业万众创新、支持临时性与非全日制等灵活就业和新就业形态促进民众多渠道就业；通过不断线的高校毕业生就业服务、做好退役军人就业保障工作、帮扶残疾人与零就业家庭等困难群体就业、开展职业技能培训强化重点特殊群体就业。

另一方面，要完善税收和社会保障体系，增加人们消费的积极性。通过收入分配改革、减税降费等措施增加居民收入，让民众的消费意愿充分释放；通过加大基本民生保障力度，切实保障所有困难群众的基本生活；通过提高基本医疗服务水平，进一步完善社会保障体系，降低民众教育、医疗、住房等大额支出，消除居民不敢花钱、不能花钱的顾虑，进一步释放消费潜力。

（二）以促进服务消费提质扩容为切入点

党的十九大做出了“我国社会主要矛盾已经转化为人民日益增长的美好生活需要和不平衡不充分的发展之间的矛盾”这一科学研判。这一变化反映出随着我国经济社会的发展，人们消费需求的重点已经开始从物质层面的满足向精神层面的满足过渡。在这个过程中，人们幸福生活的需求日趋多样化，开始更多从物质产品消费转向服务消费。

促进服务消费提质扩容，符合当前消费升级趋势，有利于深度释放河南内需潜力，推动经济发展方式加快转变。重点应与深化服务业供给侧结构性改革相结合，促进文化、旅游、体育、养老、托幼、家政、教育培训服务消费的提质扩容。文化领域应在包容审慎监管基础上开放准入，进而供给更多优秀文化产品与服务，推广文旅融合发展示范区、非遗创意基地、特色小镇，加快发展云娱乐、云直播、云看展，带动文化创意消费。旅游领域应推出系列旅游消费惠民措施，鼓励各地区高质量开发特色旅游产品，鼓励全域旅游、乡村旅游、康养旅游、云旅游、预约旅游。体育领域应逐步建立完善现代体育产业体系，推动体育与文化、旅游、康养等融合发展，着力培育潜在需求大的体育消费新业态。健康领域应鼓励社会资本进入，支持社会力量提供多层次多样化的医疗健康服务。养老领域，提升城市社区养老服务能力，培育一批专业化、连锁化、品牌化社区养老服务机构，积极引导养老服务机构将专业服务延伸到家庭，延长养老链条，加大农村养老基础设施和机构的建设，助推农村养老服务消费梯次升级。家政领域，规划和拓展家政服务市场，加快互联网家政、健康美容、家庭管家等高端生活服务业发展。教育培训托幼领域，发展研学旅行、实践营地、特色课程等教育服务产品，鼓励各地区因地制宜多渠道增加托幼服务供给，满足民众消费需求。

（三）以加快培育新型消费为关键点

新冠肺炎疫情给接触性、集聚性、非必要消费都带来了严重冲击。但与此同时，网络直播、在线教育、在线医疗、电子商务等新型消费以及“无接触”零售逆势崛起，不但保障了全国人民的生产生活需求，还激发了很多潜在的市场需求，产生了许多新消费场景，加速了消费升级。区块链、大数据、云计算等新一代信息技术的广泛运用特别是5G网络、移动互联网的普及，深刻改变着民众的消费习惯，重塑消费流程，催生了智慧消费、体验分享消费等新型消费。

河南加快培育新型消费更应顺势而为，助力推动线上线下消费融合发展，助推传统线下业态数字化改造和转型升级。创新发展直播电商、分享电商、社交电商等新型电商模式，探索发展无接触、少接触型消费模式，支持鼓励智慧超市、智慧商店、智慧餐厅等新零售业态发展。同时，加强新型基础设施建设，发展新一代信息网络，加快布局保障新型消费的5G网络、数据中心、工业互联网、物联网，完善城乡物流配送体系和冷链物流设施，在城市社区和村镇布局建设共同配送末端网点，推进智能快递柜等设施建设和资源共享。建设自驾车房车营地、充电桩，推广新能源汽车，激发新消费需求、助力产业升级。

（四）以适应群众多元化需求为落脚点

“人民对美好生活的向往就是我们的奋斗目标。”随着时代的发展进步和人民生活水平的不断提高，居民消费内容、消费方式、消费规律都在发生变化，消费需求也更加多元化。只有从根本上满足群众多元化消费需求，才能切实把被抑制、被冻结的消费释放出来。

一方面，要加快发展小店经济、夜经济等新经济、新业态。越来越多的居民，特别是新一代年轻人已经改变了“日出而作、日落而息”的生活方式，夜晚的休闲活动、文化娱乐成为其缓解压力的重要生活选择。小店经济、夜经济分别从消费空间和消费时间两个维度为消费者创造了更好的消费环境，延长了有效消费时间，提供了更加多元化的消费体验，满足了居民个性化、多样化的消费升级需求，其所塑造的消费模式、生活方式等正成为满足人民美好生活需要的有效途径。

另一方面，培养发展新经济、新业态要坚持品质发展与城区建设相结

合、政府引导与市场主导相结合、鼓励发展与高效治理相结合。要将发展新经济新业态放在提升城区整体竞争力战略下进行考量，以发展小店经济、夜经济等为契机做好城区建设开发工作，同时做好步行街的改造提升工作。要充分发挥政府在政策制定、规划引领、协调管理等方面的引导作用，科学谋划发展布局，制定支持政策，做好配套服务，同时充分发挥市场机制的主导作用，激活企业、个人投资经营、创新创业的积极性，深挖发展潜力。要在积极引导发展新经济的同时建立健全管理规范保障机制，确保各部门各司其职、协同推进，推动各主体遵章守法，共同营造放心的消费环境，满足群众多元化消费需求，深度释放内需潜力。

参考文献

［1］李克强：《政府工作报告——2020 年 5 月 22 日在第十三届全国人民代表大会第三次会议上》，《人民日报》2020 年 5 月 30 日，第 2 版。

［2］韩雷、彭家欣：《提升中国居民消费率：系统工程而非重点工程——一个基于文献的述评》，《经济科学》2019 年第 3 期。

［3］赵鑫铖：《我国最优消费率测算及其影响因素研究》，《工业技术经济》2019 年第 3 期。

［4］朱天、张军：《中国的消费率被低估了多少?》，《经济学报》2014 年第 2 期。

B.17
河南培育壮大新动能的路径研究

李丽菲*

摘　要：　在新冠肺炎疫情的影响下，新技术、新经济、新动能表现出强劲生命力，为河南经济持续稳定发展发挥了重要的作用。河南要培育壮大新动能，就要积极拥抱新技术，抢占5G技术、数字经济、人工智能等战略性技术的制高点，通过加快新基建、改造提升传统产业、培育发展新兴产业、优化创新生态环境等发展路径，下好“先手棋”，撬动河南未来高质量发展的支点。

关键词：　新动能　新技术　新基建　河南省

一　背景与意义

2020年，面对突如其来的新冠肺炎疫情和复杂多变的国内外环境，以大数据、人工智能等新技术为支撑的新兴产业展现出强大的发展潜力，以互联网经济为代表的新动能显现出强劲生命力，为河南经济和社会稳定发展发挥了重要的作用。顺势而为，培育壮大新动能，撬动河南未来发展的支点，对于河南具有重大的意义。

（一）培育壮大新动能是顺应发展规律的必然选择

在经济发展的不同阶段，会呈现出不同的增长点，动力机制也会发生新

---

* 李丽菲，河南省社会科学院经济研究所助理研究员，主要研究方向为产业经济。

旧交替，纺织、钢铁、化工等传统制造业都曾经是河南不同阶段发展的动力源泉。2019 年河南人均 GDP 突破 8000 美元，河南处于新型工业化加速推进、结构转型升级，从高速增长阶段转向高质量发展的关键时期，高污染、高消耗的传统产业无法继续成为河南未来经济发展的主要驱动力，数字经济、平台经济、共享经济成为河南经济发展的催化剂，新技术、新产业、新业态、新模式等新动能成为引领经济发展的重要力量。但从当前的发展态势而言，河南也面临着新动能规模相对较小、新旧动能转换速度相对过慢的问题。加快培育壮大新动能、实现新旧动能的转化是河南顺应技术进步和产业变革趋势的必然选择。

（二）培育壮大新动能是应对疫情影响的必要举措

疫情的暴发使得传统产业受冲击较大，但也催生了新的发展机遇。在疫情期间，河南积极培育壮大新模式新业态，智能制造、无人配送、医疗健康等新兴产业展现出强大的发展潜力，网络教育、网络娱乐、网络医疗等线上服务规模快速壮大，网红直播、社交电商、无人商铺等消费模式已使居民形成新消费习惯，新业态、新产业、新模式的发展为河南经济发展提供了持续的动力。当前，国外疫情形势依然严峻，河南应该抢抓我国已经率先控制住疫情的历史机遇，进一步实施扩大内需战略、创新驱动发展战略，在传统产业提质扩容和新兴产业快速发展中培育壮大新动能，确保河南短期内经济社会稳定发展、中长期内经济结构调整优化的同时实现。

（三）培育壮大新动能是转变经济发展方式的内在要求

随着疫情在全球范围内持续扩散蔓延，全球产业链和供应链遭到严重的冲击，我国的外部需求动能持续减弱，出口带动经济发展模式不可持续。当前，境外疫情形势严峻复杂，国内防控疫情反弹任务艰巨，要想摆脱国内外环境的不利影响，实现生产生活秩序稳定恢复，必须坚持实施创新驱动发展战略，着力培育壮大新动能，以扩大内需释放巨大发展潜力，推动我国从出口导向型经济向内需驱动型经济转变。河南人口多、市场大，工业化、城市化、信息化、农业现代化水平与发达国家或地区尚有较大差距，在扩大内需方面具有巨大的潜力和广阔的空间，可以为经济持续健康发展释放巨大的新动能。因此，着力培育壮大新动能是河南在新形势下转变经济发展方式、实现全面建成小康社会的内在要求。

二　现实与基础

（一）积极布局新兴产业

新兴产业代表新一轮科技革命和产业革命的发展方向，是培育壮大新动能的关键着力点。2019 年以来，河南立足自身产业发展基础和比较优势，确定并且重点培育了十大新兴产业，根据产业发展阶段和特点，将十大新兴产业分为具有较好基础、具有一定基础以及整体处于起步阶段三种类型，以有所侧重，分类发展。经过一年多的发展，河南的现代生物和生命健康、新能源及网联汽车、5G 等新兴产业发展成效初显，智能终端、光通信、信息安全等重点产业优势得以巩固提升，中原鲲鹏生态创新中心、阿里巴巴等一批企业区域总部相继落地河南，5G 网络等先进技术在智慧医疗等领域逐渐崭露头角。2019 年河南的战略新兴产业和高技术产业规模以上工业增加值分别占 19% 和 9.9%。尽管受到疫情的影响，2020 年上半年河南战略新兴产业和高技术制造业产值也分别增长了 5.2% 和 3.9%，保持了良好的增长态势。新产品产量快速增长，2020 年上半年光电子器件、传感器、太阳能工业用超白玻璃产量分别增长了 2.0 倍、51.7%、38.4%，工业机器人、新能源汽车等都保持强劲发展势头。

（二）主动强化科技支撑

在新时期，培育壮大新动能对科技支撑的需求比任何时期都要更加迫切。2019 年以来，河南着力强化原始创新，针对产业转型发展中的技术瓶颈和短板，利用郑洛新国家自主创新示范区、中国（河南）自由贸易试验

区等国家战略机遇和资源集聚优势，着力加强技术攻关，主动谋划实施了超大直径硬岩盾构、氢燃料电池汽车、“十百千”等创新引领专项，解决了河南产业发展中的重大关键共性技术问题。在加强原始创新、科技攻关的同时，河南注重推动科技成果转化，出台《河南省促进科技成果转化条例》，强调科研主攻方向和研究领域应当与经济社会发展新需求紧密结合，搭建技术转移互联网信息共享平台、创新资源精准对接平台、技术转移配套服务平台等，着力提升科技转化转移水平，实现从原始创新到产业化的产学研无缝连接。以专项资金为牵引，解决河南科研活动“小、散、弱”等问题，加大企业创新发展贴息资金支持，引导推动企业加大技术研发投入力度，进一步提升河南的整体科技创新能力。

（三）持续加大政策支持

为了在新一轮科技革命和产业革命中抢占先机，世界各国都纷纷出台政策措施，着力培育壮大新动能。我国在培育壮大新动能方面出台了许多支持政策，比如说，支持传统服务行业改造升级政策，支持共性技术研发、工业互联网等平台建设政策，支持数字经济发展政策，这些政策红利为我国发展新产业、新业态、新商业模式，培育壮大新动能提供了支撑。河南围绕培育发展新动能，发布了《河南省支持智能制造和工业互联网发展若干政策》《高新技术企业倍增计划实施方案》《河南省加快5G产业发展三年行动计划（2020～2022年）》《关于实施创新驱动提速增效工程的意见》《河南省人民政府办公厅关于促进中小企业健康发展的实施意见》等，也实施了《河南省人民政府办公厅关于进一步加强政府性融资担保体系建设支持小微企业和“三农”发展的实施意见》《河南省人民政府关于在市场监管领域全面推行部门联合“双随机、一公开”监管的实施意见》等，在资源配置、金融服务、政策激励等方面加大支持力度，为河南培育新动能提供政策支持。

（四）加快促进转型发展

近年来，河南坚持把科技创新作为产业转型发展和企业纾困的有力抓手，促进产业链与创新链协调发展，发展动能明显增强。面对国内外风险明显上升的复杂局面，河南持续深化供给侧结构性改革，以市场导向推动产能结构和产业结构调整，以新技术、新理念和新模式对传统产业进行优化升级，以“技改+金融”为企业输血，破解企业融资难、融资贵难题，以“技改+技术”为企业造血，推动钢铁、铝工业、水泥、传统煤化工等传统企业智能化、高端化升级改造，重塑传统产业竞争优势。面对新动能的量相对较小、高新技术企业数量较少这一短板，河南大力实施企业创新能力培育科技工程，加大对高新技术企业的培育力度，促进互联网、大数据、智能制造与实体经济深度融合，使得现代服务业、高端制造业等新业态增长明显。

三 以新技术培育河南壮大新动能

新技术可以创造新产业、衍生新业态、激活传统产业并推动新一轮国际产业转移，是培育壮大新动能的革命性力量。河南只有培育壮大新动能，积极拥抱新技术，抢占数字经济、人工智能、平台经济、生物经济等战略性技术的制高点，下好“先手棋”，才能培育新增长动力，催生新动能。

（一）新技术激发发展新引擎

5G、人工智能、物联网等新技术是河南未来经济发展的核心驱动力，将重构生产、分配、交换、消费等经济活动各环节，正在成为河南经济发展的新引擎。尤其是在由高速增长阶段转向高质量发展阶段的时期，以新技术破解自身发展瓶颈，是河南摆脱对成本和规模的依赖，解决开放性程度不高、人才流动不畅、资金支持不足等问题的关键。充分利用新一代信息技术，推动互联网与实体经济的深度融合，全面释放“互联网+”在实体经济各个领域的创新效能，可以改进生产流程、创新产业模式，为传统产业的转型升级赋能，助力河南经济跑出高质量发展加速度。

（二）新技术带来发展新业态

在疫情期间，长期居家使得远程办公、在线教育、在线医疗、生鲜物流等异军突起，线上业务迎来井喷增长态势，呈现出用户人数增多、使用时间增长等特点，从各类消费平台、社区团购、网红直播销售到线上线下融合的全渠道，以5G技术、大数据、云计算等新技术为支撑的新业态改变了消费者的消费习惯，满足了人民的多样性需求，也进一步改善了人们的生活质量。2019年我国线上零售额占比达到20.6%，并且线上零售额仍在以19.5%的增速快速提高。未来，随着5G技术的普及，虚拟现实技术的广泛应用，更多的业态将会涌现，成为河南经济高质量发展的重要支撑。

（三）新技术塑造发展新格局

在全球新一轮科技革命的兴起背景下，新技术正在深刻地改变着人民的生产生活方式，也深刻地影响着社会发展格局。从我国科学技术发展进程来看，从深海深地探测、超级计算等高技术领域取得重大突破，到“互联网+”融入各行各业，科学技术带动了全要素生产率的提升，对发展的贡献率大幅度提高。我国在很多领域从追随者转变为引领者，新技术带来了新动能，塑造了新格局。尤其是在疫情下，由人工智能、区块链、云计算、大数据等新技术支持的电子病例、企业云服务平台、数据群防群控等发挥了重要作用，对我国率先打赢防疫攻坚战，并且克服疫情对经济的影响提供了支撑。

四　河南培育壮大新动能的路径选择

（一）加快布局新基建

新基建事关未来长远发展的战略性基础设施，河南要着力抢抓“新基建”为疫情后产业复苏升级带来的重要机遇，以信息、融合、创新基础设施“三大建设行动”激发新动能。

1. 推进信息基础设施建设

加快推进5G基础设施建设发展，在巩固提升郑州5G网络枢纽地位的基础上，实现5G网络县域及以上城区全覆盖、垂直行业应用场景按需覆盖，推动河南成为5G产业发展先行区。丰富拓展5G应用场景和应用领域，培育发展5G产业，将河南建设成为在全国具有重要影响的创新应用示范区；加快工业互联网平台建设，发挥工业互联网全要素、全产业链、全价值链的天然优势，促进工业互联网在装备、汽车、能源、电子、冶金等行业中得以广泛运用，实现更广范围和更深程度的创新；大力发展人工智能，以市场应用为牵引，发挥河南海量数据资源优势和巨大应用市场优势，建设一批人工智能产业园区，培育成长性高、自主创新能力强的人工智能中小微企业群体。

2. 推进融合基础设施建设

大力推进高效融合的智能交通基础设施建设，着力推进智慧公路、智能铁路、智慧航道、智慧枢纽建设，尤其是聚焦城市交通拥堵、停车难等问题，推动先进信息技术应用，逐步实现“行人－车辆－道路－数据平台”系统协同发展；大力推进智慧能源基础设施建设，实现电动汽车充电设施、氢能产业链、电网数字化建设，管廊、站址等供能设施一体化，建设能源大数据平台，实现能源网络信息系统的互联互通和数据共享。

3. 推进创新基础设施建设

围绕产业智能化、高端化发展需求以及河南产业发展阶段，积极布局创新基础设施，推动国家超级计算郑州中心、智能传感（MEMS）技术创新中心、黄河实验室、嵩山实验室等创新平台建设，努力将河南建设成为区域性国家战略科技力量。

（二）实现传统产业与新兴产业共同提升

传统产业仍然是河南当前和未来很长一段时间经济发展的支撑点，壮大新动能，需要在积极抢抓机遇、发展新兴产业和改造提升传统产业中实现。

1. 为制造业转型升级赋能

深入推进绿色化改造，按照清洁低碳、循环生产、绿色制造等发展新理念，引导企业对照能效水效高标准积极进行改造，创建一批绿色工厂、绿色园区，改变原来的粗放、高污染、高耗能生产模式，缓解资源约束和生态环境压力，赢得发展的主动权；深入推进智能化改造，加快推进工业互联网发展，促进互联网、大数据、人工智能与传统制造业的融合发展，使关键岗位实现“机器换人”，生产线实现全流程数字化，以“互联网 + 先进制造业”实现柔性生产，满足个性化需求，优化资源配置效率；深入推进技术改造，针对河南各产业亟须突破的关键环节和核心技术，增强供给能力，推动企业实施更大力度、更高层次的技术改造。

2. 抢占新兴产业发展制高点

根据确定的十个重点培育新兴产业的发展基础以及发展阶段，要有所侧重，分类发展。对于基础较好的现代生物和生命健康、尼龙新材料、智能装备、新能源及网联汽车等产业，要着力通过扩大规模增强竞争优势；对于具有一定基础的新型显示和智能终端、汽车电子等产业，要在着力培育龙头企业的同时，积极引进国内外龙头企业，实现集聚效应；对于处于起步阶段的人工智能、5G 产业，要抢抓发展历史机遇，利用区位优势和规模优势，争取使河南成为全国具有影响力的先行区。

（三）优化创新生态环境

1. 构建良好的生态

营造良好的产业发展环境。将构建有利于产业发展的生态环境作为培育壮大新动能的重要支撑，把发展基点放在创新上，围绕培育发展动力，优化劳动力、资本、土地、技术、管理等要素配置，实现产业链、创新链、价值链、资金链的有机融合，营造良好的产业发展环境。打造开放型生态系统。构建以研发、生产、物流、金融等生态资源为核心的生产体系，形成大企业构建平台、中小企业享用平台的协同共进格局，为中小企业开放平台资源，实现创新资源跨行业、跨领域、跨区域的充分使用，以资源的互联互通实现

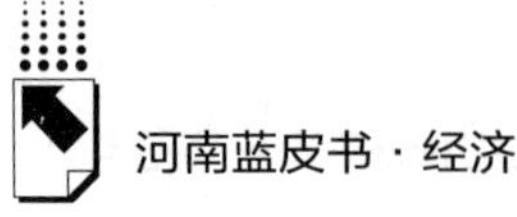

中小企业融通发展，创造更大的价值。

2. 加强对科研的鼓励

加大政策支持力度。以政策支持产业发展和新动能培育是已经被实践反复证明的行之有效的手段。因此，河南要加大产业政策扶持，尤其是针对高水平创新人才的培育、高水平新型研发机构的建设、科研成果的顺利转化要进行奖励和补贴，加大对科技创新在政策、金融、土地等方面的服务保障力度，建立健全创新容错机制。推动新技术应用，促进“三链”融合。确立企业的研发主体地位，完善科技创新激励机制，畅通科技成果转化渠道，推动科技成果从创新链向产业链转化，实现知识链、技术链、产业链的“三链”融合，让科技成果走得出实验室、落得了地。

3. 有效激发创造活力

深化体制机制改革。持续深化“放管服”改革，进一步取消和下放与培育壮大新动能相关的审批事项，实现投资创业的便利化，最大限度地激发市场活力。健全有利于培育壮大新动能的扶持政策，实行以竞聘上岗为主的管理体制改革、以事前产权激励为核心的科创成果分配改革等，形成政府激励创新创业、社会支持创新创业、劳动者勇于创新创业的环境，全面提升创新热情。注重人才培养。以激发人才创新创业创造活力为目的，营造有利于各类人才创新创业的制度环境和社会环境，畅通各类人才参与科技创新的渠道，鼓励各类优秀人才来河南创新创业，为河南培育壮大新动能提供人才保障。

参考文献

［1］任保平、宋雪纯：《“十四五”时期我国新经济高质量发展新动能的培育》，《学术界》2020年第9期。

［2］王芋朴：《基于新旧动能转换的我国现代流通业发展路径探究》，《商业经济研究》2020年第17期。

［3］惠宁、陈锦强：《中国经济高质量发展的新动能：互联网与实体经济融合》，

《西北大学学报》（哲学社会科学版）2020 年第 5 期。

［4］李琳：《顺势而为培育经济新动能》，《人民政协报》2020 年 6 月 9 日。

［5］盛朝迅：《培育壮大新动能　实现高质量发展》，《经济日报》2019 年 7 月 5 日。

［6］李宁：《培育壮大新动能是经济高质量发展的关键一步》，《中国青年报》2019 年 3 月 9 日。

［7］马健：《加快供给侧结构性改革　打造河南提升供给体系质量先行区》，《河南日报》2018 年 1 月 2 日。

B.18
河南打造数字经济新高地的策略思考

崔理想*

摘 要： 数字经济发展至今，已成为我国发展最快速、创新最活跃、辐射最广泛的经济活动。面对日益激烈的区域竞合新态势，河南打造数字经济新高地意义重大。因此，必须立足省情，统筹把握和处理好蓝海与红海、省内与省外、城市与乡村、强优与补短、近期与长期、发展与安全、理论与实践七大关键关系，重点通过广泛凝聚数字发展共识、持续提升数字挖掘能力、不断提高数字利用水平、切实保障数字经济安全、着力保障数字人才供给等途径，奋力开创河南数字经济发展新局面。

关键词： 数字经济 数字利用 河南省

数字经济发展至今，已成为我国发展最快速、创新最活跃、辐射最广泛的经济活动。中国信息通信研究院发布的《中国数字经济发展白皮书（2020年）》数据显示，2019年我国数字经济增加值规模达到35.8万亿元，占GDP比重达到36.2%，同比提升1.4个百分点；数字经济对经济增长的贡献率达到67.7%，已成为我国应对经济下行压力、驱动经济增长的核心关键力量。对河南而言，抢抓数字经济发展机遇，打造数字经济新高地，将是当前及今后一个时期河南顺应区域数字经济发展竞合加速新态势、持续保

* 崔理想，河南省社会科学院经济研究所助理研究员，主要研究方向为数字经济、区域经济。

持发展优势和不断增强综合竞争力、让中原在服务国家数字经济发展大局中更加出彩的必由之路和现实选择。

一　河南打造数字经济新高地的现实意义

（一）顺应区域竞合加速新态势的必然选择

当前，我国数字经济发展已进入区域竞合加速新阶段。对河南而言，数字经济发展“前有标兵、后有追兵”，且“与标兵的差距在拉大、与追兵的差距在缩小”。从发展现状看，《中国数字经济发展白皮书（2020 年）》数据显示，2019 年河南数字经济增加值超过 1 万亿元，仍位列全国第一方阵；但数字经济增速不高，不足 14%，而同年贵州、福建数字经济增速均超过 20%，重庆、浙江、河北等省市数字经济增速也均超过 15%；同时，河南数字经济占 GDP 比重仍不高，不足 30%，而北京、上海数字经济占 GDP 比重已超过 50%，广东、浙江、江苏、福建等地的数字经济占 GDP 比重也已超过 40%，重庆、湖北、辽宁、河北、广西、四川等地的数字经济占 GDP 比重也均高于河南，超过 30%。数字发展指数方面，据腾讯研究院发布的《数字中国指数报告（2020）》，2019 年数字中国指数省级排名 Top10 中，广东、江苏持续位居前 2 名，山东超越北京上升至第 3 名，上海上升 3 位至第 5 名，河北上升 1 位至第 9 名，而河南则由上年的第 6 名下降至 2020 年的第 7 名。总之，面对数字经济日益激烈的区域竞合新态势，河南唯有创新求变、奋力而为，才能持续保持发展优势和综合竞争力。

（二）满足地方高质量发展新需要的重要举措

当前，我国经济已由高速增长阶段转向高质量发展阶段。高质量发展，已成为当前及今后一个时期国家及地方经济社会发展的主旋律。对河南而言，新时代新作为，紧紧围绕高质量发展这一主线，找准切入点和关键举措，进而奋力开创高质量发展新局面，实现让中原在服务国家高质量发展大局中更加出彩目标，应成为开展实践的前提。发展数字经济，是被实践所证明的行之有效的引领高质量发展的关键举措。高质量发展是质量变革、效率变革、动力变革的发展，是坚持以人民为中心的发展。以数字经济引领河南高质量发展，就需要河南着力发展好数字经济新业态，推进数字产业化，提高数字经济占 GDP 比重，使数字经济成为河南国民经济新的支柱产业，实现产业结构优化升级；就需要河南充分利用好数字经济的融合作用，依托“数字＋”系列工程的实施，推进数字经济与传统产业、实体经济深度融合，促进供需精准对接，有效提高资源配置效率及数字经济对国民经济增长贡献率；就需要河南充分利用好数字经济的广泛性、便捷性、实时性、互动性等优点，更好提高社会治理能力和治理水平，更好满足人民日益增长的美好生活需要，更好提升人民群众的获得感、幸福感、安全感。

（三）构建“双循环”新发展格局的关键一招

2020 年 5 月 14 日，中共中央政治局常委会会议首次提出“构建国内国际双循环相互促进的新发展格局”。2020 年“两会”期间，习近平总书记再次强调要“逐步形成以国内大循环为主体、国内国际双循环相互促进的新发展格局”。构建“双循环”新发展格局，是有效应对日益复杂的国际大环境、保障我国经济实现高质量发展的大战略。河南是人口大省、经济大省，市场消费潜力巨大，在服务国家构建“双循环”新发展格局中有着举足轻重的作用和地位。以数字经济高质量发展推动河南在服务国家构建“双循环”新发展格局大局中更加出彩，就需要河南利用好数字经济的功能和作用，更好引导河南在国内国际分工中找准定位、抢抓机遇、贡献产品及服务，使“河南品牌”更好融入国家乃至全球价值链、产业链体系；就需要河南利用好数字经济的功能和作用，更好地挖掘和释放巨大的消费潜力和市场优势，使“河南消费”更好地支撑国家有效对冲日益增长的国际风险；就需要河南利用好数字经济的功能和作用，依靠数据赋能，更好地找准河南发展的不足、短板及问题所在，以便精准施策、对症下药，强优势、补短板，更好地提升河南服务国家构建“双循环”新发展格局的能力和水平。

二　河南打造数字经济新高地的关键统筹

面对数字经济日益激烈的区域竞合新态势，河南欲抢抓数字经济机遇，在竞合新态势中脱颖而出，打造数字经济新高地，须统筹把握好和处理好七大关系。

（一）蓝海与红海的关系

当前，无论是国际国内，还是河南省内，受发展阶段、现实基础等多因素综合影响，区域、城乡、产业等数字经济发展不平衡不充分特征都较突出，这使得数字经济“红海”和“蓝海”并存且将长期并存。河南要打造数字经济新高地，就需要科学统筹推进数字经济发展“红海”和“蓝海”策略，在“红海”中竞合协作、扬长补短，在“蓝海”中抢先布局、开拓市场，并适时推动“红海”和“蓝海”随势互换、并存并进，以有效提升有限资源的投资回报率及贡献率。

（二）省内与省外的关系

数字经济是全球化经济，我国数字经济已进入“引进来”与“走出去”双轮驱动和良性互动的发展阶段。对河南而言，亦是如此。河南要打造数字经济新高地，就需要顺应国家构建“双循环”新发展格局大势，更好统筹利用省内省外两个市场和两种资源，坚持扬长补短、开拓进取，积极融入“红海”和“蓝海”策略，推动产业结构优化升级，优化数字经济空间布局，在“引进来”与“走出去”的良性互动中实现数字经济质、量及效率齐升，持续保持竞争优势。

（三）城市与乡村的关系

2019 年河南常住人口城镇化率为 53.21%，同比提高 1.50 个百分点，但仍低于全国平均水平（60.60%）。河南是农业大省，农村人口基数较大，城乡二元结构特征仍较显著。河南要打造数字经济新高地，就需要谋划统筹城乡数字经济发展，分类推进城市、乡村数字建设，促进城乡数字经济发展良性互动、互促互进、城乡融合，拓宽数字经济发展空间，更多释放城乡尤其是广大乡村地区的消费潜力，切实缩小城乡数字鸿沟，有效缓解城乡不平衡不充分矛盾，实现“1 +1 > 2”。

（四）强优与补短的关系

面对数字经济日益激烈的区域竞合新态势，基于河南数字经济发展“前有标兵、后有追兵”且“与标兵的差距在拉大、与追兵的差距在缩小”的现状，以及数字经济起步晚、底子薄等实际，河南要打造数字经济新高地，就需要统筹整合和利用好现有的有限资源，“好钢用在刀刃上”，坚持强优与补短并进，既充分发挥优势特色，打造河南品牌，提升数字经济竞争力，又切实补齐发展短板，以更好支撑数字经济持续发展，更好依靠数字经济来满足人民对美好生活的需要。

（五）近期与长期的关系

数字经济发展至今，与之相关的新产品、新服务、新业态、新商业模式多元纷呈，数字化生产、数字化消费、数字化融合、数字化生态等研究和实践的热点、重点日新月异。受经济实力、数字思维、区位条件等诸多因素影响，不同阶段不同区域数字经济发展存在显著差异性。对河南而言，要打造数字经济新高地，就需要既立足当前又着眼长远，充分结合数字经济发展阶段及规律，充分结合国家战略部署，充分结合河南省情实际，明晰当前及未来河南数字经济发展的重点。

（六）发展与安全的关系

发展与安全是辩证统一的关系。发展是安全的基础，安全是发展的前提。在数字经济蓬勃发展的同时，网络安全、数据安全等问题也日益突出，形势愈发严峻。正确处理安全和发展的关系，既是新时代数字经济发展的重点目标，也是其发展的硬性要求。对河南而言，要打造数字经济新高地，就需要统筹正确处理好安全和发展的关系，让高质量发展为高水平高层次安全奠定硬实力基础，让高水平高层次安全为高质量发展提供强有力保障，实现二者相辅相成、相互促进、共同进步。

（七）理论与实践的关系

理论与实践是辩证统一的关系。习近平总书记强调："要根据时代变化和实践发展，不断深化认识，不断总结经验，不断实现理论创新和实践创新的良性互动。"推动理论与实践的良性互动和有机统一，是经济社会持续健康发展的法宝。对数字经济发展而言，亦需如此。河南要打造数字经济新高地，就要紧紧围绕数字经济发展目标及需要，坚持问题导向、需求导向，坚持实践第一，统筹持续推进理论创新和实践创新，在二者良性互动中实现实践之路常新、理论之树常青。

三　河南打造数字经济新高地的实践路径

对现阶段的河南而言，要在激烈的竞合新态势中脱颖而出，打造数字经济新高地，就必须坚持新发展理念，广泛凝聚数字发展共识，坚持全省"一盘棋"，坚持稳中求进总基调，破旧立新，扬长补短，统筹处理好关键关系，坚持数字化生产、数字化消费、数字化融合、数字化治理、数字化生态等多路并进，奋力开创数字经济高质量发展新局面，让中原在服务国家数字经济发展大局中更加出彩。

（一）广泛凝聚数字发展共识

树牢数字思维。打造数字经济新高地，需要全省上下联动，加强学习，凝聚发展共识，为最大限度地形成发展合力走好第一步。政府部门要强化数字经济服务意识，提升政务服务水平，支持多渠道、多形式开展数字经济宣传普及教育，助力全社会正确认识数字经济。企业主体要充分认识数字经济职能及发展态势，积极支持和推进数字产业化、产业数字化、数字化生态等建设。新闻媒体界、高等院校、社会智库等机构要积极配合，为数字经济宣传教育提供助力。

强化顶层设计。政府部门要立足河南省情实际，在充分结合数字经济发展阶段及规律、充分结合国家战略部署、充分结合周边省市发展规划等的基础上，适时推出河南打造数字经济新高地的相关规划、实施方案、行动计划，出台一批专项支持政策。坚持项目带动，谋划实施数字本领提升工程、智慧城市建设工程、数字赋能乡村振兴工程等重点项目。省内各地区，也要立足自身实际及特色，在全省“一盘棋”中找准定位，坚持互补联动，明晰数字经济发展思路及重点任务。

（二）持续提升数字挖掘能力

完善数据采集系统。数据是数字经济发展的关键生产要素。数据采集是数据挖掘的前提，数据挖掘是发展数字经济的基础。开展数据采集，要坚持以“无中生有”扩大数据增量。首先要不断完善数据采集系统，摸清现有数据采集端、平台、载体、网络等基础设施条件，查漏、补缺、升级，针对性地加强数据采集基础设施建设，持续提升数据采集能力。借鉴和推广先进成熟的数据采集技术、采集方法，培育和壮大一批数据采集、数据存储、数据管理等领域的企业。

强化数据挖掘能力。要让数据真正成为数字经济发展的关键生产要素，必须首先对数据进行价值化处理。推进数据价值化，就是从海量数据中去伪存真，挖掘和分析出所需的有价值的数据，进而推进数据运用与数字经济发展。开展数据挖掘，要坚持以“有中出新”抓好数据存量，提升数据生产要素属性。借鉴和推广先进成熟的数据挖掘技术、工具、算法及模式，鼓励和支持各行为主体加强数据挖掘能力建设，引进和培育一批数据挖掘团队、企业。

（三）不断提高数字利用水平

数字驱动产业升级。发展是第一要务，产业是发展之基。坚持数字产业化和产业数字化并进，实现以数字驱动河南产业结构转型升级，加快形成与河南 GDP 规模相匹配的数字经济总量。以大数据及云计算产业、软件信息服务业、新一代人工智能、5G 产业、智能传感器、新型显示和智能终端、区块链、量子通信等为重点，加快数字产业化发展。以制造业智能化改造、物流业数字化转型、数字医疗、数字生活、农业智慧化等为重点，推进三次产业数字化转型。持续推进河南大数据综合试验区建设，持续强化优化河南数字经济“1 + 18”发展空间格局。[①]

数据赋能社会治理。统筹城乡数字化治理，更好提升社会治理能力和治理水平，更好满足人民日益增长的美好生活需要。加快推进新型智慧城市建设，制定和实施新型智慧城市建设相关规划或实施方案，形成一批具有中原特色的新型智慧城市示范市。创新“城市大脑”服务模式，支持建设一批智慧社区，推广智慧服务、智慧应用；围绕城市社会治理难点、痛点、堵点，以交通、教育、医疗、文旅、城管、安防、应急救援等为重点，实施智慧化示范工程。加快数字乡村建设，提升乡村治理水平和治理能力，实现数据赋能乡村振兴。

（四）切实保障数字经济安全

强化数据安全保护。坚持多策并施，合力保障数据得到有效保护和合法利用并持续处于安全状态。建立数据保护目录，实施分级分类保护。支持企业、研究机构、高等院校、行业组织等共商共定数据安全相关标准。支持数据安全监测评估、认证等专业机构做大做强，依法开展服务活动。支持学术界积极开展保障数据安全的技术、工具、模式等相关理论研究。支持高等院校、企业主体等探索开展数据安全相关教育和培训，推进数据安全人才培养和供给。

加强数字安全治理。充分依托《中华人民共和国数据安全法（草案）》，

① 河南数字经济“1 + 18”发展空间格局，即以郑东新区龙子湖智慧岛为核心区、以省辖市中心城市 18 个大数据产业园区为主要节点的“1 + 18”发展空间格局。

健全数字安全治理体系，提高数据安全保障能力。依法实行联合治理，健全数据安全协同治理体系，实现主管部门、行业组织、企业、个人等共同参与，合力保障数据安全。畅通数字安全问题投诉、举报通道。认真落实各省辖市、各部门数据安全主体责任、监管责任，对不担责、不履责、不尽责等行为进行严肃追责。加大数据安全执法力度，依法严厉打击数据安全方面的各类违法行为。

（五）着力保障数字人才供给

引育结合保供给。人才是数字经济发展的第一资源。要厘清当前河南数字经济发展现有人才本底条件，明晰人才缺口。坚持需求导向，开展靶向引才、精准引才。建立数字经济全球引才体系，构建引才目录，以政府机关、科研机构、核心平台、知名企业等为引才重点队伍，持续开展高质量引才工作。同时，结合引才情况，查漏补缺，以高等院校、科研院所、骨干企业、核心平台等为重点育才载体，实施人才培育工程，持续推进人才多元培育及优质供给。

用好人才是关键。要让人才真正成为数字经济发展的第一资源，关键在于用好人才。遵循和尊重人才成长规律，扬长避短，宽容“失败”，规范使用。强化人才管理，以充分明晰人才供需两端矛盾为基础，适时引导不同层次的人才到最适合自己的岗位上去建功立业，最大限度地实现人尽其才、释放“人才红利”。着力解决好人才的后顾之忧，用满意的政策、可期的舞台、优质的服务、真挚的情感合力改善区域人才环境，促使人才近悦远来、高质量集聚供给。

参考文献

［1］中国信息通信研究院：《中国数字经济发展白皮书（2020年）》，2020年7月。

［2］腾讯研究院：《数字中国指数报告（2020）》，2020年9月。

[3] 习近平:《决胜全面建成小康社会　夺取新时代中国特色社会主义伟大胜利》，人民出版社，2017。

[4] 洪俊杰:《“双循环”相互促进，高质量发展可期》，《光明日报》2020 年 7 月 9 日。

[5] 崔理想:《数字经济高质量发展关键要处理好五大关系》，《决策探索（下）》2019 年第 10 期。

[6] 河南省统计局、国家统计局河南调查总队:《2019 年河南省国民经济和社会发展统计公报》，http://www.ha.stats.gov.cn/2020/03-09/1372001.html。

[7] 国家统计局:《中华人民共和国 2019 年国民经济和社会发展统计公报》，http://www.stats.gov.cn/tjsj/zxfb/202002/t20200228_1728913.html。

[8] 吕欣、李阳:《统筹发展和安全　推进数字经济高质量发展》，《中国信息安全》2020 年第 5 期。

[9] 韩振峰:《习近平总书记对理论创新和实践创新的新表述》，《前线》2017 年第 5 期。

[10] 崔理想:《把握数字经济高质量发展的着力点》，《河南日报》2019 年 8 月 19 日。

[11] 河南省发展和改革委员会:《2020 年河南省数字经济发展工作方案》，2020 年 5 月。

B.19
2020年河南省跨境电商产业发展指数报告*

跨境电商产业研究课题组**

摘　要： 随着中国（郑州）跨境电子商务综合试验区和中国（河南）自由贸易试验区的建立，跨境电商成为驱动河南省经济增长的新动力。本报告首先对河南省跨境电商产业发展现状进行描述与分析；随后，在综合考虑发展规模、发展潜力、行业影响等的基础上构建了新的评价指标体系，通过层次分析与加权综合的方法得到河南省不同产业跨境电商发展指数。基于本报告的研究结果，可以看出河南省跨境电商产业发展中存在进出口结构失衡、未形成规模效应、企业缺乏竞争优势、信用体系落后、专业跨境电商人才紧缺等问题。针对这些问题，本报告给出了不断促进跨境电商产业配套设施建设、加大跨境电商业务的监管力度、建立跨境电商支付和信用体系、大力发展跨境电商出口业务、提高跨境电商业务经营水平、加快培养跨境电商人才等对策。

关键词： 跨境电商　发展指数　河南省

---

* 本文为河南省软科学研究计划项目（202400410057）和河南省教育厅人文社科研究项目（2020－ZZJH－487）的成果。

** 课题组组长：常广庶，郑州航空工业管理学院商学院副院长、教授。课题组成员：张苏丰，河南省电子商务协会秘书长；邹晓燕、王世磊，郑州航空工业管理学院商学院讲师；孙明萌，河南经贸职业学院助教；朱利利，郑州航空工业管理学院商学院在读硕士研究生。

河南省是丝绸之路经济带的战略支撑点，通过将“一带一路”倡议与跨境电商产业相结合，河南省利用自身的文化底蕴、区位优势、自然资源优势等，与国家战略进行深度融合，不断完善优化自身的经济结构，为推动自身加快适应当代中国的经济新常态、全面扩大对外开放与合作、全面融入“一带一路”建设、参与构建国际经济分工体系搭建了新的发展平台，提供了发展的新机遇。河南省各产业跨境电商发展并不均衡，有些产业已凸显竞争优势，如服饰鞋帽及针纺织品、化妆品、食品等，其他产业则亟须探寻发展提升策略。如何衡量各产业跨境电商发展现状、发掘竞争优势、揭示存在的关键问题并探索发展对策是河南省各界关注的重要课题。因此，河南省电子商务协会与郑州航空工业管理学院商学院组成联合课题组，以河南省各产业跨境电商为研究对象，基于已有产业竞争力评价理论与实践研究成果，构建了河南省跨境电商产业发展评价指标体系，实证比较分析了各产业跨境电商的发展水平，为精准制定河南省跨境电商产业发展对策提供了可靠依据。

一　河南省跨境电商产业发展现状

（一）跨境电商产业持续高速增长

2018 年河南省跨境电商进出口交易额为 1289.2 亿元，同比增长 25.8%。2019 年河南省跨境电商保持较快增长，全省跨境电商进出口（含快递包裹）1581.3 亿元，增长 22.7%，其中出口 1133.7 亿元，增长 22.1%；进口 447.6 亿元，增长 24.0%。快递包裹出口 6709.8 万件，货值 148.7 亿元，下降 11.1%。郑州海关共监管跨境电商零售进出口清单 12679.6 万单，增长 32.8%；货值 161.7 亿元，增长 34.3%。其中，出口清单 4745.1 万单，货值 49.2 亿元；进口清单 7934.5 万单，货值 112.5 亿元。2020 年上半年，全省跨境电商进出口交易额 760.2 亿元（含快递包裹），同比增长 -4.6%；郑州海关共监管验放跨境电商零售进出口清单 9807.4 万票，货值 107.3 亿元，同比分别增长 82% 和 54%。河南省跨境电商综合试验区建设水平居全国前列、中西部首位，跨境电商已成为河南外贸发展的新亮点、新动力。

2018 年 3 月开通的中欧班列（郑州）解决了带电体、液体、大体积跨境物品的运输问题，比空运节约成本 30%，全年完成出口清单量 967.18 万单，形成了可复制、可推广的经验模式；2019 年，郑州航空港经济综合实验区在跨境出口模式的探索方面也取得突破性成果，既开辟了依托中欧班列（郑州）的陆路运输路径，又开辟了与共建“一带一路”国家的双回程进出口物流平衡空运路径。eBay 跨境出口业务自 2019 年 6 月在郑州机场启动以来，打通了欧美跨境航空货运专线，成功完成测试，全年申报出口 541.54 万单、货值 1.43 亿元，实现了规模化运行；中国（郑州）跨境电子商务进出口综合试验区产品日均通关货物处理速度 500 单/秒，日均处理货物运输能力 1000 万包，货物的集疏处理范围已经覆盖了全球 70% 的国家或地区，成为推动全国和地区跨境电商产业的发展高地和跨境电商制度改革创新的高地。2019 年，郑州航空港经济综合实验区的跨境电商农产品零售进出口贸易累计完成 7290.12 万单，同比增长 244.79%，实现出口贸易货值 70.59 亿元，同比增长 196.85%，其进出口贸易总量已经占据中国（郑州）跨境电子商务综合试验区的五成以上。这表明郑州航空港经济综合实验区作为河南省对外开放龙头的优势正不断显现，已经成为国内竞争力较强的跨境电商基地。此外，2019 年河南省其他地区也借助本地区的优势产业发展跨境电商，如许昌市目前拥有跨境电商进出口企业 1000 多家，跨境电商进出口交易额已经稳居全省第二，发制品、蜂蜜、蜂机具、卫浴、建筑机械等产品通过跨境电商直接出口到欧美、非洲等 100 多个国家或地区，交易额累计达到 119.7 亿元。南阳市跨境电商出口交易额比重居全省第三，通过跨境电商直接出口其具有特色的农产品，如香菇、茶叶、艾草制品、玉器工艺品，机电产品、高新技术产品的出口比重也在不断提高。2019 年，河南省跨境电商进出口交易额增幅超过 30% 的地市有焦作、鹤壁、漯河、周口、驻马店和济源，由此可见跨境电商正以郑州为中心在全省迅速铺开发展。

（二）跨境电商发展具有独特优势

河南省发展跨境电商具备诸多有利条件。一是区位交通条件优越。数据显示，作为中部省份，河南以郑州机场为圆心，2 小时航程内覆盖的人口和 GDP 分别约为 12 亿人和 43 万亿元，分别占全国的 90% 和 95%。特别是以郑州为中心的“米”字形高铁网为跨境电商快速发展创造了条件，河南省拥有陆上、空中、网上、海上“四条丝路”，为跨境电商架起桥梁。二是实体经济不断发展壮大，正形成跨境电商发展的物质条件，像黎明重工、宇通重工等制造企业跨境电商业务保持年均 20% ~30% 的增长，荣盛耐材、郑州锅炉等传统产品跨境电商销售额年均增长也超过 50%，实体经济加速融入“一带一路”建设更成为河南省跨境电商发展的内生动力。三是全省经认定的跨境电商产业园区有近 80 个，这些特色鲜明、产业集聚的产业园为打造全球产业链供应链发挥着重要作用。四是国际贸易便利化营商环境持续改善。郑州海关通过进一步开展河南省跨境电商服务和监管的创新，不断改进跨境电商服务和监管效率，通过单一窗口、多式联运实现郑州与全球货运枢纽的全面连接。五是河南省拥有的跨境电商平台层次高、形式多样、发展迅速，特别是河南保税物流中心是目前国内对外开放度最高的“买全球卖全球”跨境电商平台。此外，各高校和企业建立的跨境电商人才培养孵化平台，为河南省跨境电商规模的持续扩大提供了智力保障。

（三）跨境电商平台和进出口企业类型丰富

河南省跨境电商进出口贸易平台服务企业类型丰富，包括纯跨境电商外贸企业、保税区进出口外贸企业和一般保税区外贸企业。其中，B2B 跨境电商平台主要运营商包括阿里巴巴国际官方网站、谷歌、中国装备制造产业网、大龙网、敦煌网、环球资源网等；B2C 跨境电商平台主要运营商有速卖通、亚马逊、eBay、聚美优品、网易考拉、有棵树、PingPong 等。河南省本土跨境电商进出口平台主要运营商有中大门、世航之窗、万国优品、世界工厂网、全速通、易通等。在河南保税物流中心注册和备案的跨境电商进出口企业有1200多家、服务企业总数有4万多家，业务覆盖全球196个国家或地区，其中新郑综合保税区贸易中心集聚了京东、唯品会、菜鸟等64家跨境电商及保税物流跨境电商平台服务企业。世界工厂网外贸平台作为目前全国最大的自动化装备制造业B2B外贸服务平台，为推动河南省装备制造业进一步跨入中国和全球电子商务市场提供了有力的资金和技术支持，仅在2018年上半年就成功帮助了郑州锅炉、宇通重工、明泰铝业、龙昌集团、郑矿机器等600多家装备制造企业成功开展了跨境电商进出口业务，交易额累计达到2.59亿美元。2019年，河南省又成功获批国内首个开展跨境互联网电商的进口生化药品和自动化医疗器械新产品试点，承担了进口生化药品与自动化医疗器械新产品试点任务。

（四）跨境电商商业模式不断创新

河南省跨境电商平台创新了传统的保税备货、进口和出口保税集货的业务运营模式。河南保税物流中心建立了包括多元化的物流、多式联运、集约化物流服务在内的河南保税物流服务运营新模式，成功地利用在保税区内部设立“店铺+仓储”的保税物流商业模式，利用“保税网购+秒通关”物流技术优势，在河南省和全国率先成功推出了中大门的跨境保税O2O自提馆，实现了现场保税购买、现场保税申报、现场保税提货，只需大约2分钟时间，使得消费者不需要额外花费很长一段时间去等待，进而在跨境购买中可以获得更好的购物体验。整个跨境自提的过程，比之前下单交易的过程变得更加简易，实现了全球首家跨境电商零售O2O现场提货。河南省跨境电商在B2B、B2C业务模式快速发展的基础上，还依托海外进口保税仓开创了M2B2C进口模式试点即境内外贸制造企业到其境外的分支机构再直接到境外的消费者，B2B2C出口模式试点即境内的外贸企业直接到其境外的分支机构再直接到境外的消费者，使本地境内制造企业和境内外贸企业进一步开展了M2B2C进口模式和B2B2C出口模式两种海外出口保税仓模式的试点，以新的模式和渠道快速发展，抢占全球跨境消费市场。

（五）跨境电商监管方式大胆创新

河南省在通关服务的监管模式、平台服务模式及相关税收等政策方面进行了大胆创新，多个跨境电商监管创新模式已成为全国样板。如在跨境电商监管模式创新方面，河南省率先推出了通过建立跨境企业工商登记、账册管商品的备案，加速了入区管商品通关、出区管商品核销，质量安全追溯等多个监管环节，实现“一次申报、一次查验、一次放行”的跨境电子化商品闭环安全监管。河南省在跨境电商的质量与安全监管创新方面，实行跨境电商服务平台第一监管责任制，通过使跨境电商平台预交信用保证金，同时在河南省建立信用监管服务平台，打造河南省跨境电商质量和安全的双保险。在跨境通关商品安全监管创新方面，提出“电子商务＋保税中心＋行邮监管”的模式，被国家海关总署监管部门赋予“1210”商品安全监管模式源代码，在全国得到复制推广，成为跨境电商的一种主导监管模式，并且已经成功地走出了国门，在印度尼西亚、俄罗斯、比利时、加拿大等国家也得到推广使用。在跨境电商零售管理模式上，创新设计实施了“1210”现场注册和提货跨境电商零售管理新模式，从现场注册商品进场一直到提货离场，只需要2分钟的时间，使消费者极大地得升了对选购海外进口商品的兴趣。在跨境电商税收体制改革方面，提出了实行跨境电商零售单一征收税制，增加了在B2C模式下的税收收入。同时实现了多种跨境电商监管方式涉及的监管人员在同一国家和区域内的联合管理统一办公，极为有效地降低了跨境电商监管成本。

（六）疫情期间河南省跨境电商逆势增长

疫情期间，线上购物受到国外越来越多消费者的青睐，同时新冠肺炎疫情对供应链等环节也产生了较大影响。2019年4月8日，中大门组织了“郑州－列日”跨境电商出口专线包机，由负载100吨的波音747执行，航班降落地为跨境电商交易的核心区比利时的列日机场，该机场是连接欧洲的重要枢纽点。对于河南省跨境电商来说，河南省的产品可以通过该包机运输到比利时，再分转到欧洲其他国家消费者手中，创造性地打通了疫情期间的欧洲市场。

2020 年 6 月 12 日，海关总署决定在北京、天津、郑州等 10 个海关开展跨境电商 B2B 出口监管试点工作。郑州海关作为全国首批试点海关，选取了首批 8 家跨境电商 B2B 出口试点企业，完成了系统升级对接、海外仓备案等工作，于 7 月 1 日凌晨顺利启动试点业务，实现了“9710”（跨境电商 B2B 直接出口）、“9810”（跨境电商出口海外仓）报关单与清单四种模式的全申报。据统计，截至 7 月 28 日，郑州海关共受理“9710”“9810”清单、报关单共 32842 票，货值 6686. 68 万元。其中，受理“9710”“9810”清单 32833 票，货值 6623. 95 万元；受理“9710”、“9810”报关单 9 票，货值 62. 73 万元。主要商品包括玩具、服装、家居用品、自行车、假发、电子配件、健身器械等，主要出口到比利时、法国、英国、美国等国家。郑州跨境电商交易额 458 亿元，同比增长 10%，对疫情期间全省跨境电商稳定发展起到关键支撑作用；洛阳、南阳综试区获批后，跨境交易额也在不断增长，分别同比增长 10%、5%；开封、濮阳、鹤壁、漯河、平顶山等市也实现了同比增长。面对疫情河南省海关千方百计推动企业复工复产，举办了跨境电商云峰会，开通了中罗 E 线跨境电商公益直播，推动 77 家企业在 43 个国家或地区设立 183 个海外仓等，不断推动河南省跨境电商在疫情期间持续向好发展。

二　河南省跨境电商产业发展指数测评结果

（一）河南省跨境电商产业发展综合指数

本指数旨在从发展规模、发展潜力、对外经济影响三个方面全面考察河南省各产业跨境电商综合发展水平，结果如图 1 所示。本指数不仅关注跨境电商既有的发展规模，而且重视各产业跨境电商的发展潜力及其对河南省经济的影响程度。

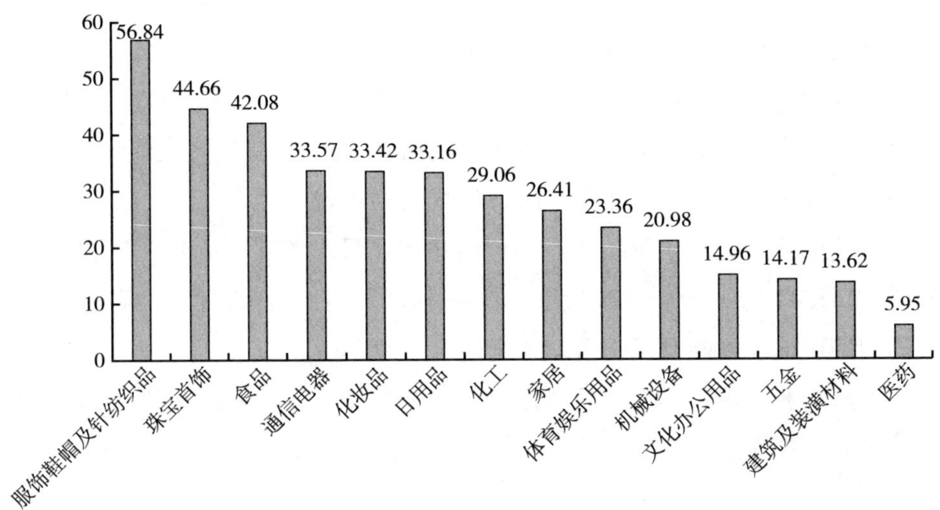

图 1　河南省跨境电商产业综合发展指数

从综合发展指数排名来看，各个产业之间存在很大的差异，服饰鞋帽及针纺织品、珠宝首饰、食品位列前三。排名第一的服饰鞋帽及针纺织品产业的综合发展指数是 56. 84，排在最后一名的医药产业综合发展指数为 5. 95，二者相差较大。原因在于服饰鞋帽及针纺织品长期以来一直是河南省传统优势产业，门类齐全，产业体系完整，包括棉纺织、化纤、印染、针织、家纺、服装、纺织机械和纺织器材等 10 多个产业，集聚发展趋势明显，产业集群和特色园区初具规模。商丘、周口、驻马店、信阳四市，已初步形成完整的纺织服装产业链条——黄淮四市纺织服装外贸产业基地。安阳市积极引导当地纺织企业入驻全球速卖通平台，打造“跨境电商纺织服装产业带”，开拓全球纺织服装市场。因此，河南省服饰鞋帽及针纺织品已经初步形成跨境电商产业体系。

珠宝首饰跨境电商产业主要集中在银饰品、淡水养殖珍珠、天然宝石和半宝石以及仿制饰品产业上，其中银饰品和仿制饰品发展较快，驻马店、信阳等地通过养殖淡水河蚌产出大量珍珠，形成地方特色产业。

排在第三位的食品产业也是河南省传统优势产业，在国内市场已形成整体竞争优势，被确定为河南省高成长性产业之一，是最具发展潜力和发展优势的战略支撑产业。速冻食品目前已形成以郑州为中心，以思念、三全为代表的速冻食品出口产业集群，用时河南食用菌、茶叶、水果、蜂产品等也比较有优势，出口产业集群化和规模化效应初显。当然，目前食品产业跨境电商进口业务仍远大于出口业务，出口仍然比较薄弱。

通信电器产业、化妆品产业、日用品产业排在第4~6名，指数分别为33.57、33.42、33.16，比较接近，说明随着人们生活水平的不断提高，人们的消费层次在不断升级，带动了这些产业的发展。

家居产业、体育娱乐用品产业、机械设备产业、文化办公用品产业综合发展指数比较靠后，主要是由于这些产业未能与跨境电商实现有机融合发展，这些产业的企业开展跨境出口无法获取互联互通、共生共融的便捷服务。排在后三位的五金、建筑及装潢材料和医药产业整体聚合度均不高，因此影响了跨境电商业务的发展。

（二）河南省跨境电商产业分项指数测评结果

1. 规模指数

规模指数反映河南省各产业的跨境电商发展规模，主要考察各产业跨境电商进出口交易额、产业内从事跨境电商活动的企业数等指标情况。

由图2可以发现，食品产业、化妆品产业、机械设备产业规模优势明显，这跟食品产业和机械设备产业本身就是河南省的优势产业有着直接关系。一方面，河南省具有较强的食品加工和机械设备制造与竞争能力；另一方面，郑州作为第一批跨境电商服务试点城市，网购保税进口累计业务总量目前居全国第一，是国内最大的国际化妆品、保健品、食品跨境电商交易基地，交易额分别占全国的65%、50%、34%，规模相对较大，但也存在企业跨境电商意识不强、能力缺乏等问题。建筑及装潢材料产业、五金产业、家居产业、服饰鞋帽及针纺织品产业、日用品

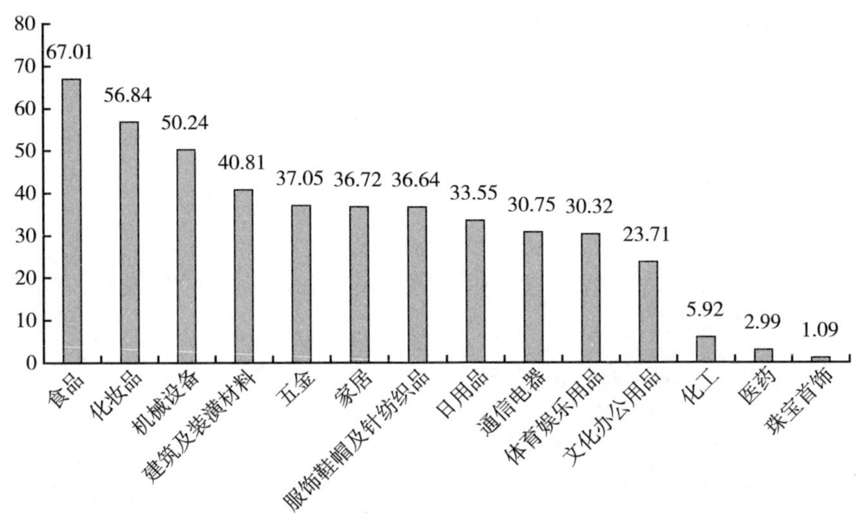

图2　河南省跨境电商产业规模指数

产业、通信电器产业、体育娱乐用品产业、文化办公用品产业跨境电商发展规模居于中等水平。值得注意的是服饰鞋帽及针纺织品业发展规模水平相对较低，因为虽然纺织品产业是河南省的优势产业，但是与浙江和江苏的纺织品产业相比整个产业链发展不平衡，棉纺织初级产品多，服装终端产品少，未能形成综合优势，和高端、高质、高效发展的要求还存在较大差距，影响了发展规模。而建筑及装潢材料产业、五金产业、家居产业、日用品产业、通信电器产业、体育娱乐用品产业、文化办公用品产业跨境电商发展规模与人们的消费水平有直接关系，化工产业、医药产业、珠宝首饰产业跨境电商发展规模相对较小，虽然珠宝首饰发展总指数排名靠前，但是该产业在河南省不属于优势产业，因此规模相对较小。

2. 潜力指数

潜力指数是通过考察不同产业跨境电商出口额占比情况来反映不同产业在促进河南省跨境电商产业发展方面的未来潜力。潜力指数充分说明了河南省不同产业跨境电商出口额对河南跨境电商产业的发展贡献，也说明了不同产业在跨境电商经济方面的未来发展趋势。2019 年河南省跨境电商产业潜力指数测评结果如图 3 所示。

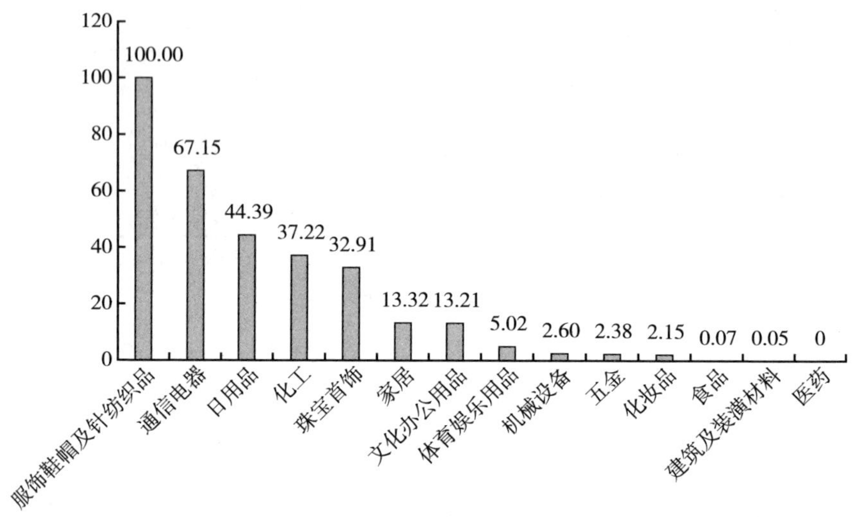

图 3　河南省跨境电商产业潜力指数

潜力指数是对河南省各产业跨境电商未来发展情况的预期。服饰鞋帽及针纺织品产业的潜力指数最高，达到 100，说明河南省该产业跨境电商发展潜力是很大的，这跟该产业是河南省支柱产业的地位是一致的，不论是对河南跨境电商产业而言，还是对河南经济发展而言，其贡献都是比较大的。潜力指数排在第二位的是通信电器产业，虽然从总指数和规模指数上看，通信电器产业都属中等发展水平，但是其发展潜力不容小觑。日用品产业、化工产业和珠宝首饰产业的发展潜力也比较大，说明这些产业在跨境电商国际市场需求与竞争中有一定的优势，应该成为河南省跨境电商未来发展的新方向。家居产业和文化办公用品产业也有一定的发展潜力。

值得注意的是，机械设备和食品产业都是河南省的传统优势产业，但是它们在发展潜力上的表现却不尽人意，说明它们在跨境电商的出口中影响力比较小。如果不进一步注重利用跨境电商促进出口，未来机械制造和食品产业的跨境电商发展情况堪忧，不利于它们未来的发展。

化妆品产业的潜力指数也很低，前文已经说明目前化妆品跨境电商业务也是进口远远高于出口。其他产业如体育娱乐用品产业、五金产业、建筑及装潢材料产业和医药产业的潜力指数都比较低，说明这些产业在河南省跨境电商出口业务中贡献不大，仍需要进一步培育。

3. 影响指数

影响指数反映不同产业对河南省跨境电商经济的影响，主要考察河南省不同产业跨境电商进出口水平对整个河南跨境电商产业的影响水平。2019年河南省跨境电商产业影响指数测评结果如图4所示。

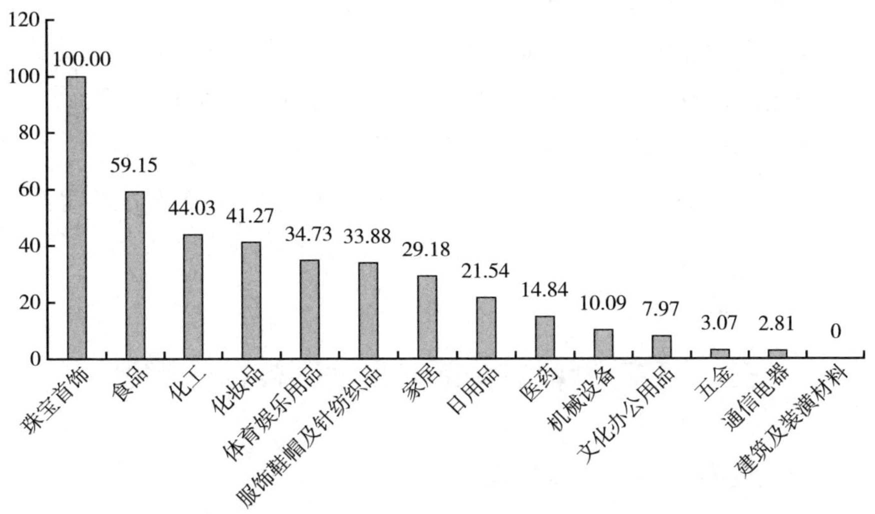

图4　河南省跨境电商产业影响指数

排在前五位的珠宝首饰、食品、化工、化妆品和体育娱乐用品等产业对河南省跨境电商经济的影响比较大，但是不够均衡，排在第一名的珠宝首饰产业影响指数为100，而排在第五名的体育娱乐用品产业只有34.73，差别比较大。排在之后的服饰鞋帽及针纺织品、家居产业等的影响力就更小了。这说明各产业对河南省跨境电商经济的影响不够均衡，虽然一些城市通过不懈努力已经在少数领域培育和形成了自身的传统优势产业，但从产业整体结构来看，河南省具备比较优势的产业领域表现得尚不明显，在跨境电商领域的表现就更加弱化，原因之一是跨境电商与地方特色优势产业融合不足、未能形成一批具有国际竞争力的跨境电商产业集群。

从指数设计上看，影响指数是用通过不同产业跨境电商进出口总额的平均增长率来反映产业的跨境电商发展速度，同时反映产业对河南省跨境电商市场发展带来的影响力。通过对比各产业潜力指数和影响指数排名的变化，可以看出跨境电商进口对河南省跨境电商产业发展的影响是很明显的。在影响指数中，化工和珠宝首饰产业分别排在第三和第一位，而其潜力指数分别排在第四和第五位，说明化工和珠宝首饰产业跨境电商进出口发展相对比较均衡。同理，家居产业、机械设备产业、五金产业、文化办公用品产业跨境电商进出口发展也相对均衡。而食品、化妆品、体育娱乐用品、医药等产业跨境电商进出口数量和结构不太均衡，进口多于出口。通信电器、日用品、服饰鞋帽及针纺织品等产业跨境电商进口影响较小，出口影响较大。建筑材料及装潢产业不论是进口还是出口对河南省跨进电商经济的影响都不是很大。

三　河南省跨境电商产业发展存在的问题

（一）进出口结构严重失衡

目前，河南省跨境电商零售贸易面临的情形主要是跨境电商进出口贸易比例失衡现象较为突出。2018 年郑州海关监管的跨境电商零售进出口贸易清单 8674.3 万单，货值 110.3 亿元。其中，出口 1624 万单，货值 7.7 亿元；进口 7050 万单，货值 102.6 亿元。可以明显看出跨境电商进出口贸易比例相差较大。2019 年郑州海关共监管跨境电商零售进出口清单 12679.6 万单，增长 32.8%；货值 161.7 亿元，增长 34.3%。其中，出口清单 4745.1 万单，货值 49.2 亿元；进口清单 7934.5 万单，货值 112.5 亿元，出口占比仍然较小。

这种进口明显大于出口的失衡状态存在已久，说明目前河南省各产业跨

境电商进出口数量结构仍然存在严重不均衡。一方面河南消费者对国外进口商品存在着旺盛的消费需求，另一方面由于国家在跨境电商政策层面的支持和疏导，物流、支付、税收、通关等领域诸多限制国外跨境电商进口的环节被彻底打通，河南省进口跨境电商得到高速的增长。但是就出口而言，也说明当前的河南跨境电商仍然没有完全将“一带一路”建设有效地融入河南跨境电商出口当中，一些退税政策的具体规定仍不够简化和便利。以目前的出口海关退税政策为例，尽管大部分出口商已经拿到了增值税发票，但是河南省对跨境电商出口监管政策、模式和程序仍然处于探索阶段，凭借集装单、发票、合同等相关文件和单证有时只能拿到一部分退税，甚至可能因种种原因无法顺利完成出口退税。

（二）跨境电商产业尚未形成规模效应

河南省已培育形成一批具有河南地方特色的跨境电商出口产业集群，如许昌发制品、南阳食用菌、洛阳机械制造、信阳羽绒服、漯河休闲食品等产业集群，已成为河南省跨境电商出口产业发展的龙头和主力军。然而，由于河南省跨境出口电商企业未能充分利用品牌效应，出口产品附加值低，以传统的纺织、鞋帽、玩具、小电器为主，高端供给不足，劳动密集型产品占比较高，有影响力的自主品牌少，产品竞争力偏弱。同时，跨境物流体系也不够健全和完善，海外仓较少，导致河南省部分跨境电商企业参与国际服务贸易分工的意识和能力较弱。作为新服务贸易发展形势下的河南省跨境电商服务新增长点，技术咨询、研发产品设计、教育人才培训等发展水平相对滞后。跨境电商企业与共建“一带一路”国家或地区企业之间缺乏深入的沟通和分工协作，在跨境电商网上交易平台、物流信息服务平台、在线购物和支付信息服务平台等通过多种形式开展合作的能力不足，影响了河南省跨境电商产业的高质量发展。与跨境电商交易相配套的物流服务、支付经营者服务、平台经营者服务、政府消费者服务、监管服务等方面总体上还存在不同程度的发展不平衡和不匹配状况，影响了消费者的体验。

（三）跨境电商企业缺乏竞争优势

河南省跨境电商与地方特色优势产业融合不足，未能形成一批具有国际竞争力的跨境电商龙头企业，因而河南省虽然开展跨境电商的出口企业较多，但多为中小型企业，普遍存在生产规模小、运营管理模式单一、抗风险能力差、产品开发和技术创新不足等结构性问题，跨境交易额业务量不大、实力弱、市场占有率低。虽然前期各企业通过模仿、复制、低廉的要素成本等相结合而在一定时期内获得了较高效率和较低价格的竞争优势，抢占了市场先机，但产业布局不合理，产品品质和档次总体不高，使得企业陷入低端的低价竞争态势，本土跨境电商平台短期内也难以取得高效发展并形成一定竞争优势。

（四）跨境电商信用体系相对落后

首先，跨境电商法律法规缺乏，影响了相关部门对跨境电商的监管，跨境电商交易双方有可能违背诚信原则，产生投机行为，跨境电商交易主体的合法权益无法得到维护。其次，诚信道德规范缺失，导致跨境电商交易中时常会出现残次品和贸易欺诈，一些不讲诚信的跨境电商企业可能更能够生存下去，这种怪象是当前跨境电商贸易主体普遍缺乏道德意识的表现，严重阻碍了跨境电商产业的良性发展。最后，跨境电商中介服务发展滞后，由于我国当前处于非信用化状况下，无论是实体市场还是互联网交易都缺少应有的约束，同时政府也缺乏足够和有力的引导，跨国电商企业诚信媒介服务严重滞后，例如市场化信用系统（数据库）不健全，一些较大的信用中介机构也存在着自身信用数据库不完整、规模较小等问题，无法满足河南省跨境电商产业的长远发展需要。

（五）跨境电商专业人才紧缺

作为新兴产业的跨境电商产业人才存量不多，有经验有能力的跨境电商人才更是缺乏。随着跨境电商产业的迅速发展，产业对人才的渴求不断加

码，而企业的电商人才培训还处于初级阶段，既懂外贸又懂跨境电商的交叉型人才缺口非常大。跨境电商对人才在理论、实践、创新能力等各方面的要求都比较高，而在专业人才培养方面，很多高校的跨境电商人才培养方案与真实的社会企业需求仍有很大的差距，难以适应复杂多变的实际用人环境。跨境电商园属于综合型经济体，运营管理人才是关键要素，不少跨境电商的投资建设方原来均没有运营管理跨境电商园的相关经验，不少投资者主要来自制造业、贸易业等传统领域，基本没有跨境电商平台、跨境电商销售、国际物流等方面的运营经历。另外，跨境电商专业人才队伍中还存在着人才流失严重、高层次人才比例低等现象。

四　促进河南省跨境电商产业发展的建议

（一）不断促进跨境电商产业配套设施建设

跨境电商基础设施建设可以有效地促进跨境电商产业发展，包括交通基础设施建设、网络基础设施建设等。首先，要完善跨境物流基础设施，凭借自身的交通区位优势，以郑州航空港和中欧班列（郑州）为依托，建设和完善多式联运的跨境物流体系，做大做强跨境电商冷链物流。其次，完善网络基础设施，其核心内容是完善信息传输系统。信息传输系统涵盖了移动网络、互联网、无线电通信网、有线电视网与远程通信网等。积极地落实国家关于推动互联网信息产业发展的政策，提供配套的服务项目，形成完善有序的服务功能，稳步促进电商基础设施的升级和提质。同时，积极支持跨境电商平台信息化建设，促进河南省进出口企业与国内外跨境电商平台开展对接与合作。

（二）加大跨境电商业务监管力度

针对跨境电商业务发展中政府监管不到位的问题，应该健全和完善跨境电商监管机制，为跨境电商健康发展提供相应层面的政府监管机制，规范和引领跨境电商发展。首先，政府与市场均应该切实承担起相应的监管职能，有效地对跨境电商进行监管，并将跨境电商掌握在可控制的范围以内。逐步解决监督管理范围与技术层面的多种问题。对跨境电商的相关环节实施严密监控，确保做到任何资金和物品的流动都有据可查。其次，有关部门在开展跨境电商管理与监督的过程中，要结合具体监管内容，制定和落实统一的监管标准，协调相关部门间的业务关系，打造科学合理的管理体系，以切实增强跨境电商服务管理的有效性和可靠性，创造优良的跨境电商发展空间。在监督跨境电商的过程中，采取动态化、科学化的监督手段，对相关问题进行有效处置，将广泛的群众监督体系和先进的互联网技术密切结合起来，增强监管的实效性，创设优良的跨境电商发展渠道。最后，只有守好质量安全底线，跨境电商产业才能做大做强，因此必须加大对跨境电商平台和企业的监管力度，既保护境内外客户的利益，又实现正常监管和征税，避免国家税收流失，并建立行业自律体系，突出经营企业质量安全主体责任，从而营造统一、开放、竞争、有序的跨境电商市场环境。

（三）建立跨境电商支付和信用体系

就支付系统而言，政府要颁布相关政策，促使银行等金融机构为发展跨境电商提供支付服务；各企业要持续创新自己的支付方式，确保支付的便捷性与安全性。鼓励国内外拥有跨境电商支付牌照的机构之间开展合作，为跨境电商交易提供结算、融资、保险等金融服务。政府部门也要充分地调研国外市场，发布信息，让国内企业深层次地掌握和培养国外消费者的具体支付习惯，使他们循序渐进地接受和使用我国的跨境电商平台。

就信用体系而言，电商发展的过程中没有实体相关单位导致相关部门很难对其进行监管，无法对商家的信用进行有效的监督，从而在一定程度上限制了电商的发展。电商信用的不确定性已经严重限制了电商的发展。首先，为了构建系统化的跨境信用体系，政府部门应该明确界定跨境电商平台的产品服务责任，严格要求网络商家实名制登记。实名制可以稳步提高商家的信用水平，各级政府应该有效落实相关制度。其次，政府部门应该打造透明公开的企业信用信息系统，系统中各个企业可以共享彼此的信用水平信息。再次，制定规范化的信用认证体系，为产品质量评估提供必要的依据，切实提高国内跨境电商平台的信誉度。与此同时，相关单位可以建立第三方信息机构，确保在客户消费的过程中财产与商品能够得到保障。这也进一步要求跨境电商企业注重信用建设，确保产品生产与销售服务质量，提升企业信用。完善物流平台建设，确保物流双方的信息真实有效，避免商品在运输过程中出现丢失与遗漏的现象。利用各种新闻媒介加大诚信宣传力度，树立企业的诚信意识和培养顾客的信用消费习惯，培育诚信氛围。最后，国家应该加快科学信用体系的建立，完善与之相关的法律法规。比如，构建跨境电商参与主体的信用评级体系和监管机制，建立个人诚信档案，扶持有公信力的第三方信用评估机构的发展；提高失信行为的成本，加大交易主体失信行为的风险，提升企业守信意识。

（四）大力发展跨境电商出口业务

继续大力推动出口跨境电商发展，扩大自主品牌商品出口，并为中小跨境电商企业提供便捷、高效、低成本的出口渠道。改变以往粗放型的出口模式，使出口企业直接与境外进口商联系，根据境外进口商需求，调整产品的研发和生产，提高产品质量，进行品牌营销，进而使企业树立自己的品牌，推动企业的转型升级。依托区位和产业优势，建立健全出口跨境电商产业和市场支撑体系，建设电商采购市场、国际配送中心和公共海外仓。完善出口跨境电商产业链条，推动农产品、智能信息终端、装备制造等特色优势产业利用跨境电商扩大出口，提高赢利能力和品牌影响力。同时，利用进口跨境电商，积极引导境外消费回流。目前，河南省进口产品多以日用品、食品为主，因此应逐步减少高风险消费品进口，降低政策、舆论和质量安全风险，适当丰富进口产品类型并确保产品质量，这样不仅可以满足消费者需求，还可以逐步引导消费回流境内。

（五）提高跨境电商业务经营水平

统筹规划，落实扶持政策，完善跨境电商生态体系。在国家政策的指导下，政府可以根据郑州本地的实际情况，统筹规划跨境电商产业政策，根据不同区域的特点，采取不同的发展措施。进一步完善售后服务政策，系统梳理服务链条，优化整合服务资源，弥补企业服务环节的缺失和遗漏。大力支持制造型企业的自主创新，通过政策、资金层面的支持，实施创新补助、人才补助、住房补贴等各种形式的奖励措施，带动企业往优质、品牌化方向发展。

另外，企业也要通过多维发展来提高业务经营水平，进而提高国际竞争力。一是要在国家相关政策的指引下，走国际化、品牌化发展道路。在跨境电商“3.0”时代，精细化运营模式成为必需，产品品牌化是提高网络产品辨识度的重要途径。河南省跨境电商企业需要做到提高产品的个性化和优质化水平，发展差异化产品，筛选优质产品，摆脱出口产品模仿和同质化现象；结合传统资源，走国际品牌化道路，树立品牌意识，将“中国制造”升级为“中国创造”。

二是加强与当地企业合作，深入调研国际市场。河南省企业应充分了解跨境电商行业发展环境，凭借河南省制造业蓬勃发展的优势，根据各个国家或地区消费者不同的消费偏好，制定不同的营销模式。发掘新兴市场的市场需求，做好国际调研，不要盲目从众。加强与当地企业的合作，通过当地企业了解当地的消费者需求和产品认证标准，有针对性地设计和生产符合当地市场认证标准的产品。

三是与大平台合作，不断完善跨境平台。河南省企业应加强与大型跨境交易平台的合作，如阿里巴巴、敦煌网、亚马逊等，学习它们的建设经验，不断完善本土跨境电商平台的交易管理制度及服务，减小跨境交易风险，完善售后服务，获得消费者信任。同时，重点培养一批有基础、有经验的跨境电商企业，使它们发挥带头作用，并引领其他转型中的企业步入跨境电商发展的正轨。

四是提高售前售后服务质量。让消费者满意也是跨境电商企业生存的根本，所以跨境电商企业应当重视售前售后服务。首先要掌握各大电商平台的交易规则，根据成熟的电商交易规则来经营有助于避免和处理各种售后难

题；其次要提高电商团队的服务水平，处理好售前咨询沟通问题、售中发货环节和物流过程中的沟通问题、售后问题和纠纷的协调；最后对于维修、退换货等售后难题，跨境电商可以通过“海外仓”的经营模式予以有效地解决。跨境电商企业可以选择合作定制、自建或租赁“海外仓”的方式，通过“海外仓”跨境电商企业既能够提高跨境物流效率、降低成本，还可以向境外消费者展示企业品牌、提供售前和售后服务。

五是跨境电商企业应当增强国际网络营销意识，合理利用各种网络营销手段，兼顾企业自身的条件、企业的产品和服务因素、网络营销的特点和境外各地消费者的需求，制订详细的营销方案。可以从两个方面入手：其一是加入速卖通、亚马逊等综合跨境电商平台，采用电商平台后台提供的市场调研工具、数据分析工具等做好产品规划和市场推广计划，合理利用电商平台的各种推广服务，有效地参与电商平台的各种促销活动；其二是企业自建网站和营销平台，这样企业能够拥有更大的业务自主权，可以通过如网站关键字推广、社交网络推广和口碑营销等手段，在扩大业务量的同时更好树立企业的品牌形象。

（六）加快培养跨境电商人才

加快培养高素质人才是推进并保持河南省跨境电商可持续发展的根本途径。跨境电商人才是既懂外贸又懂电商的交叉型复合人才，跨境电商人才培养要将本地培养、在岗培训和外部引进三者有机结合。要促进相关企业开展校企合作，进行跨境电商专业人才的“订单式”培养，培养适时可用的跨境电商人才。要鼓励高校与社会培训机构调整对跨境电商人才的培养方式，引导高校整合资源，进行模块化教学，搭建校企合作平台，让学生到企业实习和实践，同时为企业输送人才；要加强跨境电商在岗员工知识和专业技能培训，提升员工综合素质。

首先，加强校企合作，共同培养跨境电商人才。高校是系统化、规模化培养跨境电商人才的平台，而企业是跨境电商人才培养工作的最大受益者也是最终受益者，双方应当也必须加强合作。企业传统的外贸业务人员转型比较困难，接受跨境电商培训的成本比较高，因此通过高校培养并输送一定量的跨境电商人才是最好的方案。对于高校来说，跨境电商的人才培养不仅仅是理论知识教学，实践技能培训更是重要的一环。高校要培养跨境电商人才，就必须将理论和实践结合起来，开设一系列跨境电商实操课程，构建初、中、高级不同层次的跨境电商人才体系，化解跨境电商人才供需不平衡的问题。

其次，培养专业的跨境电商师资团队。一方面选派优秀教师到跨境电商企业挂职，另一方面聘请跨境电商企业的技术骨干、行业协会专家和资深培训讲师等对高校教师进行培训，让教师及时了解和掌握跨境电商领域新动态、新技术、新的管理理念和规范。

再次，加强跨境电商企业之间的深度合作，解决跨境电商企业招人难及创业就业难的问题，同时引导跨境电商人才的理性流动和自主创业，避免跨境电商企业之间的恶性“挖角”行为，要追求“双赢”而非“两败俱伤”。

最后，加大“招才引智”力度，并提供相应的人才激励制度。利用各种政策优惠吸引高水平的跨境电商人才，并出台配套措施。同时，强化激励方式的多样性，尊重不同人才的需要，对于不同人才的主导需求，出台有针对性的激励措施和激励方法，从而形成良性竞争的氛围。

参考文献

[1] 赵振杰：《去年河南全省跨境电商进出口交易额 1289.2 亿元》，《河南日报》2019 年 5 月 9 日。

[2] 河南省商务厅：《2019 年全省商务运行情况分析》，http://www.hncom.gov.cn，2020。

[3] 李萧伶：《河南跨境电商进出口交易额 760.2 亿》，《河南工人日报》2020 年 7 月 30 日。

[4] 杨凌：《“三个首次”彰显发展实力》，《河南日报》2020 年 3 月 4 日。

[5] 杨霄：《2019 年河南跨境电商进出口增长 20% 以上》，《大河报》2020 年 1 月 11 日。

[6] 陈秀:《2019 年郑州航空港区跨境电商单量达 7000 万交易额 70 亿元》,《电商报》2020 年 3 月 4 日。

[7] 董学彦:《许昌跨境电商风生水起》,《河南日报》2020 年 1 月 30 日。

[8] 赵振杰:《中国(郑州)跨境电子商务综合试验区向着“买全球卖全球”迈进》,《河南日报》2020 年 11 月 13 日。

[9] 宋敏、王绿扬、王延辉:《河南“空网丝路”高效联动 首班跨境电商出口专线包机启航》,《河南日报》2020 年 4 月 9 日。

[10] 赵振杰:《百家跨境电商企业郑州“取经”》,《河南日报》2020 年 7 月 29 日。

[11] 杨晓卉:《河南省商务厅联合郑州海关全力助推跨境电商 B2B 试点业务开展》,凤凰网,2020 年 7 月 30 日。

[12] 姜晓荣:《河南跨境电子商务发展研究》,《农村经济与科技》2019 年第 19 期。

[13] Chang Guangshu, Sun Mingmeng, “Analysis on the Cross - border B2B E - commerce of Henan Province in China,” *International Journal of Managerial Studies and Research*, 2020, 8 (2): 22 - 31.

B.20

河南以“新基建”助推经济高质量发展研究

赵 然*

摘 要： 自2018年中央经济工作会议以来，“新基建”多次在中央政府层面被提及。河南作为全国重要的经济大省，需把握机遇，以技术和科技为抓手，逐步发力“新基建”，在新一轮科技变革和产业竞争中抢占行业制高点，推动经济高质量发展。发展“新基建”适宜长短期结合，为传统行业提供全方位提升的支撑。由此，推动“新基建”，应该以科学化态度认识“新基建”，平衡长短期发展；以特色化方案加快“新基建”，协调新旧动能转换；以法治化环境推动“新基建”稳定发展，为全面助力经济高质量发展提供支撑。

关键词： 新基建 高质量发展 河南

河南作为全国重要的经济大省、人口大省，兼具厚实基础和发展潜力。在黄河流域生态保护和高质量发展、促进中部地区崛起两大国家战略叠加下，河南省的经济高质量发展面临新的历史机遇。在2020年的《政府工作报告》中，尹弘省长提出“把创新摆在事关发展全局的核心位置，以创新引领高质量发展”。“新基建”是以新发展理念为引领，以技术创新为驱动，以数据为

* 赵然，经济学博士，河南省社会科学院经济研究所副研究员，主要研究方向为区域金融。

核心，以信息网络为基础，面向高质量发展需要，提供数字转型、智能升级、融合创新等服务的基础设施体系建设。“新基建”为圆满实现第一个百年奋斗目标、促进“十四五”时期经济发展和实现第二个百年奋斗目标提供了坚实基础，也是推动高质量发展、全面做好“六稳”工作的重要支撑。

一 “新基建”的内涵和特征

自2018年12月中央经济工作会议首次对“新基建”进行论述以来，党中央国务院在多次重要会议中都提及要加快推动“新基建”发展，具体见表1。

表1 国家层面对“新基建”的表述

时间	会议名称	表述内容
2018年12月19日	中央经济工作会议	加快5G商用步伐,加强人工智能、工业互联网、物联网等新型基础设施建设,加大城际交通、物流、市政基础设施等投资力度,补齐农村基础设施和公共服务设施建设短板
2019年5月14日	国务院常务会议	把工业互联网等新型基础设施建设与制造业技术进步有机结合
2019年7月30日	中共中央政治局会议	实施城镇老旧小区改造、城市停车场、城乡冷链物流设施建设等补短板工程,加快推进信息网络等新型基础设施建设
2020年2月14日	中央全面深化改革委员会第十二次会议	审议通过《关于推动基础设施高质量发展的意见》。基础设施是经济社会发展的重要支撑,要以整体优化、协同融合为导向,统筹存量和增量、传统和新型基础设施发展,打造集约高效、经济适用、智能绿色、安全可靠的现代化基础设施体系
2020年3月4日	中共中央政治局会议	要加快5G网络、数据中心等新型基础设施建设进度
2020年4月17日	中共中央政治局会议	实施老旧小区改造,加强传统基础设施和新型基础设施投资

“新基建”的范围包括信息基础设施、融合基础设施、创新基础设施三个方面。信息基础设施包括以5G、物联网、工业互联网、卫星互联网为代

表的通信网络基础设施，以人工智能、云计算、区块链等为代表的新技术基础设施，以数据中心、智能计算中心为代表的算力基础设施等；融合基础设施包括智能交通基础设施、智慧能源基础设施等；创新基础设施则包括重大科技基础设施、科教基础设施、产业技术创新基础设施等。“新基建”作为基础设施建设的新表现，其具备基础设施建设的一般性和公共性特征；同时，“新”意味着其具有和传统基础设施建设的相对性，即使用工具的领先性和相对技术的领先性。所以，归结现有研究发现，“新基建”的本质是科技和技术的基础设施建设。因此，在以数字信息技术驱动产业发展和业态革新的进程中，以新数字技术对各个行业进行的改革，在一定程度上催生了新型业态，将从原料到成品、从厂家到消费者的各个环节中的数据、信息进行收集、整理、处理、运算，进而深挖新的需求和与之相匹配的供给。从这一维度出发，“新基建”是伴随着新的信息技术和数据技术的迭代和创新发展而形成的，是与社会发展和人民生活息息相关的必备设施建设。而且，这种基础设施的范围不仅仅在于物理空间的层面，而且其包含良好的包容性和扩张性。

从“新基建”的特征出发，和传统基建相比，其在投资主体、投资模式、融资工具和投资范围上都有所不同。首先，“新基建”具有新的投资主体。传统的基建投资主体一般为各级政府，而“新基建”在运用5G、人工智能、区块链等前沿技术时，具有明显的不确定性，原有投资主体无法满足新兴市场需求，以财政支撑和银行信贷为主导的原有融资模式无法满足“新基建”，因而“新基建”转向了社会资本参与并主导的投资体系。其次，当投资主体改变时，投资模式也相应产生了变化。相对于传统基建具有明显物理属性的基础建设，“新基建”更多地偏向于数据中心和5G基站建设，以及与之匹配的软件设施建设，因此，“新基建”的投资内容更加复杂，衡量标准也随之更加复杂。再次，由于投资模式和投资主体发生改变，原有的融资模式必然会产生相应的革新。针对原有基建的融资工具大概率无法与“新基建”匹配，因此“新基建”所能使用的融资工具也要有相应调整，从财务的要求到技术的匹配都要相应发生改变。最后，在投资区域上，传统基建的先行者是东部沿海发达地区，而“新基建”的重点地区是经济发展水平相对落后的中西部地区，目前从全国看，主要在云南、河南等省份。“新基建”有利于平衡区域发展。

二　“新基建”对河南经济社会发展的重要意义

5G、大数据、人工智能和物联网是国家新一代基础性、战略性、先导性产业，政府投入巨资推动“新基建”，对我国在高端信息领域实现核心技术自主可控、赢得中美科技竞争优势具有重要意义，同时也能为引领未来二十年科技产业发展打下坚实基础。“新基建”领域内的产业也是河南省重点打造的战略性新兴产业，目前河南已在基础材料、芯片制造及终端应用等领域具备一定基础。“新基建”正在成为河南省在新一轮科技变革和产业竞争中抢占行业制高点、实现高质量发展的重要抓手。在数字经济时代，河南要以“新基建”引领河南经济高质量发展，获得并保持原创科技的独特性，必须从实践和理论上阐明“新基建”对产业新旧动能转化的作用机制，对“新基建”的发展潜力、外部约束进行全面认识。

从宏观发展来看，“新基建”助力的经济增长还是投资拉动型经济增长。“新基建”调动数字化生产要素价值，突破传统产业的限制，以科技创新为引领对经济增长产生乘数效应。在这种拉动、支撑的作用下，“新基建”将加快推动河南省经济新旧动能转换，提升产业效率。从宏观视角看，传统基建的发展空间已经呈现减小的趋势，未来的上升空间也相对有限，因此要以“新基建”为突破口，提升经济发展的质量。传统基建的重点是能源、交通等，其数字化程度很低，已经与河南省经济大省的地位不相匹配。大规模的传统基建对河南省经济发展的迭代作用不明显，实现河南省的后发优势还是要依靠“新基建”。

从微观发展来看，传统基建的投资主体是省、市、县级政府和各类国有融资平台，这些主体相对于项目执行方并不具备技术优势，却要承担监管的职责，但是在“新基建”领域，这些勉强承担的职责使得这些主体出现

"如履薄冰"的状况，因此，"新基建"势必要广泛调动能够使用高新技术的本土和外来企业或平台成为"新基建"的投资主体，发挥其基础性、共性作用。但是我们也应该注意到，同发达地区相比，河南的经济水平和原创技术能力都还很落后，在今后与经济发展所匹配的基础建设必须要依靠"新基建"而非传统基建来支撑。

在短期发展层面上，"新基建"将直接扩大投资，给经济增长直接注入能量。如2020年河南省《政府工作报告》提出，2020年河南省经济社会发展主要预期目标按保持"三个同步""三个高于"原则安排："生产总值增长7%，规模以上工业增加值增长7.5%，固定资产投资增长8%，社会消费品零售总额增长10%，进出口总值平稳增长，一般公共预算收入增长7%，居民人均可支配收入增长与经济增长同步，居民消费价格涨幅控制在3.5%左右，城镇新增就业110万人，城镇调查失业率和城镇登记失业率分别控制在5.5%左右、4.5%以内，常住人口城镇化率和户籍人口城镇化率分别提高1.5个和2个百分点，万元生产总值能耗降低2.2%左右，环境保护等约束性指标完成国家下达任务。"受疫情影响，河南省已实施一系列消费刺激政策，今后还要把增加需求和促进新的供给结合起来。要完成《政府工作报告》中提出的任务，在妥善运用国家专项债等方面的政策红利的基础上，加快落实河南省"新基建"年内投资计划，推动相关领域产业发展，保证短期经济稳定增长，完成既定任务。

在中长期发展层面上，发展"新基建"将有效推进技术化、数字化和供给侧改革。打造支撑经济腾飞的数字化体系，打造共性支撑平台，加速网络传输的质量和数量，推动传统产业以大数据为依据的全方位提升。针对河南亟待解决的产业现代化及新业态、新经济增长问题做出有益构筑，能够整体提升河南省的治理能力，实现经济高质量发展。

无论从短期完成河南省2020年任务来说，还是从中长期发展来说，"新基建"都至关重要。以"新基建"为主导的数字化、技术化投资，有很大可能能够通过促进创新、扩大内需、惠及民生等对提高经济发展质量提供正面作用。

三　河南紧抓“新基建”机遇促进发展的相关建议

河南应把握黄河流域生态保护和高质量发展、促进中部地区崛起两大国家战略叠加的历史机遇，认清本省位置，把握需求，兼顾长期和短期发展，推动“新基建”，实现经济高质量发展。

（一）以科学化态度认识“新基建”，平衡长短期发展

从科学发展规律而言，“新基建”不是在当前经济下行情况下短期刺激经济增长的激素，而是长期经济增长的助推剂导火索。由于经济下行和疫情的双重影响，有些政府部门和学者对“新基建”存在侥幸心理，认为依靠“新基建”的拉动效应将有效抵消经济下行压力，对经济增长可以产生立竿见影的提升效应，所以对“新基建”具有很高的热情。但是事实上，依靠“新基建”实现河南经济高质量发展，完成“三个同步，三个高于”的目标，需要传统基建和消费稳定增长同时发力。和发达地区相比，河南省的传统基建水平还存在上升空间，而且在新消费形成规模效应之前，经济的发展还需要原有动力的配合。只有对传统基建进行进一步落实，才更有可能为“新基建”的发展提供机会。传统基建和“新基建”的发展不是相互替换的，而是相辅相成的。与此同时，科技型、数字化“新基建”，除了需要大规模的货币成本，还需要时间成本进行发酵，以使其作用得到充分体现。因此，要对“新基建”有充分的积极态度，同时也要有理性认识，克服短期功利化倾向，遵循客观规律，稳步推动“新基建”，平衡“新基建”对产出的短期和长期预期作用。

（二）以特色化方案加快“新基建”，协调新旧动能转换

在平衡“新基建”长短期发展的基础之上，河南省应采取因地制宜的方针，制定各省辖市之间的地区差异化配套方案。“新基建”的科技和数字属性使其要求具备高技术支撑。由于“新基建”具有数字化特征，各地区

不能像上马传统基建那样普遍上马“新基建”。地方政府应该从本地实际情况出发，结合市场要素，实施高质量发展战略。毋庸置疑，传统基建仍将是物理平台的载体，“新基建”将在物理平台上起到带动和升级作用，虽然传统基建和“新基建”在名称上不同，但是在实际的操作过程中却是相辅相成，叠加前进的。“新基建”在物理空间上也常常和传统基建相互交叉，比如郑州龙子湖湖心岛上的5G基站是典型的“新基建”项目，利用5G信号支撑宇通无人驾驶的公共汽车在开放环境中运营形成商业环境，又是传统基建的体现。因此，对传统基建和“新基建”无法进行严格区分，建议省级政府在制定扶持方案的时候以重点为导向，协调两类基建，实现相互渗透。采取特色化方案，支持区域差异化发展“新基建”。

（三）以法治化环境推动“新基建”稳定发展

法治化环境是“新基建”的基础，传统基建的运营模式多是在合同约束基础上实施的，政府换届等不确定性因素常常会降低政府的公信力，这将直接影响社会资本投资的热情，经常采取的对冲风险方法是提高项目收益。由于“新基建”具有高技术特征，项目的运营需要更多的社会资本参与，政府的公信力在合作中显得更为重要。因此，优化法治化环境、营商环境是“新基建”的必要保证。在“新基建”的运营中，政府在设计上要因地制宜，扬长避短，符合实际需求，既要有制度保障，又要兼顾双方利益。针对“新基建”运转过程中的共性问题要吸纳第三方机构进行评估、监督和商议，助力“新基建”的有序开展。鼓励国内拥有技术的科研机构，例如中国科学院和相关民营企业相结合投资“新基建”，吸纳和逐步培养拥有科技技术的民营企业成为合格的“新基建”参与者。由于“新基建”可能涉及国家安全问题，所以涉及“新基建”的新型混合所有制企业如何既保证国有资本的稳定安全性，又充分调动社会资本的积极性是一个有赖于优化股权结构和公司治理能力的问题。对这个问题的解决可以采取创新的模式，按照法律的公开透明原则办事，真正依照《公司法》等相关法律法规的要求，营造一个更加良好的法治环境，实现稳定的发展。

参考文献

[1] 段文斌：《新基建不是“特效药”而是新动能》，《人民论坛》2020 年第 14 期。
[2] 禾刀：《何谓新基建中的“新”“基”“建”——读〈新基建：全球大变局下的中国经济新引擎〉》，《河南日报》2020 年 9 月 11 日，第 19 版。
[3] 姜卫民、范金、张晓兰：《中国“新基建”：投资乘数及其效应研究》，《南京社会科学》2020 年第 4 期。
[4] 潘教峰、万劲波：《构建现代化强国的十大新型基础设施》，《中国科学院院刊》2020 年第 5 期。
[5] 赛迪智库政策法规研究所、产业政策研究所：《“新基建”政策白皮书》，《中国计算机报》2020 年 9 月 7 日。
[6] 田杰棠：《如何理解“新基建”的意义？》，https：//www.tisi.org/13371。
[7] 王果：《把握新机遇　深耕新基建　助力吉林省经济社会高质量发展》，《吉林日报》2020 年 7 月 14 日。
[8] 闫德利：《“新基建”：是什么？为什么？怎么干？》，https：//www.tisi.org/13457。

Abstract

2020 is the year of building a moderately prosperous society in all respects and the end of the 13th five year plan. Throughout the China's the past year, the province has guided Xi Jinping's new socialist ideology with Chinese characteristics as the guide, conscientiously implemented the decision making arrangements of the central and provincial governments, and insisted on the general keynote of the general work guideline for keeping the country steady. With the new development concept as the guide and the development of high quality as the key point, the overall prevention and control of disease and economic and social development were scientifically coordinated, and the "six stability" work and the implementation of "six guarantees" were carried out. We have made significant strategic achievements in the fight against the epidemic, and the economy of the whole province has shown a trend of accelerating the return to normalization.

This year's "Henan Economic blue book" was compiled by Henan Academy of social sciences. The book systematically and deeply analyzed the main situation of Henan's economic operation in 2020 and the trend of Henan's economic development in 2021. It comprehensively and comprehensively studied and discussed the overall promotion of epidemic prevention and control and economic and social development, solid grasp of the "six stability" work and implementation of the "six guarantees" task Finally, the paper puts forward countermeasures and suggestions for Henan to create a new situation of economic development under the new situation. The book is deeply integrated into the general secretary Xi Jinping's important speech and instructions and instructions, with a view to providing high quality decision-making reference for the provincial Party committee, the provincial government and the public. The book is divided into four parts: general report, evaluation reports, sub-reports, and special reports.

The general report of this book is the annual analysis report on the economic operation of Henan Province, written by the research group of Henan Academy of Social Sciences, which represents the basic views of the book on the analysis and prediction of Henan economic situation from 2020 to 2021. The report holds that novel coronavirus pneumonia outbreak and complex environment in 2020 were the key to the 2020. In order to follow the spirit of general secretary Xi Jinping's important speeches and instructions, the Henan conscientiously implemented the spirit of the Central Committee and further promoted the work of "six stability" and "six guarantees". The overall social situation remained stable. In 2021, Henan's economic growth faces both positive and negative factors, and the overall macroeconomic environment is favorable. It is estimated that the GDP growth rate of Henan Province is slightly higher than that of the whole country.

In the evaluation part of this book, through the establishment of relevant index system and quantitative model, the comprehensive economic competitiveness of cities under the jurisdiction of Henan Province in 2020 and the high-quality development of county economy in Henan Province are comprehensively evaluated by using the research methods of quantitative analysis and qualitative analysis.

The sub-reports of this book is mainly based on the current situation analysis of Henan's economic development in different fields, industries and industries, as well as the forecast outlook for 2021, and then puts forward the ideas and corresponding measures to turn crisis into opportunity and create a new situation of Henan's economic development under the new situation. Based on a comprehensive summary of the achievements of Henan's economic development during the 13th Five Year Plan period and the outlook on the stage characteristics, key tasks and major measures of Henan's economic development during the 13th Five Year Plan period, this book focuses on creating a new situation of Henan's economic development under the new situation, deeply analyzes the problems of integrating into the "dual cycle" development pattern, digital economy, and new consumption momentum Relevant ideas and suggestions are given.

In view of the different requirements of various departments and industries in the new era and the new situation, this book invites well-known experts and scholars from relevant scientific research institutes, universities and government departments to study and analyze the key and difficult problems faced by various fields in "six stability" and "six guarantees", and puts forward countermeasures and suggestions from different angles to accelerate the economic development of Henan Province.

Keywords: "Six Stabilities"; "Six Guarantees"; New Driving Force for Development; Henan Province

Contents

Ⅰ General Report

Abstract: Novel coronavirus pneumonia and complex environment in China in 2020, Henan guided by Xi Jinping's new socialist ideology with Chinese characteristics, thoroughly implemented the spirit of general secretary Xi Jinping's important speech, coordinated the epidemic prevention and control and economic and social development, and made solid efforts to achieve "six stability" and "six guarantees". Economic growth has entered a steady recovery channel since the two quarter. The overall situation is "gradual recovery and stable recovery". In 2021, Henan's economic growth environment is still complex and severe, positive and negative factors coexist, but the overall macro environment is strong, and the GDP growth rate of the whole province is expected to be slightly higher than that of the whole country. At the same time, in the face of the new situation, new tasks and new requirements, the report proposes to focus on "six stabilities" and "six guarantees", focus on upgrading the modernization level of the industrial chain, focus on expanding effective investment, focus on expanding domestic demand, focus on deepening reform and opening up, focus on optimizing business environment, focus on ensuring and improving people's livelihood, so as to start a good start for the implementation of the

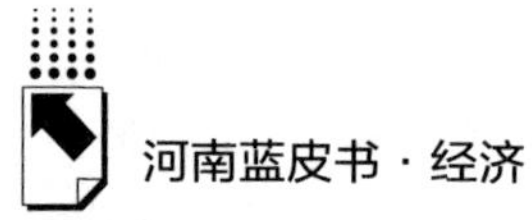

"14th five year plan" of the whole province.

Keywords: Economical Operation; "Six Stabilities"; "Six Guarantees"; Henan Province

Ⅱ Evaluation Reports

B.2 Evaluation of Comprehensive Economic Competitiveness of Cities in Henan (2020)

Research Group of Henan Academy of Social Sciences / 024

Abstract: Entering the stage of high-quality development, the comprehensive competitiveness of urban economy carries more rich connotations. This paper evaluates the comprehensive economic competitiveness of cities under the jurisdiction of Henan Province in 2020. According to the new requirements of high-quality development, the research group has constructed an evaluation index system of comprehensive economic competitiveness of cities under the jurisdiction of Henan Province, which is composed of 9 first-class indicators and 25 second-class indicators, and evaluates them with the latest statistical data. Zhengzhou City, Luoyang City and Xinxiang City ranked the top three in the evaluation results. At the same time, combined with the current complex and severe international and domestic development situation, the report proposes that the cities under the jurisdiction of Henan Province should do a good job in "six stability" and "six guarantees", transform crisis to promote high-quality economic development, take the initiative to serve the rising strategy of Central China, as well as the two national strategies of ecological protection and high-quality development in the Yellow River Basin, and promote the formation of a new pattern of regional coordinated development One step to improve the comprehensive competitiveness of urban economy

Keywords: Comprehensive Economic Competitiveness; High-quality Development; Competitiveness Evaluation; Henan Province

B.3 Evaluation Report on County Territory Economy Development Quality of Henan Province In 2020

Abstract: Referring to the implementation measures for the assessment and evaluation of economic and social development objectives of counties (cities) in Henan Province (Draft for comments), the report divides the county economic development of Henan Province into three categories: 54 counties (cities) included in the development scope of central cities, 17 counties (cities) with better basic conditions (per capita GDP of more than 25000 yuan), and 33 agricultural counties From the perspectives of scale level, development structure, development efficiency, development potential and vitality, and people's livelihood happiness of county economic development, this paper constructs the evaluation index system of county economic development quality, and conducts score calculation and ranking comparison by means of empirical measurement. At the same time, it is found that the multi-dimensional unbalanced challenges of county economic development in Henan are still severe. County urbanization, industrial support and county consumption demand are related to the high-quality development of county economy. Therefore, the report proposes that we should continue to promote the new urbanization of counties, cultivate the supporting force of characteristic industries of county economy, and continuously expand the effective demand demand demand of county consumption, so as to better promote the high-quality development of county economy in Henan Province.

Keywords: County Territory Economy; Evaluation Ranking; Economy Development Quality; Henan Province

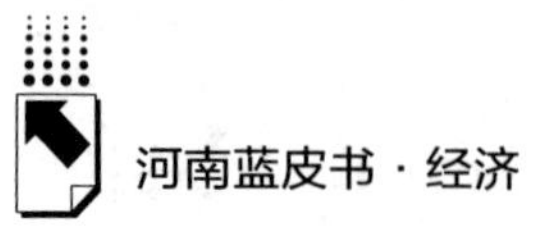

Ⅲ Sub-reports

Abstract: The essential connotation of industrial transformation and upgrading is that the industrial structure is reasonable, continuous transformation and upgrading are realized, and the efficiency of industrial development is significantly improved. In 2020, Henan's industrial scale will continue to rise, the industrial structure will continue to be optimized, strategic emerging industries and high-tech manufacturing will grow rapidly, new industries, new formats, and new models will flourish, economic benefits will rebound significantly, and industrial transformation and upgrading will achieve significant results. At the same time, it should also be noted that Henan has a low level of industry, irrational structure, weak innovation capabilities, and weak corporate competitiveness. 2021 is a critical year for Henan's industrial transformation and development. It faces many favorable conditions and challenges. Henan should accelerate the improvement of the system and mechanism for promoting industrial transformation and upgrading, improve the policy system and support system for promoting industrial development, optimize the development environment, and promote the transformation of the province's industries to high-end.

Keywords: Industrial Transformation and Upgrading; New Growth Momentum; Henan Province

Abstract: From January to September 2020, affected by the epidemic situation, the growth rate of fixed asset investment in Henan Province decreased significantly in the first quarter. From the second quarter, the investment in infrastructure, industry, real estate and social undertakings rebounded strongly. From January to August 2020, the growth rate of fixed asset investment in Henan Province showed a "V" trend. From the classification of fixed assets investment, investment in three industries, investment in three fields, internal investment in industry and investment in infrastructure showed significant fluctuations, and recovered to positive growth after June. In 2021, Henan's fixed assets investment should focus on the following aspects: seizing investment opportunities and actively serving major national strategies; focusing on key areas to improve investment efficiency; broadening financing channels to promote the implementation of major projects; optimizing investment environment and creating a good investment atmosphere.

Keywords: Investment in Fixed Assets; Investment Efficiency; Investment Structure; Henan Province

Abstract: 2020, the consumption market developed steadily in Henan province, the growth rate narrowed 1.9% compared to the last year, but higher than the national average level about 0.3% in time. The market scale of Henan province is the largest in the central region with six provinces, and the growth rate move backward one step compared to last year, and the consumption market concentrated in the cities of Zhengzhou, Nanyang, and etc. Most goods quota above are growth in this year, except to cosmetics decline continuously. Under the background of economic developed uncertainly domestic and aboard in the future, the still have challenge and opportunity for Henan province, and preview that the consumption market will be enlarge and the growth rate will be narrow to 1.5% continuously in 2021.

Keywords: Consumption Market; Consumption Instructure; Henan Province

B.7 Analysis and Prospect of Henan's Foreign Trade Situation from 2020 to 2021

Chen Ping / 109

Abstract: The total value of Henan's import and export reached RMB323.51 billion in the fist 8months 2020. The growth rate of imports and exports was higher than the national average level. The downward trend of imports is still continued, and the import and export with the US dropped sharply, while the import and export with the "the belt and the road" countries increased significantly. The export of medical products increased greatly, and the imports of energy and resources products maintained a relatively high growth rate. The foreign investment continued to decline sharply, but the ecross-border e-commerce development rose against the trend, and the volume of import and export clearance increased rapidly. Looking forward to the whole year of 2021, although the external economic environment is tightening, the domestic economic development will continue to improve. More effective measures should be taken to help the steady development of Henan's foreign trade in the fourth quarter. Fist, the six stable and six guarantees should be highlighted, the basic foreign trade market should be stabilized. Second, the strategic "double circle" strategy should be actively integrated and strengthened. Third, the four way construction should be strengthened and the "the belt and the road" construction should be deepness. Finally, the cross-border electricity supplier will drive Henan's foreign trade to upgrade.

Keywords: Foreign Trade; Double Circle; Cross-border Electricity; Henan Province

Abstract: in 2020, the operation of financial revenue and expenditure in Henan Province will decrease first and then rise, which will provide strong support for the economic and social development of Henan Province. But at the same time, affected by the impact of the epidemic, tax reduction and fee reduction and other factors, the "tight balance" state of financial operation is more prominent. Looking forward to the 2021, Henan should adhere to the guidance of Xi Jinping's new socialist ideology with Chinese characteristics, comprehensively and thoroughly implement more proactive fiscal policies, and continue to deepen the reform of the fiscal and taxation system, focusing on promoting the modernization of China's governance system and governance capability, and giving full play to the foundation and important pillar role of Finance in national governance.

Keywords: Revenue and Expenditure; Fiscal and Taxation System; Henan Province

Abstract: Since 2020, in the face of the new epidemic situation, economic downturn and international trade friction and other factors, the national and provincial Party committee and provincial government have issued a series of relief and tax reduction and fee reduction policies in the field of logistics. The overall logistics demand is stable, the logistics operation efficiency is constantly improving, and the trend of high-quality development is constantly strengthening. In 2021, with the continuous deepening of the high-quality development of the logistics industry, the construction of comprehensive reform pilot projects for cost reduction and efficiency increase will be accelerated, and the modern logistics operation system of "channel + hub + network" will be continuously improved, and the logistics development environment will be continuously optimized. The support role of the logistics industry for the new domestic and international "double cycle" new development pattern will be strengthened.

Keywords: Logistics Industry; High Quality Development; Henan Province

B.10 Analysis on the Trend of Consumption Price of Henan Province in 2020 -2021

Abstract: From January to August 2020, affected by the domestic and international economic situation and the COVID -19 epidemic, the CPI level of the whole province showed a high decline, up 3.8% over the same period. The CPI in this round has risen significantly with obvious structural characteristics. The rise in the price of food, especially pork, is the core driving force. It is preliminarily estimated that the CPI increase in 2020 will be about 3.5%. Overall, it is estimated that CPI in Henan Province will show a trend of high first and then low in 2021, with a year-on-year increase of no more than 3.0%, and the general price level will return to normal track. Finally, this paper puts forward some policy suggestions, such as strengthening the prevention and control of agricultural and sideline products diseases, strengthening the construction of "vegetable basket" price monitoring and feedback system, and promoting the revitalization of rural industries, so as to promote the smooth operation of consumer prices.

Keywords: CPI; Pork Prices; Henan Province

Ⅶ Special Reports

Abstract: The "13th five-year plan" period is the decisive stage of building a moderately prosperous society in an all-round way and a crucial period for the transformation of economic growth mode. Facing downtown pressure on the economy and novel coronavirus pneumonia, Henan provincial government has been leading the people of the whole province to highlight the reform drive, opening up and innovation drive, and strive to create a new situation of quality development and effectively cope with the impact of the new crown pneumonia epidemic. That is to say, the task of economic and social development in "13th five-year plan" period will be completed and completed in a timely manner on the healthy society. Objective.

Keywords: "13th Five-year Plan" Period; Development Achievement; Henan Province

Abstract: During the period of the "14th five-year plan", the world is facing a great change that has not happened in a century. China is in the historical intersection period of the "two centenary" goals. Henan's development environment is becoming more and more complex, with unprecedented challenges and unprecedented opportunities. Judging from a comprehensive perspective, the basic trend of the province's economy has not changed during the period of the "14th five year plan". The endogenous driving force, market potential and factor supporting capacity are still strong. The two national strategies of ecological protection and high-quality development in the Yellow River Basin and promoting the rise of the central region are superimposed. The advantages of innovation driven breakthrough, transformation and upgrading leap, urban-rural integration development and opening-up are heavy in southern Henan The construction of plastic and ecological civilization and the transformation and expansion of modernization have obvious characteristics.

Keywords: "14th Five-year Plan" Period; Development Environment; Stage Characteristics; Henan Province

Abstract: The "14th five-year plan" period is the first five years after our country built a moderately prosperous society in an all-round way and achieved the first centenary goal, taking advantage of the situation to start a new journey of building a modern socialist country in an all-round way and marching toward the second centenary goal, it is also a key period for our province to speed up the transformation from large to strong, comprehensively open the construction of socialist modernization in Henan, and compose a more splendid chapter in the Central Plains in the new era. In the face of the new period and new stage, Henan should focus on the general requirement of high-quality development during the "14th five-year plan" period. Focus on the construction of modern industrial system, the construction of innovation system, the tapping of domestic demand potential, the construction of new urbanization, the promotion of rural revitalization strategy, the construction of modern infrastructure system, the construction of first-class business environment, the construction of inland open highlands, the construction of ecological Henan, the construction of cultural Henan, the improvement of public service quality and so on. To promote the development of Henan to a higher quality.

Keywords: "14th Five-year Plan" Period; High-quality Development; Henan Province

Abstract: "six stability" and "six guarantees" are related to the overall situation of economic development and social stability, which is not only a pragmatic move put forward in view of the current new situation, but also a key measure to stabilize the basic economic market and build a moderately prosperous society in an all-round way. In order to do a good job in the work of "six stability" and "six guarantees", Henan must clarify the key and difficult points and strive to seek breakthroughs in expanding domestic demand, stabilizing employment and ensuring people's livelihood, stimulating the vitality of the main body of the market, stabilizing the supply chain of the industrial chain, deepening reform and opening up, and doing a good job in food and energy security. at the same time, we should also pay attention to adhere to the bottom line thinking, positive and enterprising, combined with reality, and plug loopholes.

Keywords: "Six Stabilities"; "Six Guarantees"; Henan Province

Abstract: To speed up the formation as the main body in domestic circulation bi-circulating mutual promotion of domestic and international new development pattern is the central according to domestic and international situation of the development of the new change of new trend brought new challenges to major strategic deployment, to Henan in the era of overall domestic and international two overall situation, pointed out the direction of to do a good job of economic and social development, provides the fundamental follow to promote domestic and international dual cycle, Henan has a good foundation and the environment, but there are a lot of constraints and challenges to Henan economic and social development trend, based on the actual, conduction path along the stimulate endogenous dynamic optimization We should expand the development space and consolidate the ecological foundation, speed up the internal circulation within the province to support the domestic circulation and smooth the international circulation, and realize the central Plains more outstanding in accelerating the construction of the new pattern of domestic and international double circulation.

Keywords: Double Circulation; Endogenous Power; High Level Opening Up; Henan Province

Abstract: Under the background of severe and complex international epidemic situation and world economic situation, economic and social development is facing new risks and challenges. Promoting consumption recovery and releasing domestic demand potential are the key measures for Henan to cope with the global epidemic impact, world economic recession, international trade and investment shrinkage and other risk challenges, and are also the fundamental requirements of "six stability" and "six guarantees". Under the new situation, Henan Province is still facing challenges such as the obvious impact of the new epidemic situation, increasing downward pressure on the economy, and intensifying regional competition. It is necessary to deeply release the consumption potential by improving the consumption capacity of residents, promoting the quality and expansion of service consumption, and accelerating the cultivation of new consumption.

Keywords: Consumption Potential; New Consumption; Henan Province

Abstract: Under the influence of the epidemic, new technology, new economy and new momentum have shown strong vitality and played an important role in the sustained and stable development of Henan economy. Henan should actively embrace new technologies, especially to seize the commanding heights of strategic technologies such as digital economy, artificial intelligence, platform economy, biological economy and so on. Henan should pry the fulcrum of Henan's future high-quality development by speeding up new infrastructure construction, reforming and upgrading traditional industries, cultivating and developing emerging industries, and optimizing and innovating the ecological environment.

Keywords: New Kinetic Energy; New Technology; New Infrastructure; Henan Province

Abstract: With the development of digital economy, it has become the fastest growing, most innovative and most extensive economic activity in China. Facing the increasingly fierce new situation of regional competition and cooperation, it is of great significance for Henan to create a new highland of digital economy. Therefore, it is necessary to grasp and deal with the seven key relationships between blue sea and red sea, inside and outside the province, city and countryside, strong and good and short-term, development and security, theory and practice, based on the provincial conditions. We should focus on the following seven key relationships: widely condensing digital development consensus, continuously improving digital mining capacity, continuously improving digital utilization level, and effectively ensuring the security of digital economy Guarantee the supply of digital talents and other ways to create a new situation of digital economic development in Henan Province.

Keywords: Digital Economy; Digital Utilization; Henan Province

B.19 Henan Cross Border E-commerce Industry Development Index 2020 *Cross Border E-commerce Industry Research Group* / 248

Abstract: With the establishment of China (Zhengzhou) Cross-border E-commerce Comprehensive Pilot Zone and China (Henan) Free Trade Pilot Zone, cross-border e-commerce has become a new driving force for the economic growth of Henan Province. This report first describes and analyzes the status quo of the development of the cross-border e-commerce industry in Henan Province; then, comprehensively considers the scale of development, development potential, industry influence and other aspects to construct a new evaluation index system, and obtain Henan Province through the method of analytic hierarchy and weighted synthesis. Provincial cross-border e-commerce development index for different industries. Based on the research results of this report, it can be seen that in the development of the cross-border e-commerce industry in Henan Province, there are problems such as the imbalance of import and export structure, the lack of scale effect, the lack of competitive advantages of enterprises, the backward credit system, and the shortage of professional cross-border e-commerce talents; These issues are presented in this report. The construction of supporting facilities for the cross-border e-commerce industry is continuously improved, the supervision of cross-border e-commerce business is strengthened, the cross-border e-commerce payment and credit system is established, the cross-border e-commerce export business is vigorously developed, and the cross-border e-commerce business is improved. The level of e-commerce business operations, speed up the training of cross-border e-commerce talents and other countermeasures.

Keywords: Cross-border E-commerce; Development Index; Henan Province

Abstract: Since the 2018 Central Economic Conference, the "new infrastructure" has received support from the central government many times. As an important economic province in China, Henan should seize the opportunity, take technology and science as the starting point, gradually develop "new infrastructure", seize the commanding heights of the industry in the new round of scientific and technological reform and industrial competition, and promote the high-quality economic development. The development of "new infrastructure" is suitable for the combination of short and long term, to provide all-round support for the improvement of traditional industries. Therefore, to promote the "new infrastructure", we should understand the "new infrastructure" in a scientific manner and balance the long-term and short-term development. Constructing "new infrastructure" with characteristic schemes to coordinate the conversion of old and new driving forces; We will build "new infrastructure" in a legalized environment and create stable development to support high-quality economic development in an all-round way.

Keywords: New Infrastructure; High-quality Development; Henan Province

皮书

智库报告的主要形式
同一主题智库报告的聚合

❖ 皮书定义 ❖

皮书是对中国与世界发展状况和热点问题进行年度监测，以专业的角度、专家的视野和实证研究方法，针对某一领域或区域现状与发展态势展开分析和预测，具备前沿性、原创性、实证性、连续性、时效性等特点的公开出版物，由一系列权威研究报告组成。

❖ 皮书作者 ❖

皮书系列报告作者以国内外一流研究机构、知名高校等重点智库的研究人员为主，多为相关领域一流专家学者，他们的观点代表了当下学界对中国与世界的现实和未来最高水平的解读与分析。截至 2021 年，皮书研创机构有近千家，报告作者累计超过 7 万人。

❖ 皮书荣誉 ❖

皮书系列已成为社会科学文献出版社的著名图书品牌和中国社会科学院的知名学术品牌。2016 年皮书系列正式列入“十三五”国家重点出版规划项目；2013~2021 年，重点皮书列入中国社会科学院承担的国家哲学社会科学创新工程项目。

中国皮书网

（网址：www.pishu.cn）

发布皮书研创资讯，传播皮书精彩内容
引领皮书出版潮流，打造皮书服务平台

栏目设置

◆ 关于皮书

何谓皮书、皮书分类、皮书大事记、皮书荣誉、皮书出版第一人、皮书编辑部

◆ 最新资讯

通知公告、新闻动态、媒体聚焦、网站专题、视频直播、下载专区

◆ 皮书研创

皮书规范、皮书选题、皮书出版、皮书研究、研创团队

◆ 皮书评奖评价

指标体系、皮书评价、皮书评奖

◆ 皮书研究院理事会

理事会章程、理事单位、个人理事、高级研究员、理事会秘书处、入会指南

◆ 互动专区

皮书说、社科数托邦、皮书微博、留言板

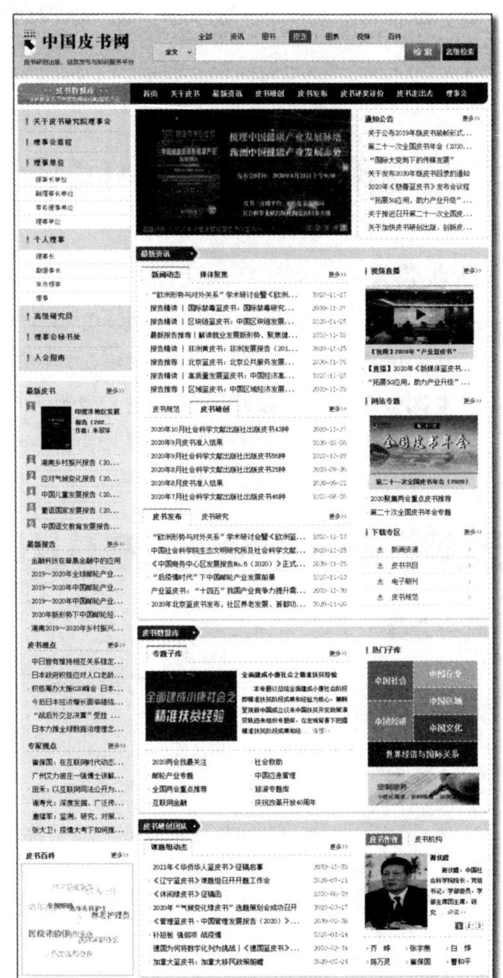

所获荣誉

◆ 2008 年、2011 年、2014 年，中国皮书网均在全国新闻出版业网站荣誉评选中获得“最具商业价值网站”称号；

◆ 2012 年，获得“出版业网站百强”称号。

网库合一

2014年，中国皮书网与皮书数据库端口合一，实现资源共享。

中国皮书网

中国社会发展数据库（下设 12 个子库）

整合国内外中国社会发展研究成果，汇聚独家统计数据、深度分析报告，涉及社会、人口、政治、教育、法律等 12 个领域，为了解中国社会发展动态、跟踪社会核心热点、分析社会发展趋势提供一站式资源搜索和数据服务。

中国经济发展数据库（下设 12 个子库）

围绕国内外中国经济发展主题研究报告、学术资讯、基础数据等资料构建，内容涵盖宏观经济、农业经济、工业经济、产业经济等 12 个重点经济领域，为实时掌控经济运行态势、把握经济发展规律、洞察经济形势、进行经济决策提供参考和依据。

中国行业发展数据库（下设 17 个子库）

以中国国民经济行业分类为依据，覆盖金融业、旅游、医疗卫生、交通运输、能源矿产等 100 多个行业，跟踪分析国民经济相关行业市场运行状况和政策导向，汇集行业发展前沿资讯，为投资、从业及各种经济决策提供理论基础和实践指导。

中国区域发展数据库（下设 6 个子库）

对中国特定区域内的经济、社会、文化等领域现状与发展情况进行深度分析和预测，研究层级至县及县以下行政区，涉及省份、区域经济体、城市、农村等不同维度，为地方经济社会宏观态势研究、发展经验研究、案例分析提供数据服务。

中国文化传媒数据库（下设 18 个子库）

汇聚文化传媒领域专家观点、热点资讯，梳理国内外中国文化发展相关学术研究成果、一手统计数据，涵盖文化产业、新闻传播、电影娱乐、文学艺术、群众文化等 18 个重点研究领域。为文化传媒研究提供相关数据、研究报告和综合分析服务。

世界经济与国际关系数据库（下设 6 个子库）

立足“皮书系列”世界经济、国际关系相关学术资源，整合世界经济、国际政治、世界文化与科技、全球性问题、国际组织与国际法、区域研究 6 大领域研究成果，为世界经济与国际关系研究提供全方位数据分析，为决策和形势研判提供参考。

法律声明